Hans-Jürgen Probst / Monika Haunerdinger

Projektmanagement
leicht gemacht

D1724725

Hans-Jürgen Probst / Monika Haunerdinger

Projektmanagement
leicht gemacht

Projekte erfolgreich planen,
steuern und abschließen

REDLINE | VERLAG

Bibliografische Information der Deutschen Nationalbibliothek

Die Deutsche Nationalbibliothek verzeichnet diese Publikation in der Deutschen Nationalbibliografie.
Detaillierte bibliografische Daten sind im Internet über http://dnb.d-nb.de abrufbar.

ISBN: 978-3-636-01455-9

Unsere Web-Adresse:
www.redline-verlag.de

© 2001, 2007 by Redline Wirtschaft, Redline GmbH, Heidelberg
Ein Unternehmen von Süddeutscher Verlag | Mediengruppe

2., aktualisierte und überarbeitete Neuauflage 2007

Umschlaggestaltung: SCHRÖDER DESIGN, Leipzig
Satz: M. Zech, Redline GmbH
Druck: Ebner & Spiegel, Ulm
Printed in Germany

Inhaltsverzeichnis

Vorwort

Dieses Buch führt in die Grundlagen der Projektarbeit ein. Alles wird beleuchtet: Vom Projektstart bis zur Realisierung. Neben den Klassikern des Projektmanagements zeigen wir aber auch wichtige weitere Themen, zum Beispiel Projektcontrolling: Wann lohnt sich überhaupt ein Projekt? Oder was auch wichtig ist: Projektsanierung. Retten, was noch zu retten ist. Was tun, wenn ein Projekt schiefgeht? Und es werden neueste Diskussionen beleuchtet: Wissen Sie zum Beispiel, was ein Change-Management-Projekt ist? Oder eine Projekt-Balanced-Scorecard?

Vorkenntnisse benötigen Sie für dieses Buch nicht. Es ist gedacht für Einsteiger oder für diejenigen, die bereits in Projekten tätig sind und einen Überblick oder Anregungen suchen.

Es wendet sich an alle Branchen, an alle Mitarbeiter, egal ob Kaufmann oder Techniker, ob Sachbearbeiter oder Geschäftsführer. Es ist halt so: Projektmanagement wird überall gebraucht.

In diesem Sinne viel Spaß bei der Lektüre.

Monika Haunerdinger

Hans-Jürgen Probst

1. Was ist das Besondere an der Projektarbeit?

Jenseits des Tagesgeschäftes

Was machten eigentlich die ägyptischen Sklaven, wenn sie keine Pyramiden bauten? Wahrscheinlich musste nach Fertigstellung einer Pyramide gleich die nächste in Angriff genommen werden, oder ein anderes Bauprojekt wurde gestartet. Die Arbeit der ägyptischen Pyramidenbauer war Projektarbeit pur.

Projektarbeit ist also nichts Neues. Viele Bauwerke alter Kulturen können heute noch bestaunt werden und zeugen so von der hervorragenden Projektarbeit dieser Kulturen. Heutige Projekte sind nicht schwieriger oder komplexer als diese historischen Projekte wie zum Beispiel der Pyramidenbau. Unsere Kultur hat einen anderen technologischen Stand erreicht, aber sicher war es nicht einfacher, eine Unzahl von Arbeitern für den Pyramidenbau zu koordinieren, als eine Großbaustelle in Berlin zu managen.

Was ist eigentlich ein Projekt?

Der Bau einer Pyramide war ein Projekt, jeder Hausbau ist ein Projekt, aber auch die Planung einer Urlaubsreise oder die Verwirklichung der Idee „Ich will tanzen lernen" ist ein Projekt. Welche Gemeinsamkeit haben diese Aktivitäten, die sie als Projekt kennzeichnen?

Ein Projekt ist in erster Linie dadurch charakterisiert, dass es sich um eine **einmalige Aufgabenstellung** handelt. Den Eiffelturm in Paris konnte man nur einmal bauen. Baut man an einem anderen Standort einen ähnlichen Turm, so ist es ein anderes Projekt und eben nicht der Eiffelturm von Paris. Jeder Standort hat seine eigenen Besonderheiten, die man beim Bau berücksichtigen muss: Bodenuntergrund, Größe und Form des Grundstücks, Verkehrsanbindung um die Materialien herbeizuschaffen etc. Die Erfahrungen eines Projektes lassen sich auf andere Projekte übertragen, aber jedes Projekt ist letztendlich einmalig. Bei jedem Projekt stellen sich neu die Fragen: Was ist die Aufgabe, welche Besonderheiten sind zu beachten, was könnte speziell in diesem Fall schiefgehen? Das unterscheidet die Projektarbeit zum Beispiel von Routineaufgaben. Daueraufgaben, Routinearbeiten oder wiederkehrende Aufgaben sind keine Projekte. Projekte sind jenseits vom Tagesgeschäft zu sehen.

Andere charakteristische Merkmale von Projekten ergeben sich letztendlich aus dieser Einmaligkeit der Aufgabenstellung. So ist die Projektdauer zeitlich begrenzt. Ein Projekt hat einen klaren Anfang. Meist wird zu Beginn eine Projektstartveranstaltung durchgeführt, die man auch Projekt-Kick-off-Meeting nennt. Und das Projekt hat (hoffentlich) einen klaren Schluss, bei dem das erstellte Projektergebnis von dem Auftraggeber des Projektes abgenommen, also akzeptiert wird. Zudem wird eigens zur Bewältigung des Projektauftrages eine spezielle Projektorganisation ins Leben gerufen. Ein Projektleiter wird bestimmt, und verschiedene Mitarbeiter werden für das Projekt benannt. Das Projekt hat einen klaren Auftrag, klare Verantwortlichkeiten und ein definiertes Projektziel. Zur Zielerreichung stehen dem Projekt nicht unbegrenzt Ressourcen zur Verfügung, sondern ein bestimmtes Budget wird für die Projektdurchführung bereitgestellt.

Die wesentlichen Merkmale eines Projektes sind, noch einmal zusammengefasst:

- Einmaligkeit, keine Routineaufgabe
- Zeitliche Befristung (definierter Anfang/definiertes Ende)
- Spezielle Projektorganisation
- Eindeutige Aufgabenstellung, Verantwortung und Zielsetzung für ein Projektergebnis
- Begrenzter Ressourceneinsatz

Dies ist die Idealvorstellung, wie ein Projekt definiert sein sollte. In der Praxis werden Projekte leider auch ganz anders gelebt. Vielfach zeichnen sich Projekte durch folgende negativen Aspekte aus:

- **Kampf um Ressourcen**, zum Beispiel um kompetente Mitarbeiter
  Den findigen EDV-Spezialisten möchte am liebsten jeder Projektleiter in seinem Projekt haben, wenn EDV-Fragen zu klären sind. Dieser EDV-

Spezialist kann aber nicht in jedem Projekt mitarbeiten und muss auch noch seinen Aufgaben in der EDV-Abteilung nachkommen. In solchen Situationen findet ein regelrechtes „Tauziehen" um den Mitarbeiter statt.

- **Fehlende Vorbereitung**
  Das Projekt wird gestartet, ohne dass es eine klare Vorstellung davon gibt, welches Ziel durch das Projekt erreicht werden soll. Der Projektauftrag ist unklar. Die Projektmitarbeiter wissen nicht, was ihre Aufgabenstellung ist.

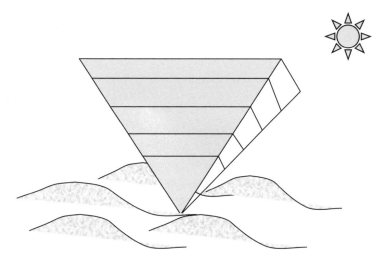

Projekt Pyramidenbau

Nicht immer klappt das Projektmanagement

- **Unklare Kompetenzen**
  Per Zuruf wurde ein Mitarbeiter zum Projektleiter berufen, ohne Festlegung seiner Kompetenzen. Darf er den Projektmitarbeitern Anweisungen erteilen, oder ist er auf das Wohlwollen des jeweiligen Abteilungsleiters angewiesen, wenn er den Projektmitarbeitern Aufgaben zuteilt?
- **Mangelhafte Koordination**
  Ein Projektplan wurde nicht erstellt, und so meint jeder Projektmitarbeiter, aus seiner Erfahrung heraus das Richtige zu tun, aber es fehlt die Abstimmung, das koordinierte Vorgehen.

- **Unscharfe Zielvorgabe durch den Auftraggeber des Projektes**
  Der Auftraggeber des Projektes hat die Ziele des Projektes nicht klar
  definiert. Der Projektleiter meint die Aufgabe verstanden zu haben, evtl.
  stellt sich aber heraus, dass der Auftraggeber ein anderes Projektergebnis
  erwartet hat.
- **Ungewissheit über die Tragweite des Projektes**
  Die Auswirkungen des Projektes einer Abteilung auf andere Unternehmensbereiche wurden nicht geklärt. Erst im Laufe des Projektes wird
  klar, dass auch andere Unternehmensbereiche betroffen sind und in das
  Projekt einzubinden sind.

So erlebt man in der Projektarbeit leider auch jede Menge Frust. Um diesen
Frust zu vermeiden, gibt es Projektmanagement

Und was ist Projektmanagement?

Ein Großteil dieser Projektmanagementmethoden entstand in der zweiten
Hälfte des 20. Jahrhunderts und diente zur Entwicklung von Großvorhaben
der Rüstung und der Raumfahrt. Der Wettlauf der beiden Großmächte um
die Überlegenheit in der Entwicklung von Waffen- und Verteidigungssyste-
men und nicht zuletzt um die Frage „Wer bringt den ersten Menschen auf
den Mond?" spielte eine bedeutende Rolle in der Schaffung ausgefeilter
Managementtechniken.
Projektmanagement heißt die Planung, Steuerung und Überwachung von
Projekten über die gesamte Laufzeit des Projektes.

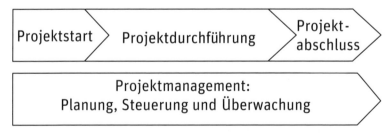

Projektmanagement erfolgt in allen Phasen des Projektes

Der Zweck des Projektmanagements ist, alle Aktivitäten im Projekt so zu planen, zu organisieren und zu kontrollieren, dass das Projekt trotz aller Risiken und Unwägbarkeiten erfolgreich abgeschlossen werden kann. Projektmanagement hat damit einen wesentlichen Einfluss auf die Projektkosten. Zu Beginn der Projektlaufzeit hat das Projektmanagement durch die Projektdefinition und die Projektplanung einen ganz wesentlichen Einfluss auf die Höhe der Projektkosten. Je nachdem, ob das Projekt in kleinem Rahmen geplant ist, zum Beispiel Verbesserung des Berichtswesens innerhalb des Unternehmens, oder in großem Stil geplant ist, zum Beispiel Einführung einer neuen Softwarelösung für den gesamten Konzern, sind entsprechend die geplanten Projektkosten hoch oder niedrig. Im Laufe des Projektfortschritts wird dieser Einfluss schwächer, mit zunehmender Fertigstellung des Projektes wird auch der Einfluss des Projektmanagements auf die Projektkosten geringer.

Die nachfolgende Darstellung soll auch verdeutlichen, wie wichtig ein vernünftiger Projektstart ist. Die Weichen werden zu Beginn des Projektes durch das Projektmanagement gestellt. Mit der Qualität der Projektplanung steht und fällt das Projekt. Auch für das Projektmanagement gilt: „Was man strategisch versäumt, muss man operativ ausbaden!", das heißt, wenn die Projektplanung mangelhaft ist, muss es das Projektteam während der Projektlaufzeit ausbaden. Wenn das Projekt von Anfang an in den falschen Bahnen läuft, ist eine Kurskorrektur nur mit großem Aufwand und enormen Kosten möglich.

Projektmanagement gewinnt aktuell immer mehr an Bedeutung. Der Wettbewerbsdruck unter den Unternehmen zwingt diese zu immer schnelleren Produktentwicklungen, zu Innovationen und organisatorischen Veränderungen. Auf Dauer wird nur das Unternehmen erfolgreich sein, das in der Lage ist, schnell und flexibel auf die sich ständig ändernden Marktanforderungen zu reagieren. Der permanente Zwang zur Veränderung überfordert das klassische „Abteilungsdenken". So werden Aufgaben immer mehr durch abteilungsübergreifende Projektgruppen gelöst. Gibt es bald die klassische Aufbauorganisation nicht mehr? Wird diese ersetzt durch flexible Projektorganisationen? Ganz so weit wird es vielleicht nicht kommen, obwohl viele Branchen bereits ausschließlich in Form von Projektorganisationen arbeiten, zum Beispiel Ingenieurbüros, Baugewerbe, Unternehmensberatungen, Forschungsinstitute etc.

Unbestritten ist, dass die Aufgabenlösung in Form einer Projektorganisation mehr Freiheiten einräumt, als die Erledigung dieser Aufgabe im Rahmen der

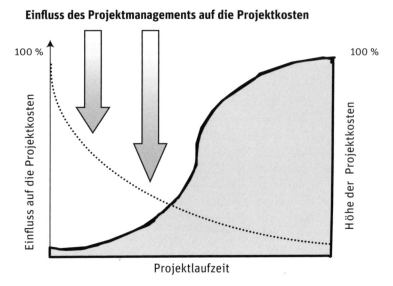

Einfluss des Projektmanagements auf die Projektkosten

bestehenden Aufbauorganisation. Ein Projektteam kann eigenständig agieren. Es ist nicht gebunden an Hierarchien im Unternehmen und an den Wettstreit verschiedener Abteilungen untereinander.

Wann ist ein Projekt sinnvoll?

Vorneweg vielleicht anders gefragt: Wann ist ein Projekt nicht sinnvoll?
Ein Projekt ist nicht sinnvoll, wenn es sich um Routineaufgaben handelt. Beispiel: Das Schalten einer Anzeige in einer Tageszeitung, um neue Mitarbeiter zu finden, ist noch kein Projekt. Dies ist eine der Routineaufgaben der Personalabteilung.
Ein Projekt zu starten ist auch nicht sinnvoll, wenn nur ein Spezialist die Aufgabe lösen kann: Ein Spezialist macht noch kein Projekt. Ein Grafiker kann einen neuen Werbeauftritt gestalten, auch ohne dass ihm ein Projektleiter zur Seite gestellt wird.
Ein Projekt macht auch keinen Sinn, wenn ein Problem unter hohem Zeitdruck, zum Beispiel in zwei bis drei Tagen gelöst werden soll. Bis das

Projektteam zusammengestellt ist und die Aufgabe in Angriff nehmen kann, ist in diesem Fall schon zu viel Zeit vertan. In diesem Fall müssen ein bis zwei Mitarbeiter das Problem beziehungsweise die Aufgabe zügig lösen.

Ein Projekt ist sinnvoll, wenn die Aufgabenstellung so komplex ist, dass unterschiedliches Know-how aus dem Unternehmen eingebunden werden muss, eventuell auch unterschiedliche Hierarchiestufen.

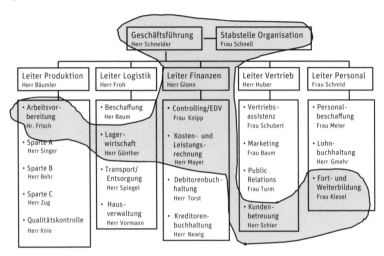

Projektteams sind abteilungs- und oft auch hierarchieübergreifend

In der abteilungsübergreifenden und auch hierarchieübergreifenden Struktur liegt ein Erfolgsfaktor, aber auch eine Schwierigkeit für die Projektarbeit. Positiv ist, dass der Informationsfluss durch die abteilungsunabhängige Organisationsstruktur quer über die Bereiche und direkt zwischen den Projektbeteiligten verläuft und nicht mehr an hierarchische Strukturen gekoppelt ist. Unterschiedliches Expertenwissen aus verschiedenen Abteilungen trifft aufeinander. Hier steckt jedoch auch ein Konfliktpotenzial: Hat der Vertrieb recht oder die Logistik, wenn Probleme bei den Kundenlieferungen besprochen werden. Bestehende Konflikte zwischen den Abteilungen werden in die Projektarbeit mit hineingetragen. Damit das Projekt erfolgreich ist, muss von den Beteiligten akzeptiert werden, dass sie ihre eigene Funktion und Position im Unternehmen dem Gesamtziel des Projektes unterordnen müssen. Im Vordergrund steht der Projekterfolg, dann erst die Abteilungsinteressen.

Beispiel: Ein Projekt scheitert an den Konflikten zwischen zwei Abteilungen

In einem Unternehmen gab es zwei EDV-Abteilungen. Eine war für die Anwender und deren EDV-Programme zuständig, die andere war für das Netzwerk, also die hausinterne Vernetzung der PCs zuständig. Ein Projekt wurde in der Hauptverantwortung der Netzwerkabteilung durchgeführt mit dem Ziel, Verbesserungen der Systemarchitektur und der Arbeitsabläufe zu erreichen. Ein Mitarbeiter der Anwenderabteilung wurde mit in das Projektteam aufgenommen, da viele Fragen auch die Anwender betreffen.

Leider war dies keine glückliche Lösung für das Projekt, da der Mitarbeiter der Anwenderabteilung wo immer möglich das Projekt torpedierte, da sich beide Abteilungen spinnefeind waren. Durch die Mitarbeit im Projektteam war der Mitarbeiter der Anwenderabteilung auch bestens über das Projekt informiert, und seine Abteilung konnte somit das Projekt nach besten Kräften behindern. Leider war die Geschäftsführung des Unternehmens nicht in der Lage, die Streithähne zu trennen, und das Projekt verlief im Sande.

Weitere Kriterien für den sinnvollen Einsatz von Projekten sind in folgender Checkliste zusammengefasst:

Kriterien	Empfohlene Organisationsform	
	Einsatz einer Projektorganisation	Lösung in der vorhandenen Unternehmensstruktur
Routineaufgaben		X
Notwendigkeit des abteilungsübergreifenden Einsatzes von Mitarbeitern	X	
Einbindung externer Berater ist notwendig	X	
Umfangreiche Projekte, an denen viele Mitarbeiter langfristig beschäftigt sind	X	
Mehrere Projekte, für die eine geringe Zahl von Mitarbeitern kurzfristig erforderlich ist		X
Hohe Sicherheitsanforderungen, die es erforderlich machen, dass Informationen nur den am Projekt Beteiligten zugänglich sind	X	
Freiheitsräume für die Projektdurchführung	X	
Umfang des Projektes ist unklar		X

Checkliste: Wann ist ein Projekt sinnvoll?

Das Bermudadreieck der Projektarbeit: Termine, Ressourcen, Qualität

Wann ist ein Projekt erfolgreich? Wenn das Projektergebnis mit den gegebenen Ressourcen in der geforderten Qualität zum vereinbarten Termin fertiggestellt ist.

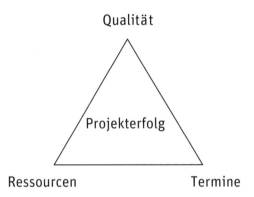

Schlüsselfaktoren für den Projekterfolg

Die drei Schlüsselfaktoren Ressourcen, Termine und Qualität beeinflussen wechselseitig den Projekterfolg beziehungsweise das Projektergebnis. Wird eine Ecke des Dreiecks nicht eingehalten, geht das zulasten der anderen Faktoren.

Wird ein Termin nicht eingehalten, so müssen auch überplanmäßig mehr Ressourcen (mehr Projektbudget, mehr Mitarbeiterkapazität) in das Projekt eingebunden werden, oder die Qualität leidet unter dem Zeitdruck. Ist das Projektbudget zu knapp kalkuliert, leidet die Qualität des Projektergebnisses darunter.

Diese drei Schlüsselfaktoren bilden also wahrlich ein Bermudadreieck, in dem der Projekterfolg hoffentlich nicht aus unerklärlichen Gründen verschwindet. Damit das nicht geschieht, müssen diese Faktoren zu Beginn des Projektes genau geplant und festgelegt werden. Während der Projektdurchführung ist jeder der drei Einflussfaktoren durch die Projektleitung zu überwachen, und Korrekturmaßnahmen müssen rechtzeitig eingeleitet werden.

Wenn Sie frisch in ein Projekt kommen und ihr Projektleiter kann Ihnen nicht genau beantworten, welcher Zeitraum für das Projekt vorgesehen ist, welche Ressourcen (Budget, Mitarbeiterkapazität) eingesetzt werden und wie die Qualität des Projektergebnisses auszusehen hat, dann können Sie auf das Improvisiergeschick des Projektleiters hoffen oder doch lieber gleich das Weite suchen, denn das Projekt ist von Anfang an zum Scheitern verurteilt.

Projekttypen: Groß, klein, dick oder dünn?

Jedes Projekt ist anders. Jedes Projekt ist einmalig. Trotzdem gibt es Gemeinsamkeiten, anhand derer man verschiedene Projekte zu Projekttypen zusammenfasst.

Große und kleine Projekte: Wenn man ganz grob an die Sache rangeht, unterscheidet man im ersten Schritt etwa zwischen großen und kleinen Projekten. Ins Auge springen natürlich zuerst die großen Projekte, die Mammutprojekte, zum Beispiel die Fusion zweier Unternehmen. Standorte, Produkte, Technik und Mitarbeiter sind zu integrieren und auf das neue gemeinsame Unternehmen auszurichten. Großprojekte bedeuten einen hohen Aufwand. Oft wird das Großprojekt in mehrere Teilprojekte aufgegliedert, damit es überhaupt noch steuerbar ist.

Neben den ganz großen Projekten gibt es aber auch jede Menge kleinerer Projekte in einem Unternehmen: Von dem Umzug einer Abteilung in ein anderes Gebäude, der Eröffnung einer neuen Filiale oder zum Beispiel einem Projekt zur Verkürzung der Lieferzeiten an den Kunden. Die kleineren Projekte eignen sich zum Beispiel sehr gut dafür, erste Erfahrungen als Projektleiter zu sammeln. Auch in einem kleinen Projekt sind alle Fähigkeiten eines Projektleiters gefordert; es ist ein normales Projekt, nur eben etwas kleiner in der Auswirkung auf das Unternehmen. Es ist besser, man sammelt die Erfahrung, was alles in einem Projekt schieflaufen kann, in einem kleinen Projekt, dann ist der angerichtete Schaden nicht so groß. Hat man einige kleinere Projekte erfolgreich bewältigt, kann man sich an die größeren Projekte herantrauen.

Risiko des Projektes: Eine weitere Möglichkeit besteht darin, zwischen **risikoreichen Projekten** und **Projekten mit geringerem Risiko** bei der Durchführung zu unterscheiden.

Hier besteht ein Zusammenhang mit der obigen Unterscheidung in große und kleine Projekte. Projekte mit hohem Projektbudget, die über Jahre laufen, sind risikoreicher als ein überschaubares Projekt von drei Monaten mit kleinerem Projektvolumen. Je größer und komplexer ein Projekt wird, desto risikoreicher wird es. Das ist eine generelle Tendenz, zu der es aber auch Ausnahmen gibt.

Es gibt klein angelegte Projekte, die jedoch eine große Auswirkung auf das Unternehmensgeschehen haben, zum Beispiel die strategische Neuausrichtung eines Unternehmens. Mit geringem Budget wird eine neue Unternehmensstrategie eingeleitet, die aber auch völlig danebengehen kann.

So liegt das Risiko nicht nur in der Größe des Projektes und der Höhe des Projektvolumens, sondern auch in der Tragweite der Auswirkungen des Projektes auf das Unternehmen.

Projekt „at work" oder „at home": Projekte gibt es nicht nur **in der Arbeitswelt**, sondern auch **im Privatleben.** Die Organisation eines Umzugs in eine neue Wohnung ist ein komplexes Projekt. Erst wird eine neue Wohnung ausgesucht, wobei verschiedene Faktoren, wie Standort, Verkehrsanbindung, Preis, Größe, Ausstattung etc. eine Rolle spielen. Dann muss die Kündigung der alten Wohnung mit dem Bezug der neuen Wohnung zeitlich abgestimmt werden, eventuell fallen Nachbesserungsarbeiten bei der alten Wohnung an, die neue Adresse muss allen Bekannten, Banken und Versicherungen etc. mitgeteilt werden, und schließlich der Umzug an sich, der mit Freunden oder einer Umzugsfirma geplant und durchgeführt werden muss.

So könnte man dieses private Projekt auch in Teilprojekte aufteilen: Suche neue Wohnung, Kündigung und Abnahme alte Wohnung, Bekanntgabe der Adressänderung und Umzugsdurchführung. Das Projekt Umzug nimmt man vielleicht nicht so oft im Leben auf sich, das Projekt Urlaub jedoch gerne des Öfteren. Auch hier gilt es eine Reihe von Teilprojekten zu bewältigen: Planung des Urlaubszeitpunktes, Abgleich des Budgets mit den möglichen Urlaubsangeboten, Abstimmung über die Qualität: Studienreise oder „Hauptsache-irgendwo-in-der-Sonne-faulenzen"? Auch hier begegnet uns wieder das Bermudadreieck, das in diesem Fall den erfolgreichen Urlaub beeinflusst: Termine, Ressourcen (Budget) und Qualität.

Unternehmensinterne und externe Projekte: In der Praxis stellt sich oft die Frage, ob man das Projekt als **internes Projekt** innerhalb des Unternehmens aus eigener Kraft vollzieht oder das **Projekt mit externer Unterstützung**, zum Beispiel mit Unternehmensberatern, durchführt.

Der Einsatz von externen Beratern kann dann sinnvoll sein, wenn das für das Projekt notwendige Fachwissen im eigenen Unternehmen nicht vorhanden ist. Oft fällt die Entscheidung für Berater, weil man die eigenen Mitarbeiter nicht noch durch ein Projekt belasten möchte. Die Mitarbeiter sind mit ihrem Tagesgeschäft schon mehr als ausgelastet, und so sieht man das Heil im externen Berater. Aber Vorsicht! Kein externer Berater kann seine Arbeit ohne die Mitarbeit von unternehmensinternen Mitarbeitern bewältigen. Wie auch? Und die Zusammenarbeit mit einem externen Berater erfordert einigen Zeitaufwand.

Für den Einsatz eines externen Unternehmensberaters spricht:

- **Einbringung von Erfahrungen und Know-how aus anderen Unternehmen**: Da der externe Berater mit der Aufgabenstellung aus ähnlichen Projekten bereits vertraut ist, benötigt er keine Einarbeitungszeit. Der externe Berater muss nicht mehr „üben". Er muss sich lediglich in die speziellen Bedürfnisse gerade dieses Unternehmens einarbeiten.
- **Unabhängigkeit:** Der externe Berater ist nicht in die Hierarchie des Unternehmens eingebunden, muss also keine Rücksicht auf interne Strukturen und Befindlichkeiten nehmen. Da der externe Berater in der Regel auch keine Karriere in dem zu beratenden Unternehmen machen will, kann er unvoreingenommen und ohne das unternehmensinterne Kompetenzgerangel seine Aufgabe erledigen. Er kann auch dem Management seine Fehler aufzeigen, ohne dafür mit negativen Konsequenzen wie Mobbing oder Kündigung rechnen zu müssen.
- **Der Berater ist nicht „betriebsblind":** Manchmal erkennt man aus der externen Perspektive viel leichter und schneller die Schwachstellung und Knackpunkte einer Organisation, da man Dinge infrage stellt, mit denen sich langjährige Mitarbeiter längst abgefunden haben.

Gegen den Einsatz von externen Unternehmensberatern spricht:

- Externe Beratung ist selbstverständlich **teuer**.
- **Man weiß nicht immer genau, wie qualifiziert der Berater ist:** Es gibt immer das berühmte „schwarze Schaf". Daher sollte man sich eine Referenzliste der bereits durchgeführten Projekte zeigen lassen und sich bei diesen Unternehmen erkundigen, wie zufrieden sie mit der Leistung dieser Unternehmensberatung waren.

- **Der Einsatz von externen Beratern kann demotivierend für die eigenen Mitarbeiter sein**: Durch den Einsatz wird den eigenen Mitarbeitern signalisiert: „Mit dem Problem werdet ihr nicht fertig, da müssen Fachleute ran."

Und wie steht es mit der Wirtschaftlichkeit externer Berater?

Trotz der Kosten für einen externen Berater kann dessen Einsatz wirtschaftlich sinnvoll sein. Es handelt sich bei den Beratungskosten um einmalige Kosten. Wenn man den Berater nicht mehr braucht, dann ist er fort. Das ist der große Unterschied zu einem eigenen Mitarbeiter. Die Kosten der Beratung sollten in jedem Fall dem langfristigen Nutzen gegenübergestellt werden.

Zudem kann man die externen Berater vertraglich dazu verpflichten, die internen Mitarbeiter während des Projektablaufs zu schulen, damit diese nach Abschluss des Projektes reibungslos die Aufgabe übernehmen beziehungsweise die Projektergebnisse umsetzen können. Was Sie beachten sollten: Schauen Sie sich den Berater gut an! Achten Sie auf Erfahrung! Häufig passiert es, dass zwar der erfahrene Berater den Auftrag an Land zieht, später wundert man sich aber, dass die eigentliche Beratung von frischen Hochschulabgängern ohne Erfahrung durchgeführt wird. Natürlich müssen auch diese ihre Erfahrungen machen, aber bitte nicht für das volle Honorar eines erfahrenen Beraters!

A-, B- oder C-Projekte: In vielen Unternehmen ist es üblich, die Projekte in irgendeiner Weise zu sortieren und in Klassen zusammenzufassen, also die Projekte zu klassifizieren. Man nennt sie nicht unbedingt dicke oder dünne Projekte, sondern zum Beispiel A-, B- oder C-Projekte.

Beispiel für eine Projektklassifizierung:

- **A-Projekte:** Strategisch relevante Projekte oder Projekte, deren Projektvolumen oder Projektrisiko eine Million Euro übersteigt.
  Die Einordnung als strategisch relevantes Projekt ist begründet durch den innovativen Charakter eines Projektes, zum Beispiel die Entwicklung einer neuen Produktpalette, Einführung einer neuen Technologie, erstmalige Anwendung eines Qualitätsmanagementsystems im Unternehmen etc.
- **B-Projekte:** Projekte, deren Projektvolumen oder Projektrisiko 500.000 Euro übersteigt.
- **C-Projekte:** Projekte, die nicht A- oder B-Projekte sind.

Durch die Projektklassifizierung in A-, B- oder C-Projekte werden in einem Unternehmen alle Projekte nach einer nachvollziehbaren Regelung in die Projektklassen eingestuft. Jeder im Unternehmen weiß Bescheid, wenn von einem A- oder einem B-Projekt die Rede ist. Wird unternehmensintern ein Projektleiter für ein A- oder ein C-Projekt gesucht, dann sind die Anforderungen an den Projektleiter klar, ohne dass das Projekt im Detail beschrieben ist. Hat man wenig Erfahrung als Projektleiter wird man sich nicht als A-Projektleiter bewerben, aber den C-Projektleiter traut man sich zu. Es gelten unternehmensweit auch unterschiedliche Richtlinien für die Projektabwicklung abhängig von den Projektklassen. Eine unternehmensinterne Richtlinie könnte nun sein, dass A- und B-Projekte immer durch die Geschäftsleitung abgesegnet werden müssen, während C-Projekte auch auf Abteilungsebene entschieden werden können.

Typische Projektverläufe: Von der Idee zur Umsetzung

Projektlebenszyklus

Jedes Projekt hat einen Projektlebenszyklus. Zu einem bestimmten Zeitpunkt wird eine Projektidee geboren. Die Rahmenbedingungen werden festgelegt, das Projekt wird definiert (Termine, Ressourcen, Qualität). Anschließend erfolgt die Projektplanung, in der konkrete Arbeitspakete und Mitarbeitereinsätzpläne erarbeitet werden. Zum Zeitpunkt der Projektdefinition sind erst wenige Mitarbeiter an dem Projekt beteiligt, und die Kosten sind noch gering. In der Phase der Projektplanung wird der Teilnehmerkreis größer. Möglichst alle für das Projekt notwendigen Spezialisten sollten in die Projektplanung eingebunden werden und für ihre Aufgabengebiete die Aufwandsschätzung in die Projektplanung einbringen. Die Ressourcenanforderung wird in dieser Phase immer höher, bis schließlich in der Phase der Projektdurchführung der höchste Bedarf an Ressourcen (Budget und Mitarbeiterkapazitäten) besteht. In der Durchführungsphase wird die Projektidee schließlich umgesetzt. Es ist zeitlich die längste Phase und geht in die Phase Projektabschluss über. Zum Projektabschluss erfolgt der Ausklang beziehungsweise das Ende des Projektes.

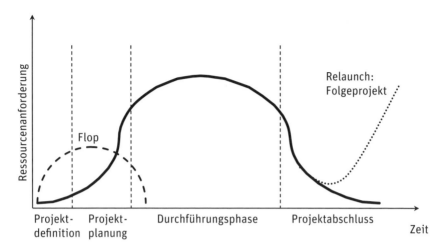

Projektlebenszyklus

Dieser Verlauf des Projektlebenszyklus ist idealtypisch. Nicht jedes Projekt nimmt diesen Lauf. Ein Projekt beispielsweise, bei dem man in der Planung feststellt, dass es nicht durchführbar ist, ist ein sogenannter „Flop".

Beispiel: Ein Projekt wird verworfen, weil die Durchführung zu teuer wäre

Das geplante Projekt für eine neue Produktidee kommt in einem Unternehmen erst gar nicht in die Durchführungsphase. Die Geschäftsleitung genehmigt die neue Produktidee nicht, weil die Umsetzung zu teuer wäre. Das Projektbudget wird für andere Projekte verwendet, oder man verschiebt das Projekt auf einen späteren Zeitpunkt. In der Praxis wird dann meist versucht, durch Modifikationen in der Projektdefinition das Projekt doch noch zum Laufen zu bringen, zum Beispiel, indem man das Projekt eine Nummer kleiner plant.

Ein weiteres Beispiel für einen abweichenden Projektlebenszyklus ist der sogenannte **„Relaunch"**, das heißt das Projekt befindet sich in der Projektabschlussphase und wird „wiederbelebt", indem man zum Beispiel das Projekt nahtlos in ein Folgeprojekt übergehen lässt.

Beispiel: Relaunch eines Projektes

Eine neue Personalabrechnungssoftware wurde erfolgreich eingeführt. Das Projektteam bekommt den Auftrag, diese Software auch bei einem Tochterunternehmen einzuführen. Nach dem Motto: „Never stop a winning team" will das Unternehmen bei diesem erfolgreichen Projektteam keine Änderungen vornehmen. Das Team ist eingespielt und kommt gut miteinander zurecht.

Projektphasenmodell

Eine andere Darstellungsweise für den Projektverlauf ist das Projektphasenmodell. Hier gibt es die unterschiedlichsten Formen der Darstellung, der Kreativität sind keine Grenzen gesetzt. Eine mögliche Darstellungsweise wurde bereits am Anfang des Kapitels in der Abbildung „Projektmanagement erfolgt in allen Phasen des Projektes" gezeigt. Hier ein weiteres Muster für ein Projektphasenmodell:

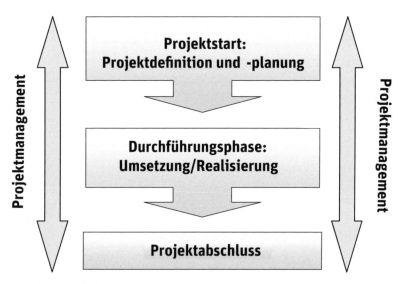

Projektphasenmodell

Trotz unterschiedlicher Darstellung bleibt der Inhalt im Wesentlichen immer derselbe. Bei manchen Phasenmodellen, die in Unternehmen verwendet werden, heißt die erste Phase „Projektstart", bei anderen „Projektinitialisierung", und wieder andere nennen sie „Definitionsphase". Die zweite Phase ist die „Durchführungsphase" oder „Umsetzungsphase", wobei in manchen Modellen noch eine weitere Phase, die „Planungsphase" (in obigem Modell in der Projektstartphase enthalten), als eigenständige Phase dazwischengeschoben wird. Das alles soll Sie jetzt nicht verwirren. Es soll Sie darauf vorbereiten, dass jedes Unternehmen und auch jeder externe Berater hier einen anderen Sprachgebrauch pflegt. Jede Unternehmensberatung, die etwas auf sich hält, hat ihr eigenes Vorgehensmodell entwickelt und preist dieses als große Errungenschaft für das Projektmanagement. Auch viele Unternehmen haben als Unternehmensstandard ihr eigenes Phasenmodell entwickelt. Wichtig ist, dass in einem Unternehmen ein einheitlicher Sprachgebrauch herrscht, damit jeder weiß, was gemeint ist. Ob das unternehmenseigene Modell drei, vier oder mehr Phasen vorsieht, ist dabei unerheblich.

Hier wurde als Grundlage ein einfaches Projektphasenmodell gewählt: Start – Durchführung – Abschluss. Letztendlich sind alle anderen Vorgehensmodelle Variationen dieses einfachen Modells.

Schwerpunkte der einzelnen Phasen sind:

Projektstart:
- Analyse der Ausgangssituation
- Zieldefinition
- Projektgrobplanung

Projektdurchführung:
- Projektfeinplanung
- Aufgabendurchführung
- Laufende Überwachung der Zielerreichung

Projektabschluss:
- Projektabschluss
- Projektübergabe
- Projektnachlese: „Was lief gut, was lief schlecht?"

2. Projektvorbereitung

Gute Vorbereitung ist der halbe Erfolg

Ist es möglich, ein Projekt mit dem Satz zu beginnen: **„Jetzt fangen wir einfach damit an"**? An den einzelnen Wörtern dieses schlichten Satzes kann man aufzeigen, was fehlt, bevor ein Projekt „einfach so anfängt":

- **„Jetzt anfangen"**: Was heißt jetzt? Heute, morgen oder besser schon gestern? Was fängt an? Wo ist der Zeitplan, die Aufgabenbeschreibung?
- **„Wir"**: Wer ist wir? Gibt es ein Projektteam? In welche Projektorganisation ist das Projektteam eingebettet?
- **„Einfach"**: Welche Ressourcen stehen zur Verfügung? Welche Qualität ist gefordert?
- **„Damit"**: Womit? Welches Projekt? Wo ist die Projektdefinition und die Projektplanung?

Oder nehmen wir als Projektbeispiel die Teilnahme an den Olympischen Spielen. Da gehen die Sportler auch nicht einfach so hin, stellen sich zum 100-Meter-Lauf auf und rennen los. Es bedarf einer Menge Vorbereitung, bis schließlich der Startschuss zum entscheidenden Wettlauf fällt.
So heißt die erste Phase in der Projektarbeit Vorbereitungsphase, Initialisierungsphase oder auch Projektdefinitionsphase. Gemeint ist damit die Phase im Projekt, die vor der eigentlichen Durchführung der Projektarbeit erfolgt. Es ist eine Vorphase, bevor man mit dem Projekt richtig loslegt, bevor also der Startschuss fällt.
Eine Reihe von Fragen ist vor dem Projektstart zu klären:

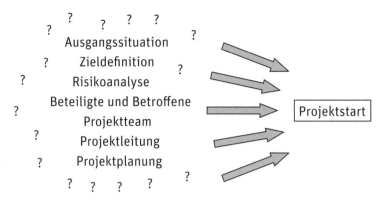

Fragen vor dem Projektstart

Ausgangssituation: Was ist das Problem?

In Überlebenstrainingsbüchern erhalten Sie gute Ratschläge für den Umgang mit Problemen, zum Beispiel was Sie tun müssen, wenn Sie einem wilden Bären auf freier Wildbahn begegnen (Tipp: Hinlegen und sich tot stellen), oder was die besten Verteidigungsmöglichkeiten bei einem Haiangriff sind (Tipp: Schlagen Sie mit der Faust auf die Augen oder die Kiemen, da ist der Hai besonders empfindlich). Dies sind Probleme, die nicht unbedingt zum Alltag gehören, und solche Situationen lassen sich durch eine entsprechende Urlaubsplanung in bären- und haifreien Zonen meist vermeiden.

Wie im vorigen Kapitel gezeigt, eignet sich eine Projektorganisation nicht zur Lösung von zeitkritischen Problemen, wie es ein Haiangriff sicher darstellt. Doch es gibt auch Probleme, die mit Projektmanagement zu lösen sind. Das Problem, das zum Startschuss für ein Projekt führt, muss näher beleuchtet werden. Kennt man das Problem nicht in allen seinen Facetten und Auswirkungen, weiß man auch nicht, wie man es durch ein Projekt erfolgreich lösen kann.

Wie geht man der Ursache eines Problems auf den Grund und klärt damit die Voraussetzungen für den Projekteinsatz? Indem man Fragen stellt. Folgende Fragen sind zur Klärung der Ausgangssituation eines Projektes hilfreich:

- **Was sind die Beweggründe, ein Projekt ins Leben zu rufen?**
  Was soll durch das Projekt erreicht werden? Wer hat das Projekt ins Leben gerufen, das Management oder eine Fachabteilung? Wieso konnte die Aufgabenstellung nicht im Tagesgeschäft gelöst werden?
- **Welches Problem liegt vor?**
  Liegt ein akutes Problem vor? Hat das Projekt eine strategische Ausrichtung?
- **Welche Tragweite hat das Problem und damit das Projekt?**
  Was ist grob der finanzielle Rahmen des Projektes, wie viele Mitarbeiter sind betroffen?
- **Seit wann gibt es die Problemsituation?**
  Gab es schon früher Projekte, die dieselbe Aufgabenstellung hatten und gescheitert sind?
- **Welche Auswirkungen hat es, wenn das Problem gelöst wird?**
  Was wäre die Idealsituation nach Beendigung des Projektes?
- **Welche Auswirkungen hat es, wenn das Problem nicht gelöst wird?**
  Was passiert im schlimmsten Fall, wenn das Problem nicht gelöst wird?
- **Welche möglichen Widerstände gibt es gegen das Projekt?**
  Greift das Problem massiv in die Arbeitsabläufe einiger Bereiche ein? Sind die Mitarbeiter über mögliche Veränderungen informiert worden?
- **Wer hat ein Interesse daran, dass das Problem bleibt?**
  Wer profitiert eventuell von dem Problem? Beispiel: Im Unternehmen soll eine Profit-Center-Struktur aufgebaut werden. Jeder Abteilungsleiter wird mit der neuen Profit-Center-Struktur an seinem Abteilungsergebnis gemessen. Diese Struktur zu verhindern, könnte im Interesse eines Abteilungsleiters liegen, der keine Transparenz über seinen Bereich wünscht oder der negative Auswirkungen auf seine Position befürchtet.
- **Wie sind die rechtlichen Rahmenbedingungen für das Projekt?**
  Ist das Projekt zum Beispiel mitbestimmungspflichtig und muss der Personalrat oder Betriebsrat eingeschaltet werden? Beispiel: Einführung eines neuen Entgeltsystems mit variablen Gehaltanteilen oder einer neuen Gehaltsabrechnungssoftware.

Beispiel: Symptombehandlung ohne Ursachenforschung geht schief!

In einem Unternehmen setzte die Unternehmensleitung ein Projekt auf, um verstärkt Bewerber schon im Hochschulumfeld anzusprechen und als zukünftige Mitarbeiter zu gewinnen. Problem war der hohe Personalbedarf, den man durch die vermehrte Einstellung von Hochschulabsolventen decken wollte. Das Projekt lief gut an, und tatsächlich konnte man schon bald immer mehr neue Mitarbeiter im Unternehmen begrüßen. Doch das Problem war damit nicht gelöst, im Gegenteil, die Fluktuation, die Kündigungsquote der Mitarbeiter, gerade auch der neuen Mitarbeiter, stieg immer weiter an. Was war geschehen? Man hatte das Problem „hoher Personalbedarf" nicht richtig analysiert, sondern die Problemlösung in der Einstellung immer mehr junger Mitarbeiter gesehen. Es hätte jedoch die Ursache für die große Zahl von Kündigungen näher untersucht werden sollen. Die Ursache für die Kündigungen war, dass das Unternehmen so gut wie keine Fort- und Weiterbildung für die Mitarbeiter anbot. Da gerade unerfahrene, neue Mitarbeiter aber in besonderem Maße auch Fort- und Weiterbildung benötigen, kündigten diese bald wieder und starteten ihre Karriere lieber bei einem Unternehmen, das gezielt neue Mitarbeiter durch Trainingsprogramme förderte. So stieg die Kündigungsquote immer höher, und das Projekt hat sein Ziel, den Personalbedarf zu decken, nicht erreicht. Man hatte nur das Symptom behandelt, ohne die Ursache zu kennen.

Es ist nicht immer ein akutes Problem, das den Anstoß zu einem Projekt gibt. Oft werden Projekte ins Leben gerufen, um mögliche zukünftige Probleme gar nicht erst entstehen zu lassen. Um die Marktposition auch in Zukunft zu erhalten, wird zum Beispiel ein strategisches Projekt angepackt, das künftige Kundenwünsche untersuchen soll. So wurde zum Beispiel auch der Schokoriegel „erfunden". Man stellte fest, dass die Kunden gesundheitsbewusster werden und auch immer mehr auf ihre Figur achten. Schokolade war damit „out". Aber in der Form eines neuen Fitnessriegels mit Schokoladenüberzug oder als harmloser leichter Pausensnack war Schokolade in Form eines leckeren Schokoriegels wieder „in". Hätte man diesen Trend verpasst, hätte man mit Umsatzeinbußen im Schokoladengeschäft rechnen müssen. So gelang es einigen Schokoladenherstellern aber, ihren Umsatz sogar noch zu steigern!

Hierzu ergibt sich auch eine interessante Fragestellung für ein Unternehmen: Sind die Projekte, die ein Unternehmen anpackt, überwiegend

- problemgesteuert oder
- visionsgesteuert?

Das heißt, reagiert ein Unternehmen mit seinen Projekten immer nur auf akute Problemsituationen, oder investiert es auch Geld in Innovationsprojekte oder strategische Projekte, wie zum Beispiel die Entwicklung einer neuen Produktidee, Einführung einer neuen Technologie, Neuausrichtung der Produktpalette oder Einführung neuer Managementmethoden.

Hilfsmittel: Portfolioanalyse

Portfolio ist eigentlich ein Begriff aus dem Bankenbereich. Dort spricht man etwa von einem Wertpapier-Portfolio, das heißt ein Anleger hat verschiedene Wertpapiere in seinem Anlagendepot. Manche Wertpapiere sind sichere Anlagen, manche haben ein hohes Risiko. So ist ein Portfolio eine Sammlung von Wertpapieren, Produkten oder auch Projekten, die man nach unterschiedlichen Kriterien betrachtet.

Die Projekte eines Unternehmens können mithilfe der Portfolioanalyse zum Beispiel nach den Kriterien problemgesteuert oder visionsgesteuert unter Einbeziehung des Projektvolumens beurteilt werden.

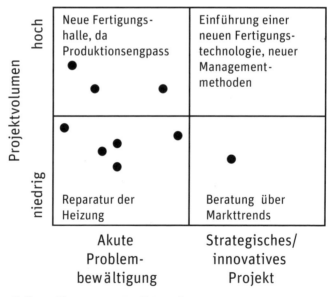

Projektportfolio problemgesteuertes Unternehmen

Die Punkte in der Abbildung stehen jeweils stellvertretend für ein Projekt. Im vorliegenden Fall hat das Unternehmen fast ausschließlich Projekte, die sich um eine akute Problembewältigung kümmern. Nur ein Projekt, das aber vom Projektvolumen nicht sehr groß war, beschäftigte sich mit einer strategischen oder innovativen Fragestellung. Dieses Unternehmen hat geschlafen, es hat keine Visionen, keine Strategieprojekte und kümmert sich nicht um Innovationen. Vielleicht ist das Unternehmen so beschäftigt damit, seine akuten Probleme zu lösen, dass es sich den Luxus, einmal über die Zukunft nachzudenken, scheinbar nicht leisten kann. Hier wird allerdings an der falschen Ecke gespart, denn früher oder später wird man von der Zukunft eingeholt, von neuen Modetrends und Kundenwünschen. Wenn man mit diesen neuen Entwicklungen nicht gerechnet hat, hat man wieder eine Menge Arbeit damit, den akuten Problemen (z.B. Umsatzeinbrüchen) entgegenzuwirken.

Im Folgenden die Darstellung des Projektportfolios eines innovativen Unternehmens.

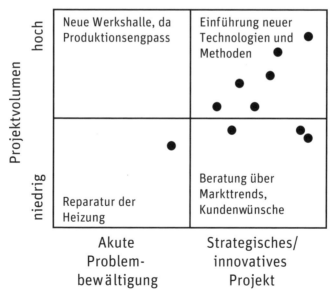

Projektportfolio innovatives Unternehmen

33

Dieses Unternehmen hat auffallend viele strategische und innovative Projekte. Das Unternehmen hat keine akuten Probleme oder vernachlässigt sie. Es ist ein hochinnovatives Unternehmen mit eventuell sehr guten Zukunftsperspektiven, es könnte aber auch jede Menge Risiko dabei sein. Als Beispiel sind hier Unternehmen zu nennen, die sich im Bereich E-Business (= Elektronic Business, es geht dabei im Wesentlichen um den Verkauf von Produkten über das Internet) tummeln. Viele Zukunftsprognosen gehen davon aus, dass der Verkauf aller möglichen Güter und Dienstleistungen über das Internet in den nächsten Jahren immens steigen wird. Aus diesem Grund steigen viele junge Unternehmen in diesen Markt ein. Sollten sich die Zukunftsprognosen allerdings nicht bewahrheiten, dann werden viele von diesen innovativen Unternehmen wieder vom Markt verschwinden.

Zu Beginn eines Projektes ist also interessant, ob das Projekt problemgesteuert ist oder strategisch/innovativ orientiert und wie insgesamt die „Projektlandschaft" im Unternehmen ist. Wie fügt sich das neue Projekt in die anderen schon laufenden Projekte ein? Gibt es Gemeinsamkeiten oder Ergebnisse anderer Projekte, auf die man aufbauen kann?

Hilfsmittel: SWOT-Analyse

Um sich weitere Klarheit über die Ausgangssituation eines Projektes zu verschaffen, bietet sich als zusätzliches Hilfsmittel die **SWOT-Analyse** an. SWOT steht für:

S = Strengths	= Stärken
W = Weaknesses	= Schwächen
O = Opportunities	= Chancen
T = Threats	= Gefahren

Diese vier Eckpunkte eines Projektes werden durch die SWOT-Analyse näher beleuchtet. Hier ein praktisches Beispiel:

Stärken (Strengths = S)	Schwächen (Weaknesses = W)

• Gutes Know-how der
  Projektmitarbeiter
• Motiviertes Team
• Gute Kundenbeziehung
• Kontakte zu den Fachabteilungen
	• Geringes Projektbudget
	• Projektmitarbeiter noch ohne
	  Projekterfahrung
	• Noch unklare Projektziele
	• Ungenaue Projektbeschreibung

Chancen (Opportunities = O)	Gefahren (Threats = T)

• Projekt könnte Vorbild für weitere
  Projekte sein (Pilotprojekt)
• Für einzelne Mitarbeiter könnte
  das Projekt ein Karrieresprungbrett
  werden
• Folgeprojekte in Sicht
	• Einsatz einer neuen,
	  unbekannten Technologie
	• Noch unklare Tragweite
	  des Projektes
	• Rückkehr der Projektmitarbeiter
	  in die Aufbauorganisation unklar
	  „Was passiert nach dem Projekt?"

Beispiel SWOT-Analyse

Die häufigsten Fehler bei der Analyse der Ausgangssituation:

Vorschnelle Lösungen

Ohne das Problem richtig beleuchtet zu haben, meint man die Lösung schon zu kennen. Gerade Unternehmensberatungen neigen zu dieser Einstellung: „Das Problem haben wir doch bereits beim Unternehmen XY erfolgreich gelöst, das machen wir hier genauso." Was für ein Unternehmen gut ist, muss aber nicht das Richtige für ein anderes Unternehmen sein. Es gibt auch den netten Spruch: „Wenn man als Werkzeug nur einen Hammer zur Verfügung hat, wird man jedes Problem wie einen Nagel betrachten." Das heißt, schwört man zum Beispiel auf Kosteneinsparungen als Allheilmittel für alle Unternehmensprobleme, so liegt man damit jedoch völlig daneben, wenn man bei Absatzproblemen eines Produktes an der Werbung spart. Wenn das Produkt nicht mehr beworben wird, wird bald keiner mehr das Produkt kaufen. Das

Absatzproblem des Produktes ist dann zwar gelöst (das Produkt wird aus der Produktpalette gestrichen), aber diese Problemlösung war sicher nicht beabsichtigt.

„Wenn man als Werkzeug nur einen Hammer zur Verfügung hat, wird man jedes Problem wie einen Nagel betrachten."

Ein Beispiel für vorschnelle Lösungen ist auch der weiter oben geschilderte Fall, bei dem man den erhöhten Personalbedarf durch die Einstellung immer mehr neuer Mitarbeiter lösen wollte, anstatt sich zu fragen, wieso immer mehr Mitarbeiter kündigen.

Das Problem ist schlecht oder falsch formuliert

Die Problembeschreibung geht am Kern vorbei. So wird bei Problemen zum Beispiel häufig der Schwarze Peter der IT (Informationstechnologie) zugeschoben, nach dem Motto: „Mit der richtigen Hardware/Software hätten wir das Problem nicht." Dies sind in den meisten Fällen aber nur vorgeschobene Problemursachen. In Wirklichkeit geht es um Prozessmängel, fehlendes

Know-how oder fehlende Kommunikation zwischen den Abteilungen. So kann das Problem „unsere Lagerbestände sind zu hoch" durch eine Lagerhaltungssoftware transparent gemacht werden. Das Problem ist dadurch aber noch nicht gelöst. Es stimmt natürlich, dass eine gute Hard- und Softwareausstattung das Arbeitsleben einfacher machen kann, wenn man zum Beispiel Informationen tagesaktuell per Knopfdruck abrufen kann, aber alles auf die IT zu schieben gilt nicht!

Einseitige Problemsicht

Das Problem wird nur aus dem Blickwinkel der eigenen Abteilung betrachtet, ohne die Auswirkungen auf andere Abteilungen zu bedenken.

Beispiel: Alle betroffenen Abteilungen einbeziehen

In einem Krankenhaus machte sich die Krankenhausverwaltung Gedanken über ihr Lager. Das Lager war in einem eigenen Gebäude untergebracht, das man dringender für andere Zwecke nutzen wollte. Da kam ein Mitarbeiter auf die Idee: „Brauchen wir überhaupt ein Lager? Wir könnten uns doch alles ‚just-in-time' liefern lassen." Just-in-time-Lieferung heißt, dass zum Beispiel das Verbandsmaterial dann geliefert wird, wenn man es braucht. Doch wie sieht es aus, wenn der Faden zur Schließung einer Operationswunde während der Operation ausgeht? Was passiert, wenn dann die Just-in-time-Lieferung nicht klappt? Die Idee des Verwaltungsangestellten wurde von den Ärzten sofort verworfen. Aus der Sicht der Verwaltung hätten Just-in-time-Anlieferungen vielleicht einen möglichen Lösungsansatz dargestellt, aber aus der Sicht der Mediziner war damit ein zu hohes Risiko verbunden.

Man sieht den Wald vor lauter Bäumen nicht

Man sieht das Problem nicht einseitig, sondern im Gegenteil, man versucht alle Facetten zu beleuchten, man kommt vom Hundertsten ins Tausendste. Das Problem wird immer weiter diskutiert, immer größer aufgebauscht und so kommt man nie zum Schluss. Man ist so von der Komplexität des Problems erschlagen, dass man keinen Ansatzpunkt findet. Hier gilt „Mut zur Lücke". Man findet vielleicht keine Problemlösung, die alle befriedigt, aber mit irgendeinem Aspekt des Problems muss man dann anfangen.

Beispiel: „Mut zur Lücke"

Eine neue Controllingsoftware soll in einem Unternehmen eingeführt werden, und verschiedene Unternehmensbereiche werden nach ihren Anforderungen gefragt. Da hat jede Abteilung eine lange Liste von gewünschten Auswertungsmöglichkeiten, die durch die neue Software erfüllt werden sollen: Dann hätte man gerne noch diese Kennzahl und jenen Bericht und möglichst alles grafisch aufbereitet und auf Knopfdruck. Aus der Vielfalt muss nun zuerst ausgewählt werden, was wirklich wichtig und sinnvoll ist. Das ein oder andere Extra kann man im zweiten Schritt immer noch berücksichtigen, aber mit den grundsätzlich wichtigen Anforderungen muss das Projekt erst mal in Gang gebracht werden.

Zieldefinition: Wo soll es hingehen?

Bei den Seglern heißt es:

„Kennst Du das Ziel nicht, wird jeder Wind ein günstiger sein."

Dieser Spruch beantwortet schon die Frage, wozu man eigentlich Ziele braucht. Hat man sich beziehungsweise dem Projekt kein Ziel gesteckt, dann weiß man auch nicht, wann man das Ziel erreicht hat und ob man im „richtigen Hafen" angekommen ist.

Was halten Sie von dem Projektziel „Wir wollen den Service in unserem Unternehmen verbessern"? Mit dieser Zielsetzung kann eigentlich jeder einverstanden sein, sie ist plausibel. Und trotzdem fragen sich die Projektmitarbeiter: „Wie sollen wir das anstellen? Wie soll die Zielerreichung gemessen werden? Bis wann sollen wir das erreicht haben?" Antwort des Projektleiters: „So gut und so schnell wie möglich." Diese Antwort des Projektleiters reicht nicht für eine vernünftige Aufgabendefinition. Das Projektziel „Wir wollen den Service in unserem Unternehmen verbessern" taugt als grobe Vision, aber als Ziel ist es viel zu schwammig und unklar!

Ein Projekt kann auf einer groben Vision aufbauen, diese muss jedoch im Rahmen der Unternehmensstrategie klarer formuliert werden. Aus der Strategie lassen sich konkrete Ziele ableiten, die schließlich zu Projekten führen.

Wie aus Visionen Projekte werden

Wie sieht nun eine Zieldefinition für ein Projekt aus? Die Beschreibung einer Vision kann vage sein, die Formulierung einer Strategie sollte schon mehr Hand und Fuß haben. Bei der Zieldefinition sind schließlich folgende Aspekte zu berücksichtigen:

- **Das Projektziel soll erreichbar sein.**
  Die Zielvorgabe soll realistisch sein, ein bisschen Herausforderung darf aber auch dabei sein.
- **Das Projektziel ist eindeutig und klar zu formulieren.**
  Zur Zieldefinition gehört eine eindeutige zeitliche Vorgabe: „Innerhalb von drei Monaten ist der Geschäftsleitung ein konkretes Konzept für ein neues Fertigungsverfahren vorzulegen." Auch die Nennung von Musskriterien macht ein Projektziel deutlich, zum Beispiel „Das Projektziel ist erreicht, wenn die Reklamationsquote für das Produkt X mindestens unter 5% liegt, das heißt weniger als 5 Beschwerden bei einer Verkaufsmenge von 100 Stück."

- **Ein Projektziel muss messbar (quantitativ oder qualitativ) sein.**
  Ein bekannter Satz in diesem Zusammenhang lautet: „If you can't
  measure it, you can't manage it." Was Du nicht messen kannst, kannst
  Du auch nicht managen, oder was nicht messbar ist, ist nicht beherrschbar. Projektziele müssen messbar sein, damit die Zielerreichung überprüft werden kann.
  Quantitative Ziele sind leicht messbar, zum Beispiel eine Kosteneinsparung von 10% im Einkauf. Aber auch qualitative Ziele müssen messbar
  gemacht werden. Qualitative Ziele wie Mitarbeiterzufriedenheit, Kundenzufriedenheit und Servicequalität sind sehr schwer zu fassen. Man
  nennt die qualitativen Faktoren auch die „soft facts" (weiche Tatsachen)
  als Gegensatz zu den „hard facts" (harte Tatsachen) wie etwa Kosten,
  Verkaufsmengen etc. Um die „soft facts" messbar zu machen, orientiert
  man sich oft an Messlatten, die dem Schulnotensystem ähnlich sind. Man
  lässt zum Beispiel Mitarbeiter, Kunden oder Lieferanten Schulnoten
  verteilen von 1 = sehr gut bis 6 = ungenügend für Kundenservice,
  Qualität, Mitarbeiterzufriedenheit oder ähnliche schwer messbare Ein-
  flussgrößen. Ist das Projektziel zum Beispiel die Erhöhung der Kundenzufriedenheit, so führt man zu Beginn des Projektes eine Kundenbefragung durch und vergleicht die Ergebnisse mit einer Kundenbefragung
  zum Projektende.
- **Das Projektziel ist mit den Unternehmenszielen abzustimmen.**
  Dies sollte selbstverständlich sein. Schreibt sich ein Unternehmen auf
  seine Fahne: „Unsere Mitarbeiter sind unser wertvollstes Kapital. Wir
  investieren bewusst in die Fort- und Weiterbildung unserer Mitarbeiter",
  dann sollte ein geplantes Projekt zur Einsparung von Schulungskosten
  eventuell nochmals überdacht werden, wenn dieser Unternehmens-
  grundsatz nicht nur eine leere Worthülse sein soll.

Die Zieldefinition offenbart und dokumentiert die Wünsche und Erwartungen an das Projekt. Vor Projektbeginn sind die Projektziele aufzudecken,
damit diese Erwartungen an das Projekt nicht erst im Verlauf oder gar erst
am Ende des Projektes deutlich werden. Bei Missverständnissen in der
Zielsetzung des Projektes drohen massive Konflikte mit dem Auftraggeber
des Projektes. Bei Zielverfehlung war das Projekt fehlgeleitet und leider eine
„Verschwendung von Ressourcen".

Damit es nicht so weit kommt, hier eine bewährte Vorgehensweise bei der Zielfindung:

1. **Ziele sammeln**
   Alle denkbaren Ziele werden erst einmal gesammelt, ohne Bewertung. Ein bekanntes Hilfsmittel ist hierbei das sogenannte „Brainstorming". Brainstorming heißt auf Deutsch soviel wie „freier Sturm der Gedanken". Man formuliert frei heraus, was einem zur Problemlösung einfällt. Die Ideen werden nicht nach ihrer Umsetzbarkeit bewertet, hören sie sich im ersten Ansatz auch noch so fantastisch an. Der Klettverschluss soll das Ergebnis einer Brainstorming-Runde gewesen sein, bei der es um neue Formen von Verschlüssen ging. Irgendjemand brachte ein Beispiel, bei dem sich zwei Igel so ineinander verhaken, dass sie nicht mehr voneinander loskommen. Bei der Weiterentwicklung dieser Vorstellung entstand schließlich der Klettverschluss.

2. **Ziele strukturieren**
   Ziele lassen sich strukturieren nach Qualitätszielen, Kostenzielen, Terminzielen. (Erinnern Sie sich an das Bermudadreieck?) Ähnliche Ziele werden zusammengefasst, sodass eventuell zwei bis drei Zielgruppen übrig bleiben.

3. **Ziele klar präzisieren**
   Klare Aussage zum Zeitrahmen und zur Messbarkeit der Zielerreichung.

4. **Zielkonflikte und Zielabhängigkeiten analysieren**
   Schließen sich Ziele gegenseitig aus, gibt es wechselseitige Beeinflussung, Synergieeffekte oder Zielkonflikte? Klassische Zielkonflikte sind scheinbar Ökologie und Ökonomie: Umweltschutz kostet Geld und wirkt sich negativ auf den Gewinn aus. Auf der anderen Seite sind die Verbraucher kritischer geworden. Ein Unternehmen, das in den Ruf kommt, ein Umweltsünder zu sein, hat mit erheblichen Umsatzeinbußen zu rechnen. Vor diesem Hintergrund werden heute Ökologie und Ökonomie nicht mehr als entgegengesetzte Ziele diskutiert. In diesem Sinne ist Ökologie Langzeit-Ökonomie.

5. **Ziele priorisieren**
   Jetzt muss endgültig die Entscheidung getroffen werden: Was ist das wichtigste Projektziel?

6. **Ziele abgrenzen**
   Was soll nicht erreicht werden beziehungsweise was gilt es zu verhin-

dern? Mögliche unerwünschte Nebenwirkungen? Am Anfang eines Projektes kann die Geschäftsleitung zum Beispiel festlegen, dass trotz der geplanten Kosteneinsparungen, die das Projekt erreichen soll, betriebsbedingte Kündigungen ausgeschlossen werden.

7. **Zieldefinition abstimmen und schriftlich dokumentieren**
   Die Zieldefinition ist die Grundlage für die spätere Abnahme des Projektes durch den Auftraggeber. Somit sind die Ziele mit dem Auftraggeber abzustimmen und als Grundlage für die Projektdurchführung zu vereinbaren.

Im Projektgeschäft wird zur Abklärung der Zieldefinition gerne ein Zielfindungsworkshop durchgeführt. Man kommt zusammen, um die Erwartungen an das Projekt abzuklären. Anhand der dargestellten Vorgehensweise kann der Zieldefinitionsworkshop Schritt für Schritt durchgeführt werden.

Risikoanalyse: Packen wir's überhaupt an?

Das Ziel des Projektes steht nun fest, doch welche Risiken sind zu überwinden, bevor das Ziel erreicht werden kann? Sind die Risiken so gravierend und unüberwindlich, dass das Projekt gar nicht erst in Angriff genommen wird? Solche Überlegungen waren Herkules, einem Helden der griechischen Mythologie fremd. Er nahm jedes Risiko bei seinen Projekten, bekannt als die „Zwölf Arbeiten des Herkules", gerne in Kauf, zum Beispiel bezwang er die Hydra, ein Sumpfungeheuer mit neun Köpfen, oder stahl der Amazonenkönigin ihren Gürtel, obwohl die Amazonen, ein Volk von kriegerischen Frauen, sehr gefürchtet waren. Allerdings war Herkules auch ein Sohn von Göttervater Zeus und mit übermenschlichen Kräften ausgestattet, da war die Risikoanalyse für ihn nicht überlebensnotwendig.

Viele Unternehmen agieren, als ob sie sich noch in der griechischen Mythenwelt befinden, denn die Risikoanalyse unterbleibt leider in vielen Fällen. In einem Projekt, dass die Einführung einer neuen Vertriebssoftware zum Ziel hatte, unterblieb die Risikoanalyse. Als man mit der neuen Vertriebssoftware zu arbeiten begann, funktionierte sie nicht. Es gab massive Schwierigkeiten, da die Kunden des Unternehmens für einige Tage nicht beliefert werden konnten. Hätte man dieses Risiko vorher bedacht, hätte man sich absichern können, zum Beispiel durch einen Parallelbetrieb der beiden Vertriebssysteme für ein paar Tage, bis das alte Vertriebssystem abgeschaltet wird, oder eine ausführliche Testphase des neuen Systems.

Die mit dem Projekt verbundenen Risiken sind *vor Projektbeginn* abzuschätzen. Natürlich gibt es auch unvorhersehbare unglückliche Zufälle, gegen die kein Kraut gewachsen ist, aber es gibt durchaus Risiken, deren Eintrittswahrscheinlichkeit schon zu Beginn eines Projektes erkennbar ist.

Vorgehensweise bei der Risikoanalyse:

1. Risikoerkennung
2. Abwägen möglicher Gegenmaßnahmen
3. Entscheidung: Risiko akzeptieren oder nicht

Risikoerkennung

Im ersten Schritt werden die Risiken identifiziert. Welche Einflüsse stellen ein Risiko für das Projekt dar? Gibt es Einflüsse von außerhalb des Projektes: Uneinigkeit in der Geschäftsleitung über die Ausrichtung des Projektes. Politische oder rechtliche Rahmenbedingungen, die Einfluss auf den Projekterfolg haben? Oder stecken Risiken im Projekt selbst: Ist das Projektziel zu gewagt, unerreichbar? Gibt es nicht das notwendige Know-how im Unternehmen, um das Projekt durchzuführen? Was ist in vergleichbaren Projekten schiefgelaufen?

Um Korrekturmaßnahmen einleiten zu können, müssen erst die Ursachen der Risiken geklärt werden. Zudem ist zu klären, wie hoch die Wahrscheinlichkeit ist, dass dieses Risiko auch tatsächlich eintritt und der damit verbundene Verlust für das Projekt. Ziel ist es, sowohl das Risiko qualitativ zu beschreiben, wie auch ganz konkret messbar zu machen (z.B. die mögliche Schadenshöhe).

Das nachfolgende Bewertungsschema kann für die Risikoanalyse herangezogen werden. In dem nachfolgenden Beispiel für das Projekt „Einführung einer Vertriebssoftware" stellt das Risiko „Kunden können drei Tage nicht beliefert werden" das höchste Risiko dar, wenn man die finanzielle Auswirkung und die Eintrittswahrscheinlichkeit des Schadensfalls berücksichtigt. Das finanziell dramatischste Risiko, die Kundendaten zu verlieren, hat demgegenüber eine sehr geringe Eintrittswahrscheinlichkeit und ist damit nicht so hoch bewertet.

Risikoanalyse: Projekt Einführung einer neuen Vertriebssoftware

Beschreibung des Risikos	Finanzielle Auswirkung	Eintrittswahr-scheinlichkeit	Bewertung
Geringe zeitliche Verzögerungen bei der Bestell-annahme	< 100 TEUR	50 %	50 TEUR
Systemausfall für 3 Stunden	100–200 TEUR	20 %	20–40 TEUR
Kunden können 3 Tage nicht beliefert werden	500–750 TEUR	10 %	50–75 TEUR
Kundendaten gehen verloren	> 1 Million Euro	0,5 %	5 TEUR

Bewertungsschema zur Risikoanalyse

Abwägen möglicher Gegenmaßnahmen

Im zweiten Schritt werden mögliche Maßnahmen diskutiert, um dem Risiko vorzubeugen oder es zumindest zu reduzieren. Im obigen Beispiel kann das Risiko des Verlusts der Kundendaten durch entsprechende Sicherungsmaßnahmen ausgeschlossen werden. Die unterbrechungsfreie Belieferung der Kunden kann durch einen Parallelbetrieb des alten und neuen Vertriebssystems weitgehend sichergestellt werden.

Entscheidung: Risiko akzeptieren oder nicht

Führt man das Projekt trotz verbleibender Risiken durch, oder stoppt man das ganze Projektvorhaben? Im obigen Beispielprojekt gibt es eventuell keine Maßnahmen, die gewährleisten würden, dass ohne Systemausfall und zeitliche Verzögerungen in der Bestellannahme das neue Vertriebssystem reibungslos eingeführt werden kann. Ein Restrisiko bleibt wie in den meisten Projekten.

Ein verbleibendes Restrisiko ist letztendlich immer dabei. Ohne das Eingehen von Risiken können sich Unternehmen nicht weiterentwickeln. Wenn man keinen Flop bei einer neuen Produktentwicklung riskiert, wird man an den bisherigen Produkten festhalten und notwendige Innovationen versäumen. Veränderung und Anpassung an neue Kundenbedürfnisse sind jedoch wichtig für das Überleben eines Unternehmens. Wie sagte einmal ein Manager: „Auch die beste Entscheidung ist falsch, wenn sie zu spät erfolgt. Wenn man die Chance verpasst hat."

Beteiligte und Betroffene: Wer ist dabei?

Von einem Projekt „Betroffene" sind alle, die innerhalb oder außerhalb des Unternehmens von den Auswirkungen des Projekts berührt werden. „Beteiligte" sind alle, die in irgendeiner Weise einen Beitrag zu dem Projekt liefern (Projektmitarbeiter, Informationsgeber, Entscheider etc.).

Beispiel: Alle vom Projekt Betroffenen beteiligen, sonst geht es schief!

Von der Unternehmensleitung wird eine neue variable Vergütung für die Vertriebsmitarbeiter beschlossen. Künftig soll ein Teil des Gehalts eines Vertriebsmitarbeiters davon abhängig sein, wie hoch die Deckungsbeiträge der Produkte sind, die er an die Kunden verkauft. Am Projekt „Neues Vergütungssystem für den Vertrieb" war der Vertriebschef und die Personalabteilung beteiligt. Die Personalabteilung hat die Gehaltsabrechnung auf das neue Vergütungssystem umgestellt. Projekt erfolgreich abgeschlossen?

- **Die Controllingabteilung:**
  „Wir haben bisher nicht für alle Produkte die Deckungsbeiträge ermittelt. Wenn wir diese Zahlen liefern sollen, brauchen wir drei Monate Vorlauf."
- **Der Betriebsrat:**
  „Wir wurden im Rahmen unserer Mitbestimmungsrechte nicht beteiligt, wir erwirken eine einstweilige Verfügung gegen diese Maßnahme!"
- **Die Vertriebsmitarbeiter:**
  „Wir sind gegen die neue Vergütungsregelung, denn sie ist ungerecht. Die Leistung eines Vertriebsmitarbeiters zeigt sich doch am meisten in der Erschließung neuer Kunden. Bei Altkunden kann jeder sein Geschäft machen und damit hohe Deckungsbeiträge. Man muss doch viel mehr belohnen, wenn sich einer ein neues Gebiet erobert!"

- **Alle restlichen Mitarbeiter:**
  „Was haben sich ‚die da oben' denn wieder ausgedacht. Das klappt doch nie,
  aber uns fragt ja keiner!"

... das passiert, wenn man Betroffene nicht zu Beteiligten macht!

Es ist richtig, dass an einem Projekt, von dem das gesamte Unternehmen
betroffen ist, nicht alle Mitarbeiter beteiligt werden können. Aber im Vorfeld
eines Projektes muss grob festgestellt werden, wer in welcher Form und in
welchem Ausmaß vom Projekt betroffen ist. Zumindest von jeder betroffenen Abteilung sollte ein Mitarbeiter in das Projekt eingebunden werden.
Es bietet sich an, zuerst alle vom Projekt betroffenen Gruppen aufzulisten,
zum Beispiel

- Geschäftsbereiche A, B, C
- Länderniederlassungen
- Servicebereiche
- Betriebsrat etc.

Im zweiten Schritt werden die betroffenen Gruppen und Organisationsein-
heiten nach der Intensität, mit der sie von dem Projekt betroffen sind,
sortiert:

++ Geschäftsbereich A stark betroffen
++ Niederlassungen in den deutschsprachigen Ländern stark betroffen
+ Geschäftsbereiche B und C betroffen
+ Servicebereiche betroffen
- Betriebsrat nicht betroffen, aber Informationsrecht

Vielleicht spricht der Zeitdruck dagegen, alle Betroffenen nach ihren Einstel-
lungen und Erwartungen zu dem Projekt zu befragen. Aber zumindest die
stark betroffenen Gruppen sollten befragt werden:

- Welche Einstellung haben die Betroffenen dem Projekt gegenüber?
- Welche Interessen, Wünsche, Befürchtungen, Probleme werden mit dem
  Projekt verbunden?

- Welche Befürworter und Gegner gibt es in dieser Gruppe für beziehungsweise gegen das Projekt?

Nach dieser Analyse entscheidet man, wer direkt am Projekt beteiligt wird und wen man lediglich in welchen Intervallen über den Projektfortgang informiert, damit die Betroffenen wenigstens über das Projekt Bescheid wissen. Der Projekterfolg hängt wesentlich von der *Information aller Betroffener* ab. So verhindert man weitestgehend, dass Vorbehalte gegen das Projekt entstehen oder Widerstände aufgrund von Informationsdefiziten aufkeimen.

Tipp: Ein guter Schachzug ist, einen bekanntermaßen entschiedenen Gegner des Projektes mit ins Boot zu holen. So fließen die Gegenargumente gegen Projektmaßnahmen oder Ergebnisse schon während der Laufzeit in das Projekt ein, und es besteht noch eine Chance, die Widerstände gegen das Projekt zu mildern. Setzen die Widerstände gegen das Projekt erst nach Projektabschluss ein, werden die Projektergebnisse eventuell gekippt oder verworfen.

In obigem Beispiel „Variable Vergütung für die Vertriebsmitarbeiter" wurde auch versäumt, die Interessenvertretung der Arbeitnehmer (Betriebsrat/ Personalrat) einzubinden. Nicht in jedem Projekt ist dies erforderlich, aber es gibt mitbestimmungspflichtige Projekte, zum Beispiel die Einführung von flexiblen Arbeitszeitmodellen (z.B. Gleitzeit), Einführung neuer Entlohnungsformen, Erfolgsbeteiligungsmodelle, neue Personalsoftware etc. Insbesondere sind hier die Mitbestimmungsrechte nach §§ 87 bis 89 BetrVG (Betriebsverfassungsgesetz) zu beachten. Sie können davon ausgehen, dass Ihnen jeder gute Betriebsrat die Hölle heiß machen wird, wenn Sie ein mitbestimmungspflichtiges Projekt in Angriff nehmen, ohne die Arbeitnehmervertretung informiert zu haben und zu beteiligen. Es ist das gute Recht der Arbeitnehmervertretung, das Projekt dann voll auszubremsen. Keine angenehme Sache für das Unternehmen und das Projektteam.
Bei der Auswahl der Projektbeteiligten stellt sich auch die **Frage nach der Einbindung externer Berater**. Braucht man das Know-how und die Erfahrung eines Unternehmensberaters? Hat man sich für eine externe Beratung entschieden, sollten bei der Auswahl des Beraters einige Dinge beachtet werden. Der Beruf des Unternehmensberaters unterliegt keiner gesetzlichen

Berufsordnung. So kann sich im Prinzip jeder „Unternehmensberater" nennen, unabhängig von der Ausbildung und Qualifikation. In der Branche gibt es daher auch manches „schwarze Schaf". Folgende Punkte sollten Sie bei der Entscheidung berücksichtigen:

- **Qualifikation und Erfahrungen des Beratungsunternehmens**
  Bilden Sie sich ein Urteil anhand einer Referenzliste von Projekten, die das Beratungsunternehmen bereits durchgeführt hat. Achten Sie auf Erfahrung. Häufig passiert es, dass zwar ein erfahrener Berater sich bei Ihnen vorstellt und den Projektauftrag akquiriert, aber die Beratung wird von frischen Hochschulabgängern durchgeführt. Natürlich müssen auch diese ihre Erfahrungen machen, aber bitte nicht auf ihre Kosten, speziell wenn das volle Honorar für einen erfahrenen Berater vereinbart war.
- **Durchgängigkeit des Beratereinsatzes**
  In der Praxis passiert es auch öfter, dass die Berater ständig wechseln. Alle paar Tage taucht ein neues Beratergesicht bei Ihnen auf. Das bringt nur Unruhe und unnötigen Einarbeitungsaufwand. Achten Sie darauf, dass sie durchgängig von demselben Beraterteam betreut werden.
- **Vertrauen und Sympathie**
  Beratung ist Verrauenssache und erfordert eine enge Zusammenarbeit. Oft sind die Fragen des externen Beraters unangenehm, denn sie stellen bisher Erreichtes und „Selbstverständlichkeiten" infrage. Da sollte die „Chemie" schon stimmen.

Projektteam: Wer hat wo seinen Platz?

Projektarbeit ist Teamarbeit, dabei sollte Team nicht die Abkürzung sein für:

Toll, ein anderer macht's.

Was ist die ideale Teamgröße? Ein arbeitsfähiges Team sollte aus nicht mehr als sechs bis sieben Teammitarbeitern bestehen. Bei dieser Teamgröße ist die gegenseitige Information und Zusammenarbeit noch gewährleistet. Erfordert das Projekt eine größere Anzahl an Projektmitarbeitern, sollte die Projektorganisation in Teilprojekte aufgegliedert werden. Dann gibt es ein

Fachteam zum Thema X und ein anderes Fachteam zum Thema Y. Die Teilprojektleiter dieser Teams sprechen sich sooft wie möglich und nötig ab und bilden sozusagen den „inneren Kreis", das Kernteam. Ein Projektleiter, der über den Teilprojektleitern steht, manchmal auch „Programmmanager" genannt, koordiniert die Gesamtprojektleitung.

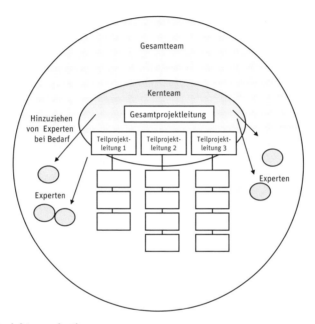

Beispiel Projektorganisation

Was sollte man grundsätzlich beachten, wenn man ein Projektteam zusammenstellt? Wie wird ein Team richtig besetzt?

Erkenntnisse aus dem Fachgebiet der Soziologie sind hier nützlich. Die Soziologie geht vielleicht etwas abstrakt an dieses Thema heran. Es gibt jedoch eine ganz hilfreiche Unterscheidung zwischen zwei unterschiedlichen Kräften, die in Gruppen wirken, die auch in unserem Thema der Teamzusammenstellung interessante Aufschlüsse gibt:

In der Soziologie unterscheidet man zwischen Kohäsion (Zusammenhalt) und Lokomotion (Fortbewegung, Fortschritt) als zwei Kräften, die in Gruppen wirken. Keine Sorge, diese beiden Fachbegriffe können Sie gleich wieder vergessen. Worum es geht ist, dass in Gruppen oft eine **treibende Kraft** (Lokomotion) herrscht, die die Gruppe vorantreibt, es daneben aber auch eine **Kraft des Zusammenhalts** (Kohäsion) gibt. Und diese beiden Kräfte werden jeweils durch eine oder mehrere Personen vertreten. Die treibende Kraft in einem Projekt könnte beispielsweise der Fachexperte sein. Er kennt sich mit dem Thema aus und bringt das Team im Thema weiter. Er treibt das Projekt fachlich voran. Ein anderes Teammitglied ist mehr für die soziale Kompetenz verantwortlich, sorgt sich um den gegenseitigen Informationsaustausch und regt auch mal gemeinsame Aktivitäten an. Die Kraft der Kohäsion, also die Identifikation als Team, das Gefühl des Zusammenhalts nach dem Motto „Gemeinsam schaffen wir das schon!" wird leider eher vernachlässigt. In der Praxis begegnet man oft der Vorstellung, es reiche völlig aus, in ein Projekt die Spezialisten für ein Thema zusammenzustecken, und dann werden die schon zu einem Ergebnis kommen. Sollten diese Spezialisten aber alles Eigenbrötler sein, die ein Problem mit Teamarbeit haben, so ist das Projekt trotz glänzender Fachkompetenz zum Scheitern verurteilt. In einem Projektteam ist auch immer jemand notwendig, der für den Zusammenhalt steht. Dieser Projektmitarbeiter sorgt für den gegenseitigen Informationsaustausch und auch dafür, dass fair miteinander umgegangen wird. Diese Rolle übernimmt häufig die Projektleitung, kann jedoch auch von einem anderen Teammitglied wahrgenommen werden.

Projekte, in denen beide Strömungen vorhanden sind – treibende fachliche Kraft einerseits und Zusammengehörigkeitsgefühl andererseits – sind meist erst erfolgreich.

Nur die Experten an Bord zu haben, die aber nicht teamfähig sind, reicht nicht aus. Auch ein Projekt voller Projektmitarbeiter, die zwar prima miteinander auskommen, aber fachlich nichts auf die Beine kriegen, wird nicht erfolgreich sein. So ist es empfehlenswert, bei der Projektteamzusammenstellung diese beiden Kräfte in Teams zu berücksichtigen. Ist das nötige Know-how an Bord des Projektschiffs und stimmt auch die Chemie untereinander, dann kann es losgehen!

Oft wird die Fähigkeit, ein „Wir-Gefühl", einen Zusammenhalt im Team zu erzeugen, als weibliche Eigenschaft gesehen. Wahrscheinlich rührt dies aus einem Weltbild heraus, wo die Mutter die Wiege der Familie darstellt und den Familienzusammenhalt garantiert. Demgegenüber wird die treibende Kraft im Team eher als männliche Eigenschaft gesehen. Diese Unterscheidung in angebliche „weibliche" und „männliche" Eigenschaften macht wenig Sinn, und vielleicht fallen Ihnen auch spontan Gegenbeispiele ein. Es gibt eine Menge Powerfrauen, die ein Team voranbringen, und es gibt durchaus Männer, die wissen, wie man eine Grillparty für das Team organisiert und wie „Mann" für eine angenehme Teamatmosphäre sorgt.

Das Stichwort mit den weiblichen und männlichen Eigenschaften bringt uns aber zu einem anderen interessanten Punkt: *Wie sollte ein Team gemischt sein?* Was ist von reinen Männerteams und Frauenteams zu halten? Um es vorsichtig auszudrücken: Die Erfahrung zeigt, dass gemischte Teams besser, reibungsloser funktionieren. Natürlich gibt es Ausnahmen, aber reine Männer- oder Frauenteams neigen sehr stark zu Machtkämpfen und Kompetenzgerangel. Die Anwesenheit des anderen Geschlechts scheint irgendwie ausgleichend zu wirken. Leidgeprüfte Mitarbeiter, die schlechte Erfahrungen mit gleichgeschlechtlichen Teams gemacht haben, lehnen die Mitarbeit in einem reine Männer- oder Frauenteam ab.

Beispiel: Eine Projektmitarbeiterin berichtet ...

„Die Projektarbeit in einem *reinen Frauenteam* war eine Katastrophe! Selten habe ich so hart um meine fachliche Anerkennung kämpfen müssen. Es war wie im Hühnerstall, jede gegen jede, und so wurde zäh die Hackordnung erkämpft, Allianzen gegründet und auch wieder verworfen und zwischendurch auch ordentlich gemobbt. Bleibt noch zu sagen, dass das Projekt zwar abgeschlossen werden konnte, aber die doppelte Zeit in Anspruch genommen hat, mitten im Projekt die Projektleiterin gekündigt hat und die Projektkosten weit das geschätzte Projektvolumen übertroffen haben."

Projektteams haben auch ihre Tücken, in denen das Team aus einigen Frauen und nur einem Mann oder umgekehrt aus einigen Männern und nur einer Frau besteht. Im ersten Fall kann es dazu kommen, dass der Mann der sprichwörtliche „Hahn im Korb" wird. Im anderen Fall muss die Frau ordentlich Selbstbewusstsein mitbringen, um nicht zur Kaffeekocherin, Protokollschreiberin und Telefonistin für den Rest des Teams zu werden. Die Frage eines Kollegen: „Kannst Du mal schnell ein Hotel für mich buchen", beantwortet „Sie" mit einem einfachen „Nein". Das mag am Anfang etwas hart klingen, aber die Kollegen gewöhnen sich dann erfahrungsgemäß schnell solche Fragen ab.

Projektleitung: Der mit dem Wolf tanzt

Wer die Diskussionen der letzten Jahre verfolgt, bemerkt, dass den „soft facts" immer mehr Beachtung geschenkt wird. Es geht nicht mehr nur um die fachliche Beherrschung von Arbeitsgebieten, sondern vielmehr um deren Vermittlung, um den menschlichen Austausch, um die Sozialkompetenz. Keine Stellenanzeige mehr, in der nicht das Stichwort „Sozialkompetenz" auftaucht. Seit neuestem spricht man sogar von der „Emotionalen Intelligenz". Die Zeit der „alten Haudegen" und Einzelkämpfer scheint vorbei zu sein. So wird zunehmend Wert gelegt auf eine effektive Kommunikation und auf Arbeits- und Vorgehensweisen, die diese fördern.

Diese Anforderungen gelten ganz besonders für den Leiter, die Leiterin eines Projektes. Die Projektleitung ist das Bindeglied zwischen dem Projektteam, dem Auftraggeber des Projektes, den Führungskräften der Projektmitarbeiter, den vom Projekt Betroffenen und eventuell den externen Beratern. Alle Bedürfnisse und Wünsche, die das Projekt betreffen, werden an die Projektleitung herangetragen. Da heißt es die Balance zu halten zwischen den unterschiedlichen Interessen und Konflikte rechtzeitig zu erkennen.

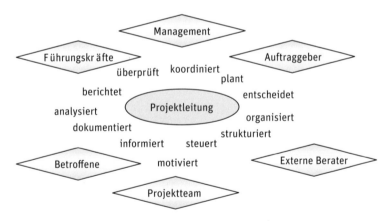

Aufgabenlandschaft der Projektleitung

Bei größeren Projekten leistet die Projektleitung meist selbst keinen fachlichen Beitrag mehr zum Projekt, sondern ist völlig mit Steuerungsaufgaben, Projektkommunikation und Koordination beschäftigt. So stellt sich die

Frage, ob ein Projektleiter überhaupt noch fachlich kompetent sein muss in der Themenstellung des Projektes. Hierzu zeigt die Erfahrung, dass der Projektleiter nicht der Spezialist für das Thema sein muss, er muss aber sehr wohl Ahnung von der Materie des Projektes haben. Schon allein bei der Aufwandsschätzung für ein Projekt muss der Projektleiter ein Gefühl für die geforderten Größenordnungen haben und sich nicht voll auf die Zuarbeit von Experten verlassen müssen.

Qualifikationsprofil einer Projektleitung

Wie viel Einfluss hat die Projektleitung?

Hat die Projektleitung Weisungsbefugnis gegenüber den Projektmitarbeitern?

Hierzu gibt es in der Praxis unterschiedliche Modelle, je nach der Stärke der Weisungsbefugnis des Projektleiters:

- Reine Projektorganisation: Starke Weisungsbefugnis des Projektleiters
- Matrix-Projektorganisation: Geringe Weisungsbefugnis des Projektleiters
- Stabs-Projektorganisation: Keine Weisungsbefugnis des Projektleiters

Reine Projektorganisation

Die reine Projektorganisation kann man am besten beschreiben als „Unternehmen auf Zeit". Die Projektmitarbeiter werden für die Laufzeit des Projektes völlig für das Projekt freigestellt. Sie werden komplett von ihren bisherigen Aufgaben entlastet. Der Projektleiter ist für die Projektlaufzeit die Führungskraft für die Projektmitarbeiter. Der Projektleiter hat damit die volle Weisungsbefugnis über die Projektmitarbeiter, ihm obliegt die Personalentwicklung der Mitarbeiter, er genehmigt Schulungsmaßnahmen, Urlaub und Gehaltserhöhungen. Diese Projektorganisationsform wird vor allem bei mehrjährigen Großprojekten gewählt.

Der Vorteil der reinen Projektorganisation ist, dass es keine Ablenkung der Projektmitarbeiter durch ihre bisherige Aufgabe im Unternehmen gibt. Kein Mitarbeiter der Finanzabteilung kann vom Projekt abgezogen werden, weil er zum Beispiel dringend für den Jahresabschluss gebraucht wird. Dies gibt dem Projektleiter großen Spielraum in der Mitarbeitereinsatzplanung.

Nachteilig ist für die Projektmitarbeiter, dass sie ihre „liebgewonnene Heimat" verlassen müssen. Vielleicht fällt es dem einen oder anderen schwer, seine bisherige Aufgabe im Unternehmen abzugeben. Man gibt die bisherige Führungskraft auf, mit der man vielleicht gut ausgekommen ist, und es fehlt einem die gute Abteilungsatmosphäre, die man gewohnt war. Man lässt sich als Projektmitarbeiter in der reinen Projektorganisation auf eine ganz neue Aufgabe, einen neuen Chef und ein neues Team ein. Es ist ähnlich wie ein Arbeitsplatzwechsel. Und eventuell belastet die Ungewissheit, ob man auf den alten Arbeitsplatz nach Beendigung des Projektes zurückkehren kann?

Matrix-Projektorganisation

Dies ist die häufigste Projektorganisationsform in der Praxis. Die Projektmitarbeiter behalten ihre bisherige disziplinarische Führungskraft, und der Projektleiter erhält lediglich das Recht der fachlichen Weisung während der Projektlaufzeit. Der Projektmitarbeiter bespricht damit Gehalt, Urlaub, Schulungen etc. nach wie vor mit seiner Führungskraft. Der Projektleiter ordnet die fachlichen Aufgaben an. Der Projektleiter hat die Projektverantwortung, aber keine volle Weisungsbefugnis.

Vorteil dieser Projektorganisationsform ist, dass die Zusammenfassung interdisziplinärer Mitarbeitergruppen möglich ist, ohne die Projektmitarbeiter völlig aus ihren Strukturen zu lösen.

Nachteilig ist, dass es zu Konflikten zwischen der disziplinarischen Führungskraft und dem Projektleiter kommen kann, wenn sie unterschiedliche Aufgabenprioritäten für den Mitarbeiter sehen, der Mitarbeiter also zum Beispiel dringend in seiner Abteilung gebraucht wird, aber gerade unabkömmlich für das Projekt ist.

Stabs-Projektorganisation (auch Einfluss-Projektorganisation genannt)

In dieser Projektorganisationsform hat der Projektleiter die geringste Einflussmöglichkeit auf den Einsatz der Projektmitarbeiter. Er ist voll auf das Wohlwollen der Fachvorgesetzten angewiesen, dass sie ihre Mitarbeiter für das Projekt freigeben. Der Projektleiter hat keine Weisungsbefugnis und damit keine Durchsetzungsmöglichkeit seiner Personalanforderungen für das Projekt. Er ist in einer sehr schwachen Position, außer er hat glänzende Kontakte zur obersten Managementebene des Unternehmens.

Vorteil dieser Projektorganisationsform ist, dass sie die geringste Änderung der bestehenden Unternehmensorganisation darstellt.

Nachteile sind jedoch:

- Schwache Position des Projektleiters
- Geringe Identifikation der Projektmitarbeiter mit dem Projekt
- Hoher Koordinationsaufwand

Der Projektlenkungsausschuss, das Projektentscheidungsgremium.

Die Projektleitung wird nicht nur von dem Projektleiter durchgeführt. Um Entscheidungen herbeizuführen, die über die Entscheidungsbefugnis des Projektleiters hinausgehen, gibt es den Projektlenkungsausschuss.

Übersteigt das Projekt zum Beispiel das vereinbarte Projektbudget, so muss der Projektlenkungsausschuss entscheiden, ob mehr Geld für das Projekt genehmigt wird oder nicht. Der Projektlenkungsausschuss ist somit das oberste Entscheidungsgremium für das Projekt. Um diese Entscheidungen fällen zu können, setzt sich der Projektlenkungsausschuss aus Managementvertretern zusammen, zum Beispiel

- Vertreter der Geschäftsleitung
- Vertreter der auftraggebenden Abteilung des Projektes
- Vertreter der Finanzabteilung

Der Projektlenkungsausschuss tagt bei Bedarf oder in regelmäßigen Abständen, zum Beispiel vierteljährlich.

Ist eine externe Unternehmensberatung in das Projekt eingebunden, ist es durchaus üblich, einen Managementvertreter der Unternehmensberatung in den Projektlenkungsausschuss mit einzubeziehen. Ist der unternehmensinterne Projektleiter zum Beispiel mit den Leistungen der externen Berater nicht zufrieden, so wird dies im Projektlenkungsausschuss angesprochen. Der Managementvertreter der Unternehmensberatung kann zu den Vorwürfen Stellung beziehen und Verbesserungsmaßnahmen vorschlagen. Ist man sich trotzdem weiterhin uneins, kann der Projektlenkungsausschuss auch den Ausschluss der externen Berater beschließen.

Um Klarheit darüber herzustellen, wer welche Rechte und Pflichten in einem Projekt hat, empfiehlt sich die schriftliche Fixierung der Aufgaben und Befugnisse.

Beispiel:

Projektbeteiligte	Aufgaben	Rechte / Befugnisse	Pflichten / Verantwortung
Projektleiter	Leitung und Steuerung des Projektes	Einteilung und Einsatz der Projektressourcen	Verantwortung für das Projektergebnis
Projektlenkungsausschuss	Oberstes Entscheidungsgremium	Entscheidungsinstanz	Überwachung des Projektverlaufs
Auftraggeber des Projektes	Beauftragung des Projektes	Abnahme des Projektergebnisses	Mitwirkungspflichten: organisatorisch / fachlich

Rechte und Pflichten der Projektbeteiligten

Projektgrobplanung: Eckpunkte setzen

Stellen Sie sich vor, Sie planen eine Bergwanderung. Sie überlegen, welche Ausrüstung Sie zum Bezwingen des Berges brauchen, wie viel Zeit einzuplanen ist, welcher Schwierigkeitsgrad sie erwartet und wen Sie gerne mitnehmen möchten. Nicht viel anders ist die Planung eines Projektes. Der zu bezwingende Berg ist der Projektauftrag. Wie bei der Planung einer Bergwanderung überlegt sich der Projektplaner, wo die Höhen und Tiefen im Projektverlauf sein werden, wo Abgründe lauern, welche Zeitdauer einzuplanen ist und welches Team in der Lage sein wird, den Berg/Projektauftrag zu bezwingen. Projektplanung heißt das zukünftige Handeln im Projekt gedanklich vorwegzunehmen.

Warum der Aufwand? Warum Planung? Wieso die Dinge nicht einfach auf sich zukommen lassen? Ein böses Wort besagt schließlich: „Planung ist der Ersatz des Zufalls durch den Irrtum!" Überlegen Sie selbst: Einen kleinen Aussichtshügel zu erklimmen traut man sich noch ohne große Planung und nur in Sandalen spazierend zu. Genauso können Sie ein Projekt von zwei Wochen ruhig angehen lassen, wenn Sie das Ziel genau vor Augen haben und ähnliche Projekte dieser Fragestellung schon oft durchgeführt haben. Trotzdem zeigt ja schon die Einschätzung „kleines Projekt von zwei Wochen", dass man eine Grobplanung zumindest des Zeitbedarfs durchgeführt hat. Und wenn man einen kleinen Aussichtshügel vor sich sieht, nimmt man gedanklich ja auch einen kleinen Zeitbedarfsvoranschlag vor, zum Beispiel „mehr als eine Stunde hin, Pause, eine Stunde zurück, dann sind wir noch rechtzeitig zum Nachmittagskaffee zu Hause".

Eigentlich merkwürdig, dass man im privaten Bereich bei größeren Freizeitaktivitäten zumindest eine Grobplanung vornimmt, während sich im Arbeitsleben manche wie die Lemminge in Projekte stürzen, ohne die geringste Planung gemacht zu haben. (Lemminge: Wühlmäuse, die bei Nahrungsknappheit große Wanderungen unternehmen, die leider nicht alle ihrer Art überleben.)

Beispiel: Themaverfehlung aufgrund mangelnder Zieldefinition

In einem Projekt wurde eine Unternehmensberatung mit einer Untersuchung beauftragt. Die Zielsetzung war recht nebulös gehalten. Nach einiger Zeit kamen die externen Berater mit ihrem Untersuchungsergebnis zurück.

Das auftraggebende Unternehmen war verwirrt, denn es hatte sich etwas ganz anderes vorgestellt. Leider hatten die externen Berater die eigentliche Themenstellung verfehlt. Da aber keine Zieldefinition erfolgt war und man die Berater während der Durchführung der Untersuchung ohne Begleitung alleine ließ, musste der Auftrag bezahlt werden. Das auftraggebende Unternehmen hatte es versäumt, klar zu definieren, welche Untersuchung mit welchem Ziel durchgeführt werden sollte.

Wer führt die Projektplanung durch?

Im Idealfall der Projektleiter. Bei Bedarf zieht der Projektleiter Experten für einzelne Fachthemen mit hinzu. Sehr beliebt ist auch die Durchführung eines Planungsworkshops. Dieser kann etwa im Anschluss an einen Zielfindungsworkshop stattfinden. Im Zielfindungsworkshop wird die Zielsetzung für das Projekt erarbeitet, „Wo wollen wir hin?", und im Planungsworkshop wird der Weg zur Zielerreichung geplant, „Wie kommen wir dort hin, wo wir hinwollen?". Der Vorteil der Durchführung der Projektplanung in der Form zum Beispiel eines Workshops mit drei bis sieben Teilnehmern ist, dass die Erfahrungen und Kenntnisse aller Workshopteilnehmer einfließen können. Es sollte keine Planung im stillen Kämmerlein sein. Je mehr Projekterfahrung in die Planung einfließt, desto besser.

Wie packt man die Projektplanung an?

Als Erstes erkundigen Sie sich, ob es Erfahrungen aus ähnlichen Projekten gibt. Wo im Unternehmen hat jemand schon mal ein Projekt mit dieser Themenstellung durchgeführt? Wen kann man fragen? Welche Vorgehensweise wurde dort gewählt? Gibt es Ergebnisse, auf denen man aufbauen kann? Um auf das Bergwanderbeispiel zurückzukommen: Man erkundigt sich, in welchem Wanderbuch die Strecke beschrieben ist. Wie viel Zeit wird dort veranschlagt, und auf welche Streckengefahren wird dort hingewiesen? Die Projektplanung eines Projektes ist nicht eins zu eins auf ein anderes Projekt übertragbar, denn jedes Projekt ist einzigartig, aber die Vorgehensweise wird in gleichartigen Projekten ähnlich sein.

Beispiel: Bei einer Konzepterstellung werden meist die Teilschritte

- Bestandsaufnahme/Analyse des Istzustandes
- Bewertung des Istzustandes
- Konzept zur Verbesserung/Sollkonzept
- Empfehlung weiteres Vorgehen/Maßnahmenkatalog

durchgeführt.
Oder bei einer Softwareeinführung kann man in den meisten Fällen von folgender Vorgehensweise ausgehen:

- Anforderungen an die Software feststellen (Pflichtenheft erstellen)
- Geeignete Software auswählen
- Anpassungen durchführen (Customizing)
- Integrationstest und Altdatenübernahme
- Produktivsetzung
- Betrieb

Diese grobe Festlegung von Projektphasen, Projektteilschritten ist die Grundlage für die Erarbeitung eines Projektstrukturplans, dem ersten Teil eines Projektplans.

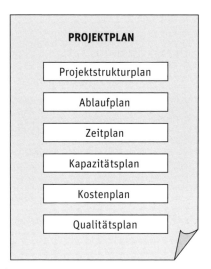

Aufbau eines Projektplans

Projektstrukturplan

Der Projektstrukturplan unterteilt das Projekt in einzelne Projektabschnitte beziehungsweise Projektphasen. Damit wird das Projekt in seine wichtigsten Bestandteile unterteilt. Hilfreich kann ein Vorgehensmodell sein, zum Beispiel das oben erwähnte Modell für eine Konzepterstellung:

- Bestandsaufnahme/Analyse des Istzustandes
- Bewertung des Istzustandes
- Konzept zur Verbesserung/Sollkonzept
- Empfehlung weiteres Vorgehen/Maßnahmenkatalog

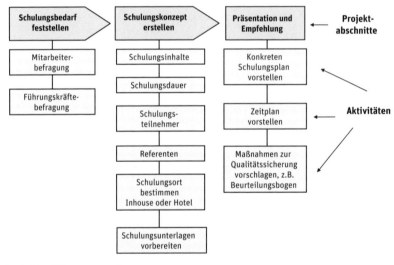

Beispiel Projektstrukturplan

Im Beispiel für einen Projektstrukturplan geht es um die Erarbeitung eines Schulungskonzeptes. Der Projektleiter entscheidet sich, die Phasen Bestandsaufnahme/Analyse des Istzustandes und Bewertung des Istzustandes zusammenzulegen und unterteilt damit das Projekt in die drei wesentlichen Projektabschnitte:

- Schulungsbedarf feststellen

- Schulungskonzept erstellen
- Präsentation und Empfehlung

Diesen Projektabschnitten werden die wesentlichen Projektaktivitäten zugeordnet.

Der Projektstrukturplan beschreibt, **was** durchzuführen ist. Der darauf aufbauende Projektablaufplan beschreibt, **wie** es durchgeführt wird.

Projektablaufplan

Projektablauf: Erarbeitung eines Schulungskonzeptes

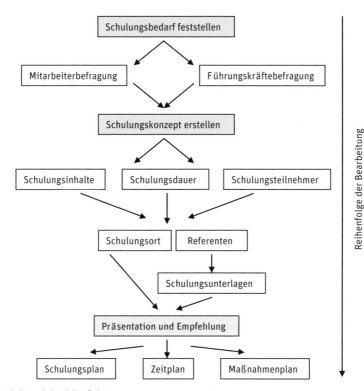

Beispiel Projektablaufplan

61

Der Projektablaufplan bringt die Aktivitäten des Projektes in eine sinnvolle Reihenfolge der Bearbeitung. Folgende Fragestellungen sind wichtig:

- In welcher logischen Reihenfolge werden die Aktivitäten durchgeführt?
- Welche Aktivitäten können parallel durchgeführt werden?
- Welche Aktivitäten setzen die Fertigstellung einer anderen Teilaufgabe voraus (zeitlich/fachlich)?

Zeitplan

Nachdem geklärt ist, welche Aktivitäten in welcher Reihenfolge zu bearbeiten sind, stellt sich die Frage nach dem Zeitbedarf für die Durchführung der Teilschritte. Hierzu werden die Fachexperten für die einzelnen Projektaktivitäten nach ihrer Zeitschätzung befragt.

Aber Vorsicht, der Projektplaner muss sich bewusst sein, dass es unterschiedliche „Schätztypen" gibt. Fragt man einen Spezialisten, wie lange er für die Bearbeitung eines bestimmten Arbeitsauftrages braucht, so gibt es neben der realistischen Einschätzung folgende Antwortstrategien:

- **„Sich warm anziehen"**, das heißt, man gibt immer einen größeren Zeitraum an, als den, den man voraussichtlich benötigt. So schafft man sich selbst Freiräume und Zeitpuffer. (Typ: Chefingenieur Scotty vom Raumschiff Enterprise, der immer mehr Zeit für eine Reparatur angibt, als er benötigt. Seine Strategie geht jedoch nie auf, da Captain Kirk seine Zeitangabe mindestens halbiert.)
- **„Sich selbst unter Druck setzen"**: das genaue Gegenteil von der obigen Strategie. Man setzt sich selbst ehrgeizige Zeitvorgaben. Im Projektverlauf kommt man dann zusehends in Zeitverzug, versucht aber immer noch, den Projektleiter zu überzeugen, dass man es trotzdem noch schaffen wird, bis schließlich das Kind in den Brunnen gefallen ist. Ein Projektmitarbeiter mit Namen Peter bekam so seine eigene Zeiteinheit zugesprochen. Wenn Peter sagte, er brauche einen Tag, dann wusste jeder Bescheid, denn ein „Petertag" entsprach in der normalen Zeitrechnung ca. einer Woche. Sagte er eine Woche, so rechnete man die „Peterwoche" in ca. drei Normalwochen um.

- **„Sich nie festlegen"**: Während man mit den anderen Schätztypen gut zurechtkommt, wenn man ihre Strategie erst mal durchschaut hat, ist der „Sich nie festlegen"-Typ eine harte Nuss. Er kann sich nie entscheiden. Ein Dialog könnte folgendermaßen ablaufen: „Wie lange meinst Du, brauchst Du für die Aufgabe?" – „Das kann ich so nicht sagen, das ist überhaupt nicht abschätzbar." – „Wie lange brauchst du denn im schlimmsten Fall?" – „Schwer zu sagen." – „Eine Woche oder einen Monat?" – „Ja vielleicht einen Monat, vielleicht aber auch mehr." – „Vielleicht auch drei Monate?" – „Ja, vielleicht auch drei Monate. Vielleicht aber auch weniger." Hier kann man nur versuchen den „Sich nie festlegen"-Typ ganz grob auf eine Zeitspanne festzulegen, indem man versucht, ihn auf die geringstmögliche Zeitdauer und die höchstmögliche Zeitdauer einzugrenzen.

Grundsätzlich können als Grundlage für Zeitschätzungen folgende Faktoren herangezogen werden:

- **Erfahrungswerte** aus bereits durchgeführten Projekten
- **Schwierigkeitsgrad der Aufgabenstellung** (Der Zeitbedarf für ein Schulungskonzept „Einführung der Sekretariate in die neue Textverarbeitungssoftware" ist voraussichtlich geringer als ein Konzept für „Schulung aller Mitarbeiter zur Erhöhung der Servicequalität in allen Unternehmensbereichen". Im ersten Fall stehen der Schulungsinhalt und die Schulungsteilnehmer schon grob fest, im zweiten Fall müssen erst mögliche Schulungsinhalte für „Verbesserung der Servicequalität" abhängig von den Unternehmensbereichen gefunden werden.)
- **Mengengerüste** (Im Beispiel Schulungskonzept kann man sich zum Beispiel an der Anzahl der Mitarbeiter orientieren, für die ein Schulungsbedarf untersucht werden soll. Der Zeitbedarf für die Konzepterstellung ist sicher unterschiedlich, ob für 800 Mitarbeiter oder für 20 Mitarbeiter ein Schulungskonzept erstellt wird.)
- **Zeitzuschläge** für Einarbeitung in das Thema, Abstimmungsgespräche und eventuell Nacharbeitungszeit.

Ist die Zeitschätzung für die einzelnen Aktivitäten abgeschlossen, erfolgen noch Zuschläge für Aktivitäten, die in jedem Projekt anfallen, die aber nicht explizit in die Aktivitäten mit eingerechnet wurden, wie

- Einarbeitung
- Projektleitung
- Qualitätssicherung
- Dokumentation
- Kommunikation
- Mögliche Nacharbeit

Nr.	Aktivität/Arbeitspaket	geschätzter Zeitbedarf
1	Schulungsbedarf feststellen	10 Tage
1.1	Mitarbeiterbefragung	5 Tage
1.2	Führungskräftebefragung	5 Tage
2	Schulungskonzept erstellen	27 Tage
2.1	Schulungsinhalte	5 Tage
2.2	Schulungsdauer	1 Tag
2.3	Schulungsteilnehmer	5 Tage
2.4	Schulungsort	1 Tag
2.5	Referenten	5 Tage
2.6	Schlungungsunterlagen	10 Tage
3	Präsentation und Empfehlung	3 Tage
3.1	Schulungsplan	1 Tag
3.2	Zeitplan	1 Tag
3.3	Maßnahmenkatalog	1 Tag
	Zwischensumme	40 Tage
Zuschläge für		
	Einarbeitung	2 Tage
	Projektleitung	10 Tage
	Qualitätssicherung	3 Tage
	Dokumentation	5 Tage
	Kommunikation	3 Tage
	Mögliche Nacharbeit	3 Tage
SUMME		66 Tage

Beispiel Zeitplan

Der so ermittelte Zeitplan kann auch als **Balkendiagramm** dargestellt werden. Hierzu wird der geschätzte Zeitbedarf in einen Kalender eingetragen. Balkendiagramme eignen sich besonders für Darstellungen mit einer Zeitachse. Manchmal wird in dem Zusammenhang auch von Balkenterminplan gesprochen.

Wochen / Aktivität	1	2	3	4	5	6	7	8	9
Projektmanagement	■	■	■	■	■	■	■	■	■
Schulungsbedaf feststellen	■	■							
Mitarbeiterbefragung		■							
Führungskräftebefragung	■								
Schulungskonzept erstellen			■	■					
Schulungsinhalte			■						
Schulungsdauer			■						
Schulungsteilnehmer				■					
Schulungsort					■				
Referenten					■				
Schulungsunterlagen						■	■		
Präsentation und Empfehlung								■	
Schulungsplan								■	
Zeitplan									■
Maßnahmen der Qualitätssicherung									■

Zeitplan in Form eines Balkendiagramms

Kapazitätsplanung

In der Kapazitätsplanung werden den Projektaktivitäten die zur Durchführung notwendigen Personalkapazitäten oder auch Maschinenkapazitäten zugeordnet.
Hierbei ist zu beachten:

- **Mitarbeiter nur zu 80% der verfügbaren Arbeitszeit einplanen.**
  Es muss berücksichtigt werden, dass der Mitarbeiter gerade bei längeren Projekten auch mal wegen Urlaub, Krankheit oder Schulungsmaßnahmen ausfällt. Seriös ist eine Planung von maximal 15 Projekttagen pro Monat für den Mitarbeiter.

- **Verfügbarkeit des Mitarbeiters prüfen.** Es mag seriös sein, den Projektmitarbeiter mit maximal 15 Tagen im Monat für das Projekt einzupla-

nen. Diese Planung bricht jedoch zusammen, wenn der Mitarbeiter parallel auch für ein anderes Projekt tätig sein soll.
Dies gilt auch für die Verfügbarkeitskontrolle der einzusetzenden Maschinen.

Nr.	Aktivität/Arbeitspaket	Projekt-Mitar-beiter	Bedarf in Stunden	Januar	Februar	März
1.1	Mitarbeiterbefragung	PL	10	10		
		A	30	30		
1.2	Führungskräftebefragung	PL	10	10		
		B	30	30		
2.1	Schulungsinhalte	PL	5		5	
		A	35		35	
2.2	Schulungsdauer	PL	0		0	
		B	8		8	
2.3	Schulungsteilnehmer	A	20		20	
		C	20		20	
2.4	Schulungsort	A	4			4
		B	4			4
2.5	Referenten	A	20			20
		C	20			20
2.6	Schulungsunterlagen	PL	8			8
		R	72			72
3.1	Schulungsplan	PL	2			2
		B	6			6
3.2	Zeitplan	PL	2			2
		A	6			6
3.3	Maßnahmenkatalog	PL	2			2
		C	6			6
	Einarbeitung	A/B/C	je 5	15		
	Projektleitung	PL	80	30	20	30
	Qualitätssicherung	QB	24	10	6	8
	Dokumentation	PA	40	10	15	15
	Kommunikation	alle	je 1	7	7	7
	Mögliche Nacharbeit	PL/R	je 12			24
Gesamtsumme			**524**	**152**	**136**	**236**
Summe je Projektmitarbeiter						
	PL = Projektleiter		134	51	26	57
	A = Projektmitarbeiter		123	36	56	31
	B = Projektmitarbeiter		56	36	9	11
	C = Projektmitarbeiter		54	6	21	27
	R = Referent(en)		87	0	0	87
	PA = Projektassistenz		43	11	16	16
	QB = Qualitätsbeauftragter des Projektes		27	11	7	9

Beispiel Kapazitätsplan

In obiger Darstellung wurde ein Kapazitätsplan exemplarisch für das Beispiel „Erarbeitung eines Schulungskonzeptes" entwickelt. Die Kapazitätsauslastung der einzelnen Projektmitarbeiter ist sehr unterschiedlich. Kein Projektmitarbeiter ist jedoch mehr als 120 Stunden im Monat für das Projekt eingeplant (also nicht mehr als die oben erwähnten 15 Tagen, die für einen Mitarbeiter maximal pro Monat zu planen sind).

Maschinen wurden in diesem Beispiel nicht eingeplant, doch das Schema ist für Maschinen analog auszufüllen.

Kostenplanung, was kostet das Projekt?

Aufbauend auf den bisherigen Planungsschritten werden die Kosten für das Projekt ermittelt. Projektkosten können sein:

- Personalkosten der eigenen Mitarbeiter laut Kapazitätsplanung
- Afa für eingesetzte Maschinen/Anlagen (Afa = Absetzung für Abnutzung)
- Sachkosten wie z.B. Telefonkosten, Mietkosten für Seminarräume, Administrationsmaterial (hier aber nicht übertreiben: nur die großen Kostenblöcke berücksichtigen)
- Kosten einer externen Beratung
- Kosten für Aushilfskräfte, z.B. für Dateneingaben

Personalkosten	150.000
Kosten für Tagungshotel (Präsentation)	4.000
Kosten externe Referenten	20.000
Telefonkosten	1.500
Kosten Aushilfskraft (Dateneingabe für Schulungsplan)	2.000
Summe Projektkosten	**177.500**

Beispiel Projektkostenplan

Es wird spannend, wenn als Ergebnis die Summe der Projektkosten ermittelt wird. Denn noch einmal während der Vorbereitungsphase eines Projektes stellt sich die Frage: Lohnt sich das Projekt, packen wir es überhaupt an? (Diese Frage wurde schon im Rahmen der Risikoanalyse gestellt.)

Ein Projekt ist für das Unternehmen quasi eine Investition, und die soll sich amortisieren! Den Projektkosten wird also der erwartete positive Effekt für das Unternehmen gegenübergestellt. In der Vorbereitungsphase gibt es noch einige Unwägbarkeiten, aber die grobe Ausgangsbasis für die Entscheidung für oder gegen das Projekt ist geschaffen. Diese Überlegungen zeigen auch, dass Projektplanung meist nicht von A bis Z einfach so abzuarbeiten ist. Oft geht es wieder ein paar Schritte zurück, wenn zum Beispiel die Projektkosten zu hoch sind und man daher wieder ganz am Anfang bei den Aktivitäten einzusparen versucht oder gar in der Zielsetzung Abstriche zulässt.

Aber Vorsicht, man sollte das Projekt auch nicht kaputtsparen. Wenn das geforderte Projektergebnis nicht mit den verfügbaren Ressourcen zum vereinbarten Termin erstellt werden kann, sollte man noch einmal ernst mit dem Projektauftraggeber reden. Lieber ehrlich zugeben, dass das Projekt in der geforderten Weise nicht durchführbar ist, als auf Biegen und Brechen zu versuchen, es doch noch „hinzurechnen".

Qualitätsplan

Was ist Qualität? Meist wird unter Qualität die Produktqualität gemeint. Und Qualitätssicherung/Qualitätskontrolle als eigenständiger Bereich in der Produktionskette ist schon seit längerem in vielen Unternehmen eingeführt. Das Produkt kommt in die sogenannte Endkontrolle, kurz bevor es versandfertig gemacht wird, und fehlerhafte Produkte werden aussortiert. Die Produktqualität ist relativ einfach zu ermitteln: Erfüllt das Waschmittel seine Pflicht, schmeckt die Schokolade lecker, und ist ein Buch spannend zu lesen?

Aber was bedeutet Qualität in einem Projekt?

Mögliche Antworten:

*   Termingerechte Durchführung des Projektes. Nicht nur die Einhaltung von Terminen, sondern auch die „schmerzfreie" Einhaltung von Termi-

nen ohne Wochenend- und Nachtarbeit. Gute Terminabstimmung zwischen allen Beteiligten.

- Sicherung des Projektergebnisses für den Auftraggeber. Gewährleistung eines sicheren Projektablaufs durch Anwendung von Projektmanagementtechniken.
- Vorhandensein eines Notfallplans. Einplanen einer möglichen Projektfeuerwehr.
- Lückenlose Dokumentation des Projektverlaufs und Sicherung von Zwischenergebnissen.

Im Qualitätsplan werden die Qualitätsziele festgehalten, die speziell für dieses Projekt wichtig sind. Spezielle Qualitätsziele in dem Projekt „Erstellen eines Schulungsplans" könnten sein:

- Erstellen eines Katalogs von Schulungsinhalten, der über das Projekt hinaus von dem Projektkunden genutzt werden kann.
- Begleitende Schulung der Projektkunden beim Thema „Wie organisiere ich Schulungen", damit diese das Projekt weiterführen können.

Im Qualitätsplan erfolgt neben der Festlegung projektspezifischer Qualitätsziele auch die inhaltliche und zeitliche Planung von Qualitätssicherungsmaßnahmen.

Beispiel: Jeden Monat erhält der Auftraggeber des Projektes einen Projektstatusbericht, und alle zwei Monate wird die Projektkundenzufriedenheit mittels eines anonymen Fragebogens gemessen.

Benennen Sie einen Projektmitarbeiter als Qualitätsbeauftragten, der auf die Einhaltung der definierten Qualitätsziele achtet und die Durchführung der Qualitätssicherungsmaßnahmen überprüft. Erster Ansatzpunkt für den Qualitätsbeauftragten in einem Projekt ist die Analyse des Projektplans. Er überprüft, ob die Projektzielsetzung eindeutig und der Projektplan schlüssig ist. Zudem prüft er, ob eine Risikoanalyse stattfand.

Nun ist der Projektplan rund. Als Ergebnis der Projektplanung wird ein Projektauftrag erstellt. Dieser wird dem Projektauftraggeber zur Genehmigung und Freigabe vorgelegt.

Projektauftrag	
Projekt:	
Kunde:	
Ansprechpartner:	
Projektnummer:	
Projektvolumen:	
Projektlaufzeit:	

Projektkurzbeschreibung	
Projektzielsetzung:	
Aufgabe/Leistungen:	
Definierte Projektergebnisse:	
Besonderheiten/Problembereiche:	

Projektorganisation	
Projektleitung:	
Projektteam:	
externe Unterstützung:	

Unterschrift Auftraggeber	Unterschrift Projektleiter

Formular Projektauftrag

Noch eine abschließende Bemerkung zu diesem Kapitel:

Genereller Fehler ist, dass man die Fragestellungen dieses Kapitels vor Projektstart ignoriert und erst mal mit dem Projekt loslegt. Einige Leser werden sicher stöhnen: „Das alles sollen wir schon *vor Projektbeginn* machen!" Natürlich sieht die Realität der Projektarbeit leider oft anders aus. Der gesamte Inhalt dieses Kapitels holt einen aber während der Projektdurchführung garantiert wieder ein, und dann darf man mühsam und mit viel Kraft und Nerven die Dinge ausbaden, die in der Vorbereitung versäumt wurden. Das Kapitelmotto ist vollkommen ernst gemeint:

Gute Vorbereitung ist der halbe Erfolg!

3. Projektdurchführung

Beherrschen Sie das Chaos

„Sage mir, wie ein Projekt beginnt, und ich sage Dir, wie es endet!"
Spruch eines weisen Projektmanagers

Der Startschuss fällt:
Mit dem Kick-off-Meeting fängt es an

Wie oft hört man in einem Unternehmen: „Hat das Projekt XY eigentlich schon angefangen? Ich weiß, dass Herr Bauer da was vorbereitet hat, und er hat mich mal gefragt, ob ich mir eine Mitarbeit vorstellen könnte, aber seither hab ich nichts mehr gehört. Wissen Sie da mehr?"

Projekte werden vorbereitet, der eine oder andere Mitarbeiter wird zeitweise in die Vorbereitung eingebunden, und dann hört man nichts mehr. Die Betreffenden wissen nicht, ob es demnächst losgeht, ob das Projekt gestoppt wurde oder ob man erst zu einem späteren Zeitpunkt wieder eingebunden wird.

Es gehört zum guten Stil, Mitarbeiter über den Stand eines Projekt auf dem Laufenden zu halten, gerade wenn sie in die Vorbereitung eingebunden waren. Ist die Entscheidung für den Projektbeginn gefallen, so wird ein Kick-off-Meeting durchgeführt, in das alle Mitarbeiter für das Projekt eingeladen werden, auch wenn ihr eigener Einsatz vielleicht erst zu Mitte des Projektes geplant ist. Mit dem Kick-off-Meeting fällt der für alle hörbare Startschuss für das Projekt.

Was heißt Kick-off-Meeting?

Man könnte es auch schlicht „Projekteinführungsveranstaltung" nennen. Aber wie auch sonst im Showgeschäft muss man auch im Projektshowgeschäft kreativ sein. Da genügt das einfache Wort Einführungsveranstaltung nicht mehr. Nein – es heißt eben Kick-off-Meeting.

Das Projekt-Kick-off-Meeting hat folgende Ziele:

- Information über die Ausgangssituation des Projektes und die Rahmenbedingungen
- Einführung aller Projektbeteiligten in die Projektzielsetzung.
- Vorstellung des Projektteams, gegenseitiges Kennenlernen
- Aufzeigen der Projektplanung
- Sicherstellung eines gleichen Informationsstandes bei allen Beteiligten.
- Motivation der Projektmitarbeiter, Schaffung eines „Teamgeistes"

Die Tagesordnung für ein Kick-off-Meeting könnte folgendermaßen aussehen:

Tagesordnung Kick-off-Meeting

1. Projektthema
2. Ausgangslage
3. Ziele
4. Vorgehensweise
5. Aufwand und Zeit
6. Risiken und Maßnahmen
7. Das Projektteam stellt sich vor
8. Erfolgsfaktoren des Projektes
9. Die nächsten Schritte

Geplanter Zeitraum: 10.00 – ca. 14:00 Uhr

Tagesordnung für ein Kick-off-Meeting

73

Wer nimmt am Kick-off-Meeting teil?

Die Projektleitung und das komplette Projektteam nehmen teil. Der Auftraggeber des Projektes muss zudem dabei sein, um den Startschuss zu geben. Handelt es sich um ein unternehmensinternes Projektteam, sollten auch die Vorgesetzten der Projektmitarbeiter eingeladen werden. In dem Kick-off-Meeting wird den Vorgesetzten der Projektmitarbeiter die Wichtigkeit und Bedeutung des Projektes nahegebracht. Damit soll um Verständnis geworben werden, dass der Mitarbeiter zu einem Teil für das Projekt freigestellt wird und damit für seine bisherigen Tätigkeiten weniger Zeit hat. Als weitere Teilnehmer werden alle von dem Projekt Betroffenen eingeladen. Das bedeutet, dass die Teilnehmerzahl sehr groß werden kann. Je nach Tragweite des Projektes kann das bedeuten, dass alle Mitarbeiter einzuladen sind, Lieferanten des Unternehmens, ausgewählte Kundengruppen usw.

In der Praxis hat es sich bewährt, bei großen Projekten mehrere Einführungsveranstaltungen durchzuführen.

Internes Kick-off-Meeting der Projektmitarbeiter

Als Erstes führt das Projektteam unter sich ein internes Projekt-Kick-off durch. Alle Projektmitarbeiter werden mit dem Projektauftrag vertraut gemacht, sofern sie nicht schon in die Vorbereitungsphase eingebunden waren. Interne Aufgaben und Pflichten werden festgelegt. Alle Projektbeteiligten werden „auf die Sache eingeschworen". Dann gibt es im Anschluss ein oder mehrere weitere Kick-off-Meetings.

Management-Kick-off-Meeting

Sinnvoll kann es sein, ein Management-Kick-off zu veranstalten, in dem die Führungsmannschaft des Unternehmens mit dem Projekt bekannt gemacht wird. Die Projektmitarbeiter kommen aus unterschiedlichen Unternehmensbereichen, und mit dem Kick-off-Meeting werden die Führungskräfte dazu motiviert, ihre Mitarbeiter bei den Erfordernissen der Projektarbeit zu unterstützen, zum Beispiel durch die Freistellung von bisherigen Aufgaben.

Große Einführungsveranstaltung für alle

Betrifft das Projekt tatsächlich alle im Unternehmen, kann auch eine große Einführungsveranstaltung für alle Mitarbeiter organisiert werden. Hier sollte man den Aufwand für eine derartige große Veranstaltung nicht scheuen. Keine oder wenig Information zum Projekt führt nur zu Gerüchten und Ängsten in der Belegschaft, speziell wenn es zum Beispiel um organisatorische Umstrukturierungen geht.

Kick-off-Meetings der Abteilungen

Soll eine große Einführungsveranstaltung entzerrt werden oder sind tatsächlich nur einige Abteilungen von dem Projekt betroffen, ist die Durchführung von Abteilungs-Kick-off-Meetings angebracht. Gerne setzt man hier auch sogenannte „Multiplikatoren" ein. Multiplikatoren sind Mitarbeiter, die über das Projekt ausführlich unterrichtet werden und diese Informationen in die einzelnen Abteilungen weitertragen. Die Information wird sozusagen „multipliziert", also „vervielfacht". Die Idee „Multiplikatoren" einzusetzen wird immer häufiger angewandt. So gibt es auch sogenannte „Multiplikatorenschulungen", in denen Mitarbeiter in einem bestimmten Thema ausgebildet werden und dann ihrerseits wiederum Schulungen zu diesem Thema in ihren Fachabteilungen durchführen.

Für das Kick-off-Meeting ist ein entsprechender Rahmen zu schaffen, um einerseits die Bedeutung des Projektes für das Unternehmen zu unterstreichen, aber auch die Motivation aller Projektbeteiligter zu erhöhen. Es ist nicht unüblich, zumindest das projektinterne Kick-off-Meeting in einem ansprechenden Tagungshotel durchzuführen. Kennt sich das Projektteam noch nicht sehr gut untereinander, können rahmenbegleitend teambildende Maßnahmen durchgeführt werden, zum Beispiel eine gemeinsame Bergwanderung.

Projektdokumentation: Lückenlos von A bis Z

Projektdokumentation ist keine beliebte Aufgabe in einem Projekt. Niemand ruft begeistert „Hier!", wenn ein Projektmitarbeiter gesucht wird, der sich hauptsächlich um diese Aufgabe kümmern soll.

Projektdokumentation wird oft als Bürde empfunden

Trotz allem ist Projektdokumentation eine immens wichtige Aufgabe. Die Projektdokumentation ist das Gedächtnis des Projektes. Während der Projektstatusbericht im Rahmen des Projektberichtswesens jeweils den aktuellen Bearbeitungsstand in einem Projekt wiedergibt, ist die Projektdokumentation das umfassende Nachschlagewerk während der gesamten Projektlaufzeit und danach. Alle relevanten Eckdaten, Projektplanungsunterlagen, Projektergebnisse, Absprachen und Entscheidungsgrundlagen sind nachvollziehbar erfasst. Die Projektdokumentation ist die Informationsgrundlage für Projektmitarbeiter, die eventuell erst später in das Projekt einbezogen werden. Durch eine saubere Projektdokumentation geht, falls nötig, auch ein Projektleiterwechsel reibungsloser über die Bühne.

Zu Beginn werden innerhalb des Projektteams **Spielregeln zur Dokumentation** festgelegt:

- **Welche Informationen sind zu dokumentieren.**
  Die Ablage wichtiger Schriftstücke ist klar, aber wie steht es mit Telefonaten und E-Mails? Zu Projektbeginn wird festgelegt, ob alle Telefonate

ausnahmslos mit Gesprächsnotizen zu dokumentieren sind oder welche Richtlinien für die Dokumentation gelten. Alte Regel: Obwohl es viel Aufwand ist, sollte man schlichtweg alles dokumentieren.

- **Werden die Informationen in einem Projektordner in Papierform abgelegt oder wird eine Projektdatenbank angelegt?**
  Grundsätzlich sollte man die wichtigsten Dokumente wie Projektauftrag und Planungsunterlagen in Papierform ablegen – unabhängig davon, ob zusätzlich noch eine Projektdatenbank angelegt wird. Schick ist die Anlage einer Projektdatenbank allemal, damit hat jeder Projektmitarbeiter auf alle Unterlagen jederzeit und eventuell von jedem Ort aus Zugriff.

- **Der Ort der Aufbewahrung wird festgelegt.**
  Beispiel: Der Projektordner hat immer im Projektbüro zu verbleiben. Kein Projektmitglied ist berechtigt, den Ordner aus dem Zimmer oder gar mit nach Hause zu nehmen.

- **Die Zugriffsberechtigung auf die Projektdokumentation wird festgelegt.**
  Man kann sich beispielsweise darauf einigen, dass alle Projektmitarbeiter auf die Dokumentation zugreifen dürfen. Informationen nach draußen werden aber nur in Absprache mit der Projektleitung gegeben.

- **Die Systematik der Ablage der Dokumente wird verbindlich geregelt.**
  Zur Wiederauffindbarkeit der Dokumente ist es sinnvoll, ein verbindliches Inhaltsverzeichnis für die Projektablage anzulegen.
  Beispiel siehe Abbildung „Mustergliederung Projekthandbuch".

Weitere Spielregel:

- **Wie geht man mit vagen Informationen um (z.B. Gerüchte, Ganggespräche, Andeutungen von Kollegen, Atmosphäre bei Besprechungen)?**
  Ganz übergehen sollte man solche „Halbinformationen" nicht, denn manchmal bekommt man so hilfreiche Hinweise auf Stimmungen und Entwicklungen, die man offiziell nie erhalten hätte. Man sollte jedoch die Spreu vom Weizen trennen und nicht jedes Gerücht glauben. Als Dokumentation kann hier ein **nichtoffizielles Projektlogbuch** dienen, in dem Stimmungen aus Telefonaten, Gerüchte, Halboffizielles nur für den internen Gebrauch gespeichert wird. Die Projektleitung sollte dieses Dokument gut unter Verschluss halten!

Mustergliederung Projekthandbuch

1. Grundsätzliches
   Organisation Projektteam
   Adressen der Projektbeteiligten
   Adressen von Ansprechpartnern
   Richtlinien für die Projektarbeit
   Richtlinien für die Projekt-
   dokumentation

2. Vertragliche Grundlagen
   Projektauftrag
   Vertragliche Absprachen

3. Projektplan
   Projektstrukturplan
   Ablaufplan
   Terminplan
   Kapazitätsplan
   Kostenplan
   Qualitätsplan

4. Risikomanagement
   Dokumentation der Risiken
   Maßnahmenkatalog und
   Maßnahmenverfolgung

5. Projektsteuerung
   Projektstatusberichte
   Arbeitsaufträge
   Protokolle der
   Projektsitzungen
   Problemmeldungen
   Liste offener Punkte

6. Allgemeiner Schriftverkehr
   und Gesprächsnotizen

7. Dokumentation der
   Projektergebnisse:
   Konzepte
   Berichte
   Gutachten
   Projektergebnis-
   beschreibungen

8. Projektabschluss
   Abnahmeprotokoll
   Projektabschlussbericht
   Projektnachkalkulation

Anhang:
Checklisten, Formulare, Muster, Bilder/Zeichnungen

Mustergliederung Projekthandbuch

Projektfeinplanung: Arbeitspakete und Meilensteine

Mit Feinplanung ist nicht gemeint, dass der in der Vorbereitungsphase des Projektes erstellte Projektplan jetzt in der Durchführungsphase verworfen wird. Nein, er wird detailliert! Der Projektplan geht für jede Projektphase in die Feinplanung, es wird vom Groben zum Detail geplant.

Es macht keinen Sinn, jeden Einzelschritt schon in der Projektvorbereitung planen zu wollen. Der Planungsaufwand wäre hierfür viel zu hoch und die Treffsicherheit gering. Eine zu detaillierte Planung schränkt gerade die mit der Projektform beabsichtigte flexible Arbeitsweise ein. Während der Projektlaufzeit kann weniger flexibel auf Veränderungen reagiert werden, wenn alles schon im Detail festgelegt wäre. In der Planung sollte ein gewisser

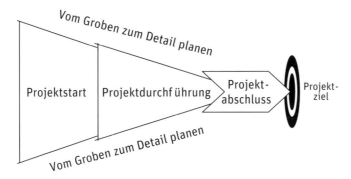

Die Projektplanung erfolgt vom Groben zum Detail

Spielraum für Änderungen bleiben (z.B. Zeitpuffer). In der Vorbereitungs-phase werden die wichtigsten Eckpunkte gesetzt, die in der Feinplanung mit Leben gefüllt werden.

Allein aus dem in der Vorphase erarbeiteten Kapazitätsplan (Beispiel: 30 Stunden Kapazität für die Führungskräftebefragung zu einem Schulungs-konzept) weiß der Projektmitarbeiter noch nicht genau, was wann seine Aufgaben sind (Wann erfolgt die Führungskräftebefragung? Gibt es einen standardisierten Befragungsbogen?). Die Projektaktivitäten werden in der Feinplanung in mundgerechte Happen zerteilt, in die sogenannten Arbeits-pakete beziehungsweise Arbeitsaufträge. Ziel der Feinplanung ist, die Aufga-ben in überschaubare Arbeitspakete zu unterteilen, damit der zuständige Projektmitarbeiter die Durchführung selbst steuern kann. Die Aufgabenstel-lung des Arbeitspaketes muss so klar sein (Leistungsumfang, Termin, Kos-ten, definiertes Ergebnis), dass der Projektmitarbeiter dieses Arbeitspaket ohne große Rückfragen durchführen kann.

Was sind Arbeitspakete konkret?

Ein Arbeitspaket ist die „kleinste Planungseinheit" in der Projektfeinpla-nung. Ein Arbeitspaket umfasst in der Regel eine Aufgabe, die länger als drei Tage dauert, aber nicht die Bearbeitungsdauer von 20 Tagen überschreitet. Nicht länger als 20 Tage aus dem Grund, weil das Arbeitspaket sonst wieder zu komplex wäre. Eine Aufgabe von bis zu 20 Tagen ist noch gut überschau-bar. Am einfachsten für die Durchführung wäre die Feinplanung der

Arbeitspaket	
Projekt:	
Projektphase:	
Bezeichnung Arbeitspaket:	
Bearbeiter:	
Geplante Projektstunden für die Durchführung:	
Anfangstermin:	
Abgabetermin:	
Aufgabenbeschreibung	
Input: Ergebnisse, auf denen aufgebaut werden kann	
Arbeitsschritte:	
Schwerpunkte:	
Schnittstellen zu anderen Arbeitspaketen:	
Ergebnis des Arbeitspaketes: (Umfang/Form, z.B. Konzept von ca. 20 Seiten)	
Bemerkungen:	
Unterschrift Projektleiter	Unterschrift Bearbeiter

Formular Arbeitspaket

Aufgaben bis auf den einzelnen Tag genau, sozusagen „Ein-Tages-Arbeitspakete". Dies würde aber zu weit führen. Dem Wunsch nach möglichst kleinen und überschaubaren Arbeitspaketen steht der damit verbundene Planungs- und Koordinierungsaufwand gegenüber. Die Projektmitarbeiter sollten qualifiziert genug sein, um eine Aufgabe selbstständig auf einige Tage verteilen zu können. Es wäre nicht angebracht, wenn die Projektmitarbeiter jeden Morgen beim Projektleiter zum Appell antreten würden, um die Losung für den Tag zu erhalten.

Weitere Anforderungen an ein Arbeitspaket:

- Für jedes Arbeitspaket gibt es nur einen Verantwortlichen.
  Die Aufgabe kann von mehreren Projektmitarbeitern durchgeführt werden, aber einer muss für das Arbeitspaket geradestehen. Der Verantwortliche muss die Bearbeitung in der vereinbarten Weise garantieren.
- Ein Arbeitspaket ist klar umrissen, was den Zeit- und Kostenrahmen der Aufgabenerledigung betrifft. Ebenso ist das Ergebnis klar definiert.
- Ein Projektmitarbeiter bekommt schriftlich den Auftrag für ein Arbeitspaket.

Für die Projektleitung bedeutet die Definition und Beauftragung (Delegation) von Arbeitspaketen einen nicht zu unterschätzenden Planungsaufwand. Dieser Zeitaufwand ist jedoch gerechtfertigt und zahlt sich doppelt aus, denn zum einen ist für Klarheit der Aufgabenstellung bei den Projektmitarbeitern gesorgt, und zum zweiten verringert sich der Aufwand für den Projektleiter bei der Abnahme der Arbeitspakete nach Fertigstellung. Die Abnahme der Arbeitspakete ist dann lediglich ein „Abhaken" der vorher formulierten Anforderungen und Ergebnisse.

Aus der Summe der Arbeitspakete wird eine Übersicht über die Arbeitspakete und Zuständigkeiten erstellt. Diese Übersicht gibt eine Zusammenfassung von:

- Welche Arbeitspakete gibt es?
- Wer ist für das jeweilige Arbeitspaket zuständig und verantwortlich?
- Ergebnisse „in":
  Welche Ergebnisse aus vorherigen Arbeitspaketen gehen in dieses Arbeitspaket ein?
- Ergebnisse „out":
  Was sind die konkreten Ergebnisse dieses Arbeitspakets?
- Welche Hilfsmittel (Instrumente oder Methoden) sind zu verwenden?
- Schnittstellen:
  Welche Abhängigkeiten gibt es zu anderen Arbeitspaketen?
- Bemerkungen:
  Hier werden eventuell Ansprechpartner oder wichtige Terminvorgaben genannt.

Nr.	Aufgaben Arbeitspaket	Zuständigkeit	Ergebnisse in	Ergebnisse out	Hifsmittel	Schnittstellen	Bemerkungen
1	Führungskräftebefragung	Mitarbeiter B	keine	Interviewprotokolle bis 30. Sept.	Interviewleitfaden	Arbeitspaket 2	Ansprechpartner für Termine Hr. Wagner
2	Mitarbeiterbefragung	Mitarbeiter A	keine	Interviewprotokolle bis 30. Sept.	Interviewleitfaden	Arbeitspaket 1	Ansprechpartner für Termine Frau Gruber
3	Schulungsbedarf dokumentieren	Mitarbeiter A	Interviewprotokolle der Arbeitspakete 1 und 2	Themen der Schulungen, potenzielle Schulungsteilnehmer	keine	Arbeitspakete 1 und 2	ist dem Projektleiter bis 15. Okt. vorzulegen

Übersicht über die Arbeitspakete und Zuständigkeiten

Netzplantechnik

Ein bewährtes Werkzeug der Projektfeinplanung ist der Netzplan. Dieser wird häufig dazu verwendet, den kritischen Pfad eines Projektes zu erkennen und zu steuern. Der kritische Pfad ist eine Aneinanderreihung von Projektaktivitäten, die aufeinander aufbauen. Mit Schritt 2 kann also erst nach Abschluss von Schritt 1 begonnen werden. Dies wird in einem Netzplan dargestellt. Durch den Netzplan wird erkennbar, von welchen Aktivitäten die Gesamtdauer des Projektes abhängt. Gibt es eine Verzögerung in dieser Aktivitätenkette, so gerät das Projekt in Verzug. Deswegen nennt man diese Abfolge von Aktivitäten auch den **kritischen Pfad**.

Netzplan: Projekt Blumen

Netzplan: Darstellung des kritischen Pfades

Nun ist der Netzplan für das Pflanzen von Blumen einfach. Ist das Projekt „Blumen" ein Teilprojekt des Großprojektes „Neugestaltung des Gartens", dann gestaltet sich der Netzplan etwas komplexer.

Vorteile der Netzplantechnik:
* Die Erstellung eines Netzplanes zwingt den Planer, die einzelnen Projektschritte in eine logische Reihenfolge zu bringen. Abhängigkeiten zwischen den einzelnen Aktivitäten werden klar. So kann mit der Gartenarbeit nicht begonnen werden, bis nicht die Gartenerde gekauft wurde.
* Optimierungen im Projektablauf können gedanklich durchgespielt werden. So ist es sinnvoll, das Gießen der neu gepflanzten Sträucher und der eingepflanzten Blumensamen zeitlich zusammenzulegen. (Man nimmt den Gartenschlauch nur einmal in die Hand.)

Netzplan: Neugestaltung des Gartens

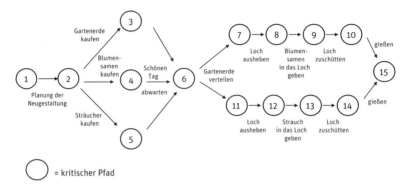

= kritischer Pfad

Komplexer Netzplan

* Risiken entlang des kritischen Pfades werden deutlich. Bei dem Projekt „Neugestaltung des Gartens" könnte das Warten auf einen geeigneten, schönen Tag zur Durchführung des Vorhabens ein Problem werden. Was tun bei drei Wochen Regenwetter? Wo lagert man die Gartenerde?

Was sind Meilensteine?

Meilensteine markieren den kritischen Pfad

Meilensteine erleichtern die Orientierung. Am Straßenrand geben sie Auskunft über die Entfernung zur nächsten Stadt, zum Beispiel noch 3 Meilen bis Rom. Der römische Legionär wusste durch diese Auskunft, dass er noch ca. 3.000 Schritte bis Rom zurücklegen musste. „Meile" leitet sich von dem lateinischen Begriff „milia passuum" ab, was übersetzt „1.000 Schritte" heißt. Schon die Römer markierten mit Meilensteinen ihre Wege, die bekanntlich alle nach Rom führten.

Auch in der Projektarbeit erleichtern Meilensteine die Orientierung: Ein Meilenstein bezeichnet den Abschluss einer Projektphase. Ist die erste Projektphase abgeschlossen, so hat man den ersten Meilenstein erreicht. Nach der zweiten Projektphase steht man am zweiten Meilenstein usw. Meilensteine dienen damit vor allem der Projektfortschrittsmessung. Welche Strecke hat man auf dem Projektweg schon zurückgelegt? Ein Meilenstein kann aber erst überschritten werden, wenn die vorherige Phase tatsächlich abgeschlossen ist. *Somit markieren Meilensteine den kritischen Pfad.*

Netzplan: Neugestaltung des Gartens

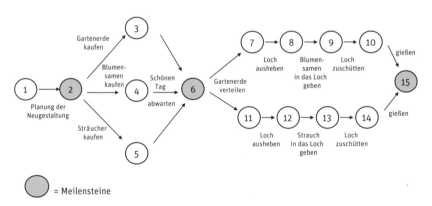

Meilensteine im Netzplan

Woran erkennt man in dem Netzplan-Beispiel „Neugestaltung des Gartens" die Meilensteine? Es sind diejenigen Punkte, an denen die Aktivitäten zusammenlaufen. Der Fluss des Netzplans gerät ins Stocken, wenn man über einen Meilenstein-Punkt nicht hinauskommt.

Im Projekt „Neugestaltung des Gartens" gibt es folgende Meilensteine:

1. Der erste Meilenstein ist an Punkt 2 erreicht:
   Der Plan für die Neugestaltung liegt vor. Ohne diesen Plan käme das Projekt nicht in Schwung.
2. Der zweite Meilenstein ist bei Punkt 6:
   Alle notwendigen Materialien wurden gekauft, und es ist ein schöner Tag für die Durchführung der Gartenarbeit. Der Meilenstein markiert den Abschluss der Vorbereitungsphase. Jetzt kann mit der Durchführungsphase begonnen werden.
3. Punkt 15 bezeichnet den Endpunkt des Projektes und damit den dritten und letzten Meilenstein des Projektes.

Meilensteine ...

- markieren den Übergang von einer Projektphase in die nächste,
- sind eindeutig,
  (die vorherige Phase muss hundertprozentig abgeschlossen sein!),
- dienen zur Verfolgung des Projektfortschritts,
- sind an einen fixen Termin gebunden,
  Beispiel: Projektphase 1 muss bis zum 15. Oktober abgeschlossen sein. Der 15. Oktober fixiert damit den ersten Meilenstein. Wird dieser geplante Termin des ersten Meilensteins nicht erreicht, so gerät das gesamte Projekt in Verzug.

Einsatz einer Projektmanagementsoftware: Die EDV für sich arbeiten lassen

Der Markt bietet eine Fülle von Produkten für die EDV-gestützte Projektplanung und Projektsteuerung an. Produktinformationen über die einzelnen Anbieter ruft man am besten über das Internet ab.
Eine Projektmanagementsoftware bietet „auf Knopfdruck" eine Fülle von Darstellungs- und Auswertungsmöglichkeiten, die manuell nur mit großem Aufwand möglich wäre. Die Steuerung komplexer Großprojekte ist nur noch mit einer unterstützenden Projektmanagementsoftware vernünftig durch-

führbar. Doch das Motto „die EDV für sich arbeiten lassen" stimmt nicht ganz: Die eigentliche Arbeit der Projektplanung, Durchführung und Steuerung muss der Projektleiter selbst durchführen, mit oder ohne EDV-Unterstützung. Die Programme erleichtern die Aufbereitung und Darstellung der Daten ungemein, aber zuerst muss das System mit Daten „gefüttert" werden. Und die Auswertung der Daten kann immer nur so gut sein, wie die Qualität der Daten, die eingegeben wurden. Im Englischen gibt es das entsprechende Sprichwort „rubbish in – rubbish out", frei übersetzt heißt das: „Wenn man nur Unsinn in ein System eingibt, muss man sich nicht wundern, wenn nur Unsinn herauskommt."

Wann ist der Einsatz von Projektmanagementsoftware sinnvoll?

Vorteile des Einsatzes einer Projektmanagementsoftware:

- **Zwang zur Projektplanung**:
  ohne Plandaten auch keine Auswertungen, also muss geplant werden!
- **Viele Möglichkeiten der Projektauswertung**:
  Errechnung von Zeitverzügen, Darstellung von Abweichungen, Projektfortschritt und Mitarbeiterauslastung
- **Überwachung von Terminen, Kosten und sonstigen Ressourcen**
- **Grafische Darstellungsmöglichkeiten**:
  Netzplan, kritischer Pfad, Balkendiagramme, Zeitplan, verbrauchtes Projektbudget
- **Schnelle Anpassungsmöglichkeit** des Projektplans bei Änderungen
- **Möglichkeit von Simulationen**:
  Was wäre möglich, wenn das Projekt zwei Mitarbeiter mehr hätte? Was passiert, wenn Phase 2 verspätet abgeschlossen wird?

Nachteile des Einsatzes einer Projektmanagementsoftware:

- **Hoher Einarbeitungsaufwand!**
  Diese Systeme sind nicht trivial! Schon oft hat man einen Projektleiter fluchen gehört, wenn er seinen Projektplan „zerschossen" hat, das heißt, durch falsche Bedienung des Systems war der Projektplan anschließend nicht mehr zu gebrauchen.
- **Aufwand für die Dateneingabe und die Aktualisierung der Daten**

- **Die Software wiegt einen in Sicherheit**, aber allein der Einsatz von Projektmanagementsoftware garantiert keinen problemlosen Projektablauf.

Kriterien für den Einsatz einer Projektmanagementsoftware

Hier soll keine Empfehlung für die eine oder die andere Projektmanagementsoftware gegeben werden. Grundsätzlich ist der Einsatz von Projektmanagementsoftware zu begrüßen und ab einer bestimmten Projektgröße dringend erforderlich. Hat Ihr Projekt diese Größe? Besteht der Bedarf für den Einsatz einer Projektmanagementsoftware oder eher nicht?

Zur Klärung, ob der Einsatz einer Projektmanagementsoftware sinnvoll ist, dienen die folgenden Fragen als Orientierung:

- Fordert der Projektauftraggeber den Einsatz einer bestimmten Softwareanwendung?
- Umfasst das Projekt mehr als 20 Arbeitspakete?
- Dauert das Projekt länger als sechs Monate?
- Sind mehr als drei Mitarbeiter an dem Projekt beteiligt?
- Ist die Ressourcen- und Kapazitätsplanung sehr komplex, zum Beispiel durch den Einsatz vieler Mitarbeiter oder die Benutzung mehrerer technischer Anlagen oder Maschinen?
- Muss oft und detailliert über das Projekt berichtet werden?

Haben Sie auch nur eine Frage mit „Ja" beantwortet, sollten Sie den Einsatz einer Projektmanagementsoftware überlegen.

Was sollte eine Projektmanagementsoftware auf alle Fälle können?

Der hohe Einarbeitungsaufwand und die aufwendige Datenaktualisierung sollen sich natürlich lohnen! Diese Funktionalitäten sollte die Projektmanagementsoftware bieten:

- Grafische Darstellungsmöglichkeiten des Projektplans als Projektstrukturplan, Balkendiagramm, Netzplan mit Meilensteinen

- Projektkalender
- Zeitplanung, Terminplanansichten
- Kostenplanung, Warnung bei Kostenüberschreitungen
- Kapazitätsplanung, Mitarbeitereinsatzplanung
- Analyse von Planabweichungen
- Projektstatusberichte
- Ein Benutzerhandbuch sollte vorhanden sein!

Projektsteuerung: Das Projekt auf Kurs halten!

Jede Planung ist der Versuch, Zukünftiges vorherzusagen. Die Projektfeinplanung gibt die Kursrichtung für das Projekt vor. Auch Kolumbus plante sorgfältig sein Projekt „Erkundung eines Seeweges nach Indien". Aber nicht nur das Beispiel Kolumbus zeigt, dass der tatsächliche Lauf der Dinge auch eine ganz andere Richtung nehmen kann als der geplante Verlauf. Im Fall von Kolumbus ging die Sache gut aus: Er entdeckte Amerika und ging als großer Seefahrer in die Geschichte ein! Ob wir uns noch an ihn erinnern würden, wenn er statt Amerika tatsächlich den Seeweg nach Indien gefunden hätte? Die Aufgabe der Projektsteuerung ist die eines Steuermanns auf dem Schiff, das „Projekt" heißt. Die Projektsteuerung hat die Aufgabe, Abweichungen vom geplanten Kurs frühzeitig zu erkennen und zu reagieren:

- Gefährliche Klippen sind zu umschiffen (Projektrisiken),
- wird das Schiff vom Wind abgetrieben, muss man es wieder auf den richtigen Kurs bekommen (Änderungsmanagement),
- das Schiff sollte nicht auf Grund laufen (Projektabbruch), sondern
- den geplanten Hafen erreichen (Projektziel erfüllt).

Wie funktioniert Projektsteuerung?

Die Projektsteuerung läuft wie ein Kreislauf ab.
Der Arbeitsfortschritt in den Projektdurchführungsphasen wird laufend verfolgt und überwacht. Die erbrachten Projektergebnisse (Istwerte) werden mit dem Projektplan verglichen (Soll/Istvergleich). Besonderes Augenmerk liegt hierbei auf die Überwachung von geplanten Terminen, Kosten und

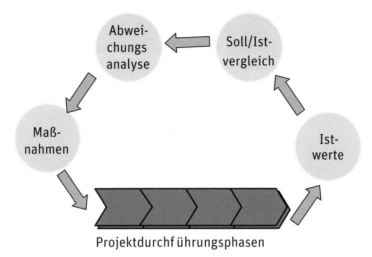

Projektdurchführungsphasen

Kreislauf der Projektsteuerung

Mitarbeiterressourcen. Treten Abweichungen der Istwerte von den geplanten Werten auf, so sind die Ursachen zu analysieren (Abweichungsanalyse). Korrekturmaßnahmen werden ergriffen. Diese fließen wieder in den Projektablauf, in die Projektdurchführungsphasen ein.

Und dann beginnt der Kreislauf erneut: Anhand der neuen Projektergebnisse (Istwerte) wird beobachtet, ob die Korrekturmaßnahmen den gewünschten Effekt bewirkt haben (Soll/Istvergleich). Hat die Korrekturmaßnahme nicht den gewünschten Effekt erreicht, erfolgt von neuem eine Abweichungsanalyse, und weitere Maßnahmen fließen in die Projektdurchführung ein.

Der Kreislauf ist erst zu Ende, wenn das gewünschte Projektergebnis erreicht wurde.

Welche Ursachen gibt es für Kursabweichungen im Projekt?

An erster Stelle sind hier **Planungsfehler** zu nennen:

- Der Arbeitsumfang des Projektes stellt sich als wesentlich größer heraus als vermutet.
- Die Themenstellung ist komplexer als angenommen.

- Das Projekt hat eine größere Tragweite als erwartet. Die Auswirkungen des Projektes betreffen mehr Abteilungen als vorausgesehen.
- Die falschen Mitarbeiter wurden in das Projekt eingebunden. Die Projektmitarbeiter haben nicht das erforderliche Know-how für die Projektdurchführung.

Aber auch der **Projektauftraggeber** kann Kursänderungen erzwingen:

- Der Projektauftraggeber hat neue Anforderungen an das Projekt, zum Beispiel möchte der Auftraggeber, dass die neue Vertriebssoftware eine Schnittstelle zur Kostenrechnung beinhaltet, was ursprünglich nicht geplant war. Oder der Auftraggeber will, dass das neue Vertriebssystem auch auf die Töchterunternehmen anwendbar ist, die ursprünglich nicht Teil des Projektumfangs waren.
- Der Auftraggeber fordert eine Verkürzung der Projektzeit. Projektergebnisse sollen früher geliefert werden als geplant.
- Der Auftraggeber kürzt das Projektbudget. Der Umfang der Leistung muss entsprechend sinnvoll gestrichen werden.

Dieser Wunsch des Auftraggebers nach einer Änderung oder Erweiterung der Projektleistung wird in der Fachsprache „Change Request" (Änderungswunsch) genannt.

Ursache für Projektänderungen kann aber auch eine **falsche oder mangelhafte Projektdurchführung** sein:

- Die Kommunikation innerhalb des Projektteams funktioniert nicht.
- Die Aufgaben sind nicht klar verteilt.
- Mangelnde Abstimmung innerhalb des Projektes oder mit den Kunden des Projektes.
- Risiken werden ignoriert, bis es zu spät ist.
- Fehlende Qualitätssicherung der Projektergebnisse.

Wie managt man Kursänderungen? Änderungsmanagement

Welche Lösungsansätze gibt es nun, um das Schiff wieder auf den richtigen Kurs zu bekommen? Welche Möglichkeiten der Projektsteuerung gibt es?

Problembereich	Ursache	Lösungsansatz	Maßnahmen	Bemerkung
Kosten-überschreitung	Planungsfehler	Überarbeitung der Projektplanung	Projektstopp und Projektsanierung einleiten	Ursachen für die mangelnde Projektplanung analysieren. Aus Fehlern lernen.
	Zusätzliche Anforderungen durch den Auftraggeber „Change request"	Leistungsumfang mit dem Auftraggeber neu definieren.	Zusatzaufwand des Änderungswunsches kalkulieren	Änderungswunsch des Auftraggebers wie ein eigenständiges Projekt planen und kalkulieren.
			Zusätzliches Projektbudget für die Änderung genehmigen lassen	Keine zusätzlichen Anforderungen annehmen, wenn das Projektbudget nicht erhöht wird.
Drohender Terminverzug	Zu geringe Mitarbeiteranzahl	Motivation der Mitarbeiter erhöhen	Motivationsanreize schaffen	„Wenn die Projektphase noch rechtzeitig abgeschlossen wird, finanziert das Unternehmen für alle Projektmitarbeiter ein Wochenende in einem Sporthotel."
Terminverzug	Zu wenig Mitarbeiter-ressourcen	Kapazität erhöhen	Mehr Projektmitarbeiter	Vorsicht: Neue Projektmitarbeiter müssen erst in das Projekt eingearbeitet werden. Mehr Mitarbeiter bedeutet nicht automatisch eine höhere Projektleistung. Zuerst geht die Projektleistung zurück (die bisherigen Projektmitarbeiter arbeiten die neuen Mitarbeiter ein), und erst dann kann mit einer Erhöhung der Leistung gerechnet werden.
			Anordnung von Überstunden	Vorsicht: Auf die Motivation der Mitarbeiter achten!
	Mangelnde Planung	Ablaufplanung optimieren	Projektablaufplan neu erarbeiten	Planungstechniken einsetzen: Netzplan, Balkendiagramm, Planung von Meilensteinen etc.
Qualitätsmängel der Projektergebnisse	Unzureichende Durchführung der Leistung	Bessere Qualifizierung der Projektmitarbeiter	Schulungsmaßnahmen für die Projektmitarbeiter	Termine für Nachbesserungen in den Projektplan aufnehmen.
			Hinzuziehen eines Experten als Hilfestellung für die Projektmitarbeiter	
Projektziel kann nicht erreicht werden	Unrealistische Projektplanung	Überdenken des Projektes	Projektstopp	Kann das Projektziel nicht erreicht werden, ist ein Projektstopp ratsam. Lieber frühzeitig das Projekt stoppen und überdenken, als eine Menge Zeit und Ressourcen für ein nicht erreichbares Ziel zu verschwenden.
			Kompletter Neuansatz für das Projekt	
			Verwerfung der Projektidee	

Mögliche Reaktionen auf Projektänderungen

Projektstatusbericht: Wie geht es dem Projekt?

Angenommen, Sie geben einen Hausbau in Auftrag und hören lange Zeit nichts mehr von dem Bauunternehmen. Das macht Sie leicht nervös, und Sie fragen nach, wie der Stand der Dinge ist. Offensichtlich trifft nicht auf jeden die Gelassenheit zu, die der englische Spruch ausdrückt: „No news ist good news", das heißt frei übersetzt: „Wenn man nichts hört, wird schon alles in Ordnung sein." Genauso hat der Auftraggeber eines Projektes ein Interesse daran, regelmäßig über das Projekt informiert zu werden. Aber auch andere von dem Projekt Betroffene möchten wissen, wie es um das Projekt steht.

Als regelmäßiges Berichtswesen über den Fortschritt eines Projektes gibt es den Projektstatusbericht, manchmal auch Projektfortschrittsbericht genannt. Dieser Bericht wird in regelmäßigen Abständen erstellt, meist monatlich, und gibt Auskunft über alle aktuellen und wichtigen Projektereignisse.

Den Projektauftraggeber interessieren meist die Eckpunkte des Projektes, wird das Projektziel erreicht hinsichtlich:

- Fertigstellungstermin
- Kosten, Ressourceneinsatz
- Qualität

Und ganz wichtig: Gibt es einen Handlungsbedarf? Müssen Entscheidungen auf einer höheren Ebene getroffen werden? Kann sich der Auftraggeber ruhig zurücklehnen: „Das Projekt läuft. Alles im Plan." Oder muss er aktiv werden: „Der Fertigstellungstermin ist gefährdet. Es muss eine Entscheidung getroffen werden, ob das Projekt mit zusätzlichen Mitarbeitern ausgestattet wird oder der Leistungsumfang gekürzt werden muss."

Der Projektstatusbericht ist somit auch Grundlage für regelmäßige Statusbesprechungen mit dem Projektauftraggeber.

Eine Art der Darstellung, die sich in der Kostenrechnung und in Controllingberichten bewährt hat, lässt sich auch gut auf Projektstatusberichte anwenden: die **Ampeltechnik**.

Wie im Straßenverkehr wird die Situation eines Projektes gekennzeichnet durch verschiedene Ampelzeichen:

- Grün – Projekt läuft, keine Probleme.

- Gelb – Projekt läuft, es deuten sich jedoch Probleme an, erhöhte Aufmerksamkeit ist angezeigt.
- Rot – Das Projekt hat Probleme, die reguläre Projektdurchführung ist gefährdet.

Wichtige Grundregel ist: Man schreibt den Bericht nicht für sich selbst. Man schreibt ihn für den Berichtsempfänger. Daher sind keine langatmigen Projektdetails gefragt, sondern eine kurze und prägnante Darstellung des Projektgeschehens.

Nicht: „Der Klebstoff wurde gemäß den entsprechenden Verarbeitungsspezifikationen angewendet. Er weist trotzdem nicht die nötige Bindekraft auf, um die Werkstücke zu verbinden. Ein alternativer Klebstoff wird zurzeit geprüft. Als Zwischenlösung werden in regelmäßigen Abständen vier Nieten befestigt."

Worum geht's? Welchen Manager interessieren diese technischen Details, wenn er von einer Besprechung mit den Banken zur Vorstandssitzung hetzt?

Sondern: „Unterschiedliche Herstellungsverfahren werden noch geprüft. Der Fertigstellungstermin wird eingehalten."

Inhaltliche Gliederung des Projektstatusberichtes:

- **Kurzübersicht:**
  Projektstatus nach der Ampeltechnik: rot, grün oder gelb?
  Das Ampelsignal ganz zu Beginn des Berichts erleichtert dem eiligen Leser, sich ein schnelles Bild über das Projekt zu machen: Status grün signalisiert: Alles in Ordnung. Bei Zeitnot muss der Leser nicht weiterlesen. Im Großen und Ganzen ist alles o.k.
  Status gelb oder rot verursacht selbst bei dem eiligen Leser eine erhöhte Aufmerksamkeit, denn ihm wird signalisiert: Irgendetwas läuft nicht nach Plan.
- **Stand der laufenden Arbeiten**
  Welche Meilensteine wurden bereits erreicht, welche Arbeitspakete sind noch in Arbeit? Gibt es fachliche Probleme? Außergewöhnliche Ereignisse? Gibt es noch nicht geklärte, offene Punkte?
- **Aufwand/Kosten**
  Alles im Plan, oder gibt es Abweichungen? Wenn ja, warum?

Projektstatusbericht	Stand Datum
Projekt:	
Projektphase:	
Kurzübersicht	Kurze Beschreibung der aktuellen Projektsituation und Charakterisierung der Projektes als „rot" = kritisch, „gelb" = angespannt oder „grün" = ohne Probleme

Stand der laufenden Arbeiten	
Projektergebnisse:	
- fertiggestellt	
- in Arbeit	
Offene Punkte:	
Kosten:	
Termine:	
Projektteam:	

Entscheidungs-/Handlungsbedarf	
Problemmeldung / Projektsituation:	
Empfohlenes weiteres Vorgehen:	
Weitere Bemerkungen:	
Unterschrift Projektleiter	

Formular Projektstatusbericht

- **Termine**
  Alles im Plan, oder zeichnen sich Terminverzögerungen ab. Ursache?
- **Projektteam**
  Gibt es Veränderungen? Gibt es Engpässe?
- **Entscheidungs-/Handlungsbedarf**
  Gibt es Problem- oder Fehlermeldungen? Müssen Entscheidungen vom Projektlenkungsausschuss getroffen werden?
- **Sonstige Bemerkungen**

Teamführung: Menschen machen Projekte

Theorie und Praxis haben immer noch nicht geklärt: Wie führt man Teams? Welcher Führungsstil ist zielführend? Immer wieder gibt es Modetrends. In mehr oder weniger abgewandelter Form dreht es sich aber immer wieder um folgende **Klassiker**:

- **Patriarchalischer Führungsstil**
  Der Patriarch sieht in dem Projektteam „seine Kinder", die an der Führung nicht beteiligt werden, sondern gehorchen müssen. Im Gegenzug gibt es Belohnungen und Strafen. Dafür sorgt der Patriarch im Idealfall für die Mitarbeiter. Diesen Führungsstil findet man immer noch in kleineren Unternehmen, vor allem in Familienunternehmen.
- **Charismatischer Führungsstil**
  Führung durch Charisma, durch Ausstrahlungskraft. Die Einbeziehung anderer in die Projektleitung ist nur schwach, meist gar nicht vorhanden. Das Charisma des Projektleiters lässt Beteiligung oder Mitsprache gar nicht zu. Charismatische Führungspersönlichkeiten können häufig hohe Motivation erzeugen, sie können das Projektteam begeistern. Lob und Bestrafung erfolgen ähnlich wie beim patriarchalischen Führungsstil.
- **Autokratischer Führungsstil**
  Hier steht weniger die Person, sondern die Funktion „Projektleitung" im Vordergrund. An der Spitze einer Projektorganisation muss eben jemand stehen, und das ist der Projektleiter. Auf diesen Machtfaktor, der dem Projektleiter kraft seines Amtes zusteht, wird vehement gepocht. Fachlich überforderte Projektleiter ziehen sich oft auf diese reine „Machtposition" zurück.
- **Bürokratischer Führungsstil**
  Ähnlich wie beim autokratischen System ist dieser Stil stark organisationsbezogen. Arbeitsabläufe und Befugnisse sind genau geregelt. Viele Instanzen, viele Führungsebenen, viele Regeln. Eine Führung ist manchmal gar nicht mehr notwendig. Die Bürokratie ersetzt vermeintlich die Teamführung beziehungsweise das Projektmanagement.
- **Kooperativer Führungsstil**
  Hier wird sich von einseitigen Führungsstilen gelöst, und alle Beteiligten sollen eingebunden werden, idealerweise, indem alle Projektmitglieder

an wesentlichen Entscheidungen beteiligt werden. Dieser Stil wird aktuell favorisiert. Er geht davon aus, dass sich im Rahmen der Projektorganisation mit mündigen Mitarbeitern die Ziele am besten erreichen lassen, auch wenn die interne Abstimmung etwas länger dauert.

• **Laisser-faire-Führungsstil**
Salopp gesagt: Jeder kann machen, was er will. Die Projektorganisation bildet sich spontan, ohne Beeinflussung von außen, allein aufgrund der fachlichen Kompetenz oder Überzeugungskraft des Einzelnen. Möglicherweise ist diese Projektorganisation ideal, da sie sich vor dem Hintergrund der Projektaufgabenstellung eben so gebildet hat, wie sie ist. Jeder macht das, was er am besten kann. Probleme gibt es, wenn sich jemand nur aus Ehrgeiz in der Vordergrund spielt, ohne die nötige Kompetenz zu besitzen.

In der Praxis findet man meist Mischformen.

Es kommt auch darauf an, wie man seine Projektmitarbeiter einschätzt. Traut man ihnen selbstständiges Arbeiten zu, oder meint man sie immer kontrollieren zu müssen, damit sie bei der Stange bleiben?
Hiezu gibt es auch eine sehr interessante **Führungstheorie von Douglas McGregor**. Er sagt, dass Mitarbeiterführungssysteme auf bestimmten Leitbildern beruhen. Schon 1960 hat er eine Führungstheorie entworfen: die Theorie X und Y. Diese Theorie hat schon etwas Bestechendes, da sie so richtig aus dem Leben gegriffen ist.
Nach der **Theorie X** hat der Mensch eine angeborene Abneigung gegen Arbeit und versucht, ihr aus dem Wege zu gehen. Auch gute Löhne ändern hier im Prinzip nichts. Um wenigstens ein Mindestmaß oder eine gewünschte Leistung zu erhalten, kommen Kontrollmechanismen zum Einsatz.
Die Y-Theorie hat dagegen ein optimistisches Menschenbild. So arbeitet letztlich der Mensch gern, möchte sich in der Arbeit selbst verwirklichen. Durch Anerkennung seiner Leistung ist der Mensch motiviert.
Interessant, dass diese beiden Denkweisen immer noch aktuell sind. Oder? Haben Sie mehr X- oder mehr Y-Mitarbeiter in Ihrem Projekt?

Und noch ein weiterer Klassiker der Mitarbeiterführung: die Management-by-Techniken.

Sie sind aus der Praxis heraus entstanden und basieren auf den Erfahrungen von Führungskräften:

- **Management by Delegation:** Management durch Delegation von Aufgaben und Verantwortung von der Führungskraft/Projektleitung an die Mitarbeiter. Die Übernahme von Aufgaben und Verantwortung durch den Mitarbeiter entlastet einerseits die Führungskraft und bietet auf der anderen Seite dem Mitarbeiter mehr Möglichkeiten, seine Arbeit zu gestalten. Der Mitarbeiter hat einen größeren Entscheidungsspielraum, seine Eigeninitiative wird gestärkt, und er kann eigenverantwortlich Aufgaben durchführen und Entscheidungen treffen.
- **Management by Exception:** Diese Managementtechnik heißt frei übersetzt „Management nur im Ausnahmefall" und geht noch weiter als das Management-by-Delegation-Konzept. Der Projektablauf, die Aufgaben und Entscheidungskompetenzen sind so klar geregelt, dass ein Eingreifen der Projektleitung „von oben" nur im Ausnahmefall erfolgen muss. Ein Ausnahmefall kann das erhebliche Abweichen von geplanten Projektergebnissen sein oder wenn eine Entscheidung so wichtig ist, dass sie das Abstimmen mit der Projektleitung erfordert. Die Ermessensspielräume müssen hierbei für alle Beteiligten klar festgelegt sein.
- **Management by Objectives:** Das heißt Management durch Zielvereinbarung. Von der Projektleitung werden gemeinsam mit dem Mitarbeiter Arbeitsziele vereinbart. Durch die eigenverantwortliche Umsetzung der Arbeitsziele durch den Mitarbeiter wird dessen Leistungsmotivation gefordert und gefördert. Wichtig ist bei dieser Managementtechnik, dass die Ziele für den Mitarbeiter nicht allein von der Projektleitung, sondern in Abstimmung mit ihm festgelegt werden. Die Ziele müssen erreichbar sein, sonst entsteht für den Mitarbeiter ein überhöhter Leistungsdruck.
- **Management by Participation:** Übersetzt heißt dieses Konzept „Management durch Beteiligung". Diese Managementtechnik betont sehr stark die Beteiligung der Mitarbeiter bei den Entscheidungsprozessen. Dieses Konzept geht davon aus, dass sich ein Projektmitarbeiter umso mehr mit den Projektzielen identifizieren kann und sich für deren

Erreichung einsetzt, wenn ihm die Möglichkeit gegeben wird, an der Festlegung dieser Ziele mitzuwirken und mit zu entscheiden. Daher wird die Beteiligung der Mitarbeiter am Projektmanagementprozess gefördert.

Das war vielleicht ein bisschen viel Theorie, aber diese Modelle können einem die Augen öffnen, nach dem Motto: „Jetzt weiß ich endlich, was mich an dem Projektleiter Meier so stört. Ich konnte es nie richtig in Worte fassen, aber was mich total aufregt, ist sein patriarchalischer Führungsstil. Er kommt sich vor wie der Übervater, und wir sind seine dummen kleinen Kinder. Anstatt dass er uns vertraut, dass wir unsere Sache gut machen, auch ohne seine ständige Kontrolle."

Und wie führt man nun Projektteams? Suchen Sie sich eine Theorie aus!

Ein Patentrezept gibt es nach wie vor nicht. Ein guter Projektleiter passt sein Führungsverhalten der jeweiligen Projektsituation und den Bedürfnissen seiner Projektmitarbeiter an.

Beispiele für die unterschiedliche Anwendung von Führungsverhalten:

Zu **Beginn des Projektes** kommen unterschiedliche Fachspezialisten für das Projekt zusammen. Man kennt sich noch nicht, und die Zielstellung des Projektes ist noch nicht allen klar. Es kommt darauf an, alle in die Themenstellung des Projektes einzuführen und ein gemeinsames Verständnis zu erreichen. Hier ist ein *kooperativer Führungsstil* der Projektleitung angebracht. Die Projektleitung muss darauf achten, dass alle mit der Projektzielsetzung einverstanden sind. Die Projektplanung wird gemeinsam durchgeführt, und die Aufgaben werden klar verteilt. Jeder Projektmitarbeiter kennt nun seine Teilaufgabe in dem Projekt und seinen Anteil daran, das Projekt zum Erfolg zu führen. Die Projektleitung kann sich am Anfang auf die Management-by-Technik *„Management by Objectives"* stützen. Die Ziele, Aufgaben, Termine, Arbeitspakete sind gemeinsam mit dem Team festgelegt worden.

In einer **späteren Projektphase** kann durchaus ein anderer Führungsstil angebracht sein. Der Termindruck steigt, einige Projektmitarbeiter haben ihre Arbeitspakete nicht rechtzeitig fertiggestellt, und zu alledem ist die Stimmung innerhalb des Projektes schlecht: Zwei Fachspezialisten geraten sich mit unterschiedlichen

---

Meinungen zu einem Fachthema immer wieder in die Haare und vergiften so die anfangs gute Teamstimmung. Was tun? Jetzt heißt es für die Projektleitung „durchgreifen"! Möglich ist der *autokratische Führungsstil*; die Projektleitung pocht darauf, dass sie kraft ihres Amtes in Meinungsverschiedenheiten das letzte Wort hat. Einem der beiden Fachspezialisten wird die Verantwortung für das immer wieder kontrovers diskutierte Thema übertragen *(Management by Delegation)*, der andere Fachspezialist wird zur Kooperation verpflichtet. Je nach Persönlichkeit des Projektleiters kann er oder sie auch mit dem *patriarchalischen Führungsstil* agieren oder durch *charismatischen Führungsstil* und Begeisterungsfähigkeit das Projektteam wieder in eine gemeinsame Richtung leiten.

Letztendlich ist der Projektleiter erfolgreich, der es schafft, die unterschiedlichen Fähigkeiten und Kenntnisse seiner Projektmitarbeiter bestmöglich zu kombinieren.

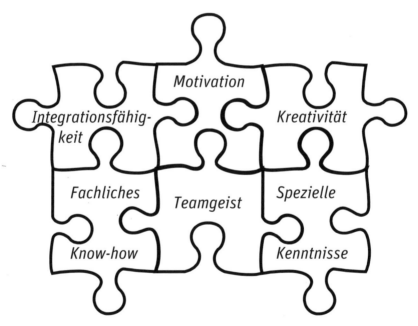

Zusammenspiel unterschiedlicher Fähigkeiten des Projektteams

4. Projektabschluss

Damit es keine unendliche Geschichte wird

Wann ist ein Projekt wirklich zu Ende?

Lassen Sie uns ein neuerdings so beliebtes Quiz durchführen: Wann ist ein Projekt zu Ende? Antwortmöglichkeiten:

1. Wenn das Projektbudget verbraucht ist?
2. Wenn die Projektmitarbeiter am Ende sind?
3. Wenn das Projektziel erreicht ist?
4. Wenn alle mit dem Projekt zufrieden sind?

Zu Antwort 1: Es ist in Ordnung, wenn mit Zielerreichung auch das Projektbudget verbraucht ist. Es gibt aber auch die Möglichkeit, dass das Projektbudget während der Projektlaufzeit verbraucht ist, ohne dass das Projektziel erreicht wurde. Dann ist das Projekt noch nicht zu Ende, sondern es liegt ein Fall für die Projektsanierung vor.

Zu Antwort 2: Leider erlebt man öfter, dass diese Antwort zu Projektschluss zutrifft: Die Projektmitarbeiter sind am Ende. Meist haben in diesem Fall die Projektmitarbeiter durch besonderes Engagement und überdurchschnittlichen Einsatz die Mängel der Projektplanung ausgebadet und das Projekt zum Schluss doch noch gerettet. Für sich allein kennzeichnet diese Antwort aber nicht das Ende eines Projektes.

Zu Antwort 4: Es ist immer gut, wenn alle mit dem Projekt zufrieden sind. Das heißt aber noch lange nicht, dass ein vernünftiges Projektergebnis erarbeitet wurde und damit das Projekt sein Ziel erreicht hat und zu Ende ist. **Die richtige Antwort ist daher die Nummer 3:** Das Projekt ist zu Ende, wenn das Projektziel erreicht ist!

Wie misst man die Zielerreichung des Projektes?

Die Sache ist einfach, wenn das Projekt ein konkret messbares Ergebnis als Projektziel hat. Beispielsweise das Projektziel: Durch Prozessoptimierung in der Einkaufsabteilung soll eine Kosteneinsparung von 20% erreicht werden. Sind 20% Kosteneinsparung erreicht? Ja, also Projekt erfolgreich, Ziel erreicht.

Wie steht es aber um die Messung der Zielerreichung von anderen, nicht so eindeutig messbaren Projektzielen? Wann ist zum Beispiel das Projektziel Innovationsfähigkeit oder Erhöhung der Kundenzufriedenheit erreicht? Tipp: einfach die Fragestellung umformulieren:

• Nicht fragen: Wie lässt sich das Ziel messen, sondern:
• Woran erkennen wir, dass das Ziel erreicht ist?

Innovationsfähigkeit lässt sich zum Beispiel daran erkennen, wie viele neue Produktideen pro Jahr verwirklicht werden. Oder die Entwicklung neuer Produkte erfolgt schneller, da unnötige bürokratische Hürden im Unternehmen abgeschafft wurden. Eine Erhöhung der Kundenzufriedenheit ist eventuell daran erkennbar, dass die Mitarbeiter mit Kundenkontakt engagierter sind und mehr Spaß an ihrer Arbeit haben. Die höhere Kundenzufriedenheit führt zu weniger Reklamationen, und die gute Stimmung der Kunden überträgt sich auf die Mitarbeiter und umgekehrt.

Projektziel erreicht – Problem gelöst?

Ist das ursprüngliche Problem, das die Ursache für das Projekt war, gelöst? Vielleicht stellt man fest, dass das Projekt die falsche Zielsetzung hatte, nach dem Motto: Projektziel erreicht – Problem immer noch da. Was wurde übersehen?

Beispiel: Projektziel erreicht – Problem immer noch da.

In einem Unternehmen gab es **erhebliche Umsatzeinbrüche**. Man vermutete, dass der schlechte Kundenservice für diese verantwortlich war.

Man startete das **Projekt „Serviceoffensive"**: Die Mitarbeiter wurden in professionellem und freundlichem Kundenumgang geschult, bessere Produktinformationen wurden entwickelt, die Räumlichkeiten für den Kundenverkehr wurden verschönert.

Das Projektziel Serviceverbesserung war erreicht. Trotzdem änderte sich nichts an dem ursprünglichen Problem mit den Umsatzeinbrüchen. Das Unternehmen hatte schlicht versäumt, die Kunden über die immensen Anstrengungen für einen verbesserten Kundenservice zu informieren. Die Kunden waren einmal vergrault und kamen nicht wieder. Und da sie nicht wiederkamen, konnten sie auch die Verbesserungen nicht wahrnehmen. Man hatte versäumt, in Anzeigen auf die Serviceverbesserungen hinzuweisen, um die Kunden wieder ins Unternehmen zu locken. Man tat Gutes, redete aber nicht darüber.

Das formale Projektende: Abnahme durch den Auftraggeber

Unter Abnahme versteht man die formale Anerkennung des Projektergebnisses durch den Auftraggeber des Projektes. Meist geschieht dies im Rahmen einer Abschlusspräsentation der Projektergebnisse (manche verwenden auch den grässlichen Begriff „Kick-out-Meeting" als Gegenstück zum „Kick-off- Meeting", mit dem das Projekt startet).

Abnahmekriterien anhand des Dreiecks „Schlüsselfaktoren für den Projekterfolg"

Ob der Auftraggeber das Projekt abnimmt oder nicht, hängt davon ab, ob die vereinbarten Bedingungen für den Projekterfolg erfüllt sind. Erinnern Sie sich an das Bermudadreieck der Projektarbeit aus Kapitel 1? Dort wurden die drei Schlüsselfaktoren für den Projekterfolg vorgestellt: Termine, Ressourcen und Qualität. Die Einhaltung dieser drei Schlüsselfaktoren bildet die Grundlage für die Abnahme durch den Projektauftraggeber.

Checkliste für das formale Projektende mit dem Auftraggeber

* Wurde das Projektziel erreicht?
* Ist der Auftraggeber mit dem Projektergebnis zufrieden?
* Gibt es Anforderungen durch den Auftraggeber, die nicht erfüllt wurden?
* Müssen Mängel oder Fehler noch behoben werden? Wann erfolgen diese Nacharbeiten?
* Wann werden die Projektergebnisse übergeben?
* Besteht weiterer Bedarf für Ergebnispräsentationen?
* Wurden alle relevanten Unterlagen, Datenträger etc. an den Auftraggeber zurückgegeben?
* Wird die Projektdokumentation übergeben?
* Wann und wie wird das Projektteam entlastet und aufgelöst?
* Ist die Aufnahme des Projektes in die eigene Referenzliste gestattet?
* Ist die Schlussrechnung gestellt?
* Gibt es Bedarf für Folgeaufträge?

Abnahme bei Dienst- und Werkverträgen

In der Zusammenarbeit mit externen Firmen gibt es einen Unterschied bei der Abnahme des Projektergebnisses, je nachdem, ob ein Werk- oder Dienstvertrag vereinbart wurde:
Beim **Werkvertrag** garantiert die externe Firma den Erfolg des Projektes. Hier wird das Projektergebnis auf Herz und Nieren geprüft, bevor der Auftraggeber die Abnahme erteilt. Beim **Dienstvertrag** sichert das externe Unternehmen lediglich seine Unterstützungsleistung für das Projekt zu. Es gibt keine Erfolgsgarantie. Das heißt, nicht das Projektergebnis wird geprüft, sondern ob die externe Firma ihre Unterstützungsleistung erbracht hat, in welcher Qualität auch immer. In diesem Fall muss die Leistung der Firma bezahlt werden, ob sie zielführend für das Projektergebnis war oder nicht.

Projektmarketing: Das Projekt in die Öffentlichkeit bringen

Zu einem gelungenen Projektabschluss gehört es auch, die Projektergebnisse über die Projektbeteiligten hinaus in der Öffentlichkeit bekannt zu machen (natürlich nur, wenn das Projekt erfolgreich war).
Hierzu wird als Erstes ein vorzeigbarer Projektabschlussbericht erstellt.

Mustergliederung Projektabschlussbericht

1. Aufgabenstellung des Projektes
   Auftraggeber, Fachthema,
   Zielsetzung, Auswirkungen,
   Rahmenbedingungen
2. Projektplanung
   Darstellung der Projektphasen,
   Projektorganisation
3. Wichtige Ereignisse bei der
   Durchführung
   Darstellung der Schwierigkeiten,
   Änderungen, Zwischenerfolge
4. Beschreibung Projektergebnis
   Erläuterung des Konzeptes, des
   Modells, der technischen
   Umsetzung
5. Eckdaten des Projektes
   Laufzeit des Projektes,
   Projektbudget, Projektteam

Anhang: Fotos, Grafiken, Bilder/Zeichnungen

Mustergliederung Projektabschlussbericht

Zudem werden folgende Aktivitäten für die Öffentlichkeitsarbeit durchgeführt:

- Aufnahme des Projektes in die Referenzliste
- Kurze Projektinformation als „Success story"
- Veröffentlichung in Fachzeitschriften
- Vortrag bei Fachveranstaltungen
- Erstellen von Postern für Messen, Ausstellungen oder den eigenen Empfangsbereich mit dekorativen Bildern, Grafiken etc.

Abschied vom Projekt ... und es darf auch gefeiert werden!

Bisher haben wir

- den inhaltlichen Aspekt
  (wann ist das Projektziel erreicht) und
- den organisatorischen Aspekt
  (formaler Abschluss: Projektabnahme und Öffentlichkeitsarbeit)

der Projektabschlussphase betrachtet.

Jeder Projektabschluss hat aber auch einen ganz persönlichen Aspekt für jeden Projektmitarbeiter:

Meist fällt der Abschied trotz aller erlebten Höhen und Tiefen im Projektverlauf schwer. Projektarbeit ist meist aufregender als Routinearbeit, und die Aufgabenstellungen in naher Zukunft sind vielleicht noch nicht für alle Projektmitglieder klar: Rückkehr in die Fachabteilung oder neues Projekt? Konflikte im Projektteam werden verharmlost oder vergessen. Im Lichte des Projektabschlusses stellt sich noch einmal das große „Wir-Gefühl" ein. Hatte man zu Beginn des Projektes ein „Wir schaffen das schon!" auf den Lippen, so ist es jetzt ein überzeugtes „Wir haben es geschafft!".

Und es darf auch gefeiert werden ... Projektabschlussessen und Abschlussfete. Das Feiern erleichtert das „Loslassen vom Projekt", es ist ein klarer Schlussstrich.

Oft macht man die Erfahrung, dass Projekte sang- und klanglos zu Ende gehen. Als Projektmitarbeiter ist man in Gedanken vielleicht schon beim nächsten Projekt:

- Werde ich an meinen alten Arbeitsplatz zurückkehren? Will ich das?
- Mit welchen Leuten werde ich zusammenarbeiten?
- Wo sind meine Stärken und Schwächen? Liegt mir Projektarbeit?
- Gibt es ein neues Projekt? Wie wird das nächste Projekt aussehen?

Oder man ist so mit Nachbesserungsarbeiten beschäftigt, dass man den eigentlichen Projektabschluss nicht mitkriegt oder es eben keinen richtigen Schluss gibt.

Deswegen ist es für jeden Projektmitarbeiter auch persönlich wichtig, einen klaren Schlussstrich zu ziehen. Sehr hilfreich ist ein gemeinsames Treffen des Projektteams zur Projektnachlese: Was war gut in der gemeinsamen Zusammenarbeit, was war weniger gut?

Projektnachlese: Was war gut, was war schlecht?

Zum Trost: Misserfolg ist die Chance, es beim nächsten Mal besser zu machen.

Neudeutsch nennt man das *„Lessons learned"*, was so viel heißt wie „Welche Lektionen haben wir aus dem Projekt gelernt?" oder „Aus Fehlern lernen". Beim Militär kennt man diesen Grundsatz schon lange, da gab es schon immer die „Manöverkritik".

Am Projektende zieht man Bilanz: Was hat das Projekt gebracht, was waren die Highlights, die Glanzpunkte des Projektes? Welche Fehler sollte man tunlichst beim nächsten Projekt vermeiden? Es findet eine offene Aussprache innerhalb des Projektteams statt. Damit auch über Missstände offen geredet werden kann, bietet es sich an, einen unvoreingenommenen Moderator einzubeziehen. Der darf bei der Rückschau auf das Projekt auch mal das eine oder andere kritisch hinterfragen!

Folgender Fragenkatalog ist gemeinsam zu beantworten:

- Wie haben wir im Team zusammengearbeitet?
- Wie war die Stimmung im Projekt, im Team?
- Welche Probleme gab es: innerhalb des Teams, mit dem Projektauftraggeber, mit Entscheidungsträgern?

- Wie habe ich den Projektleiter erlebt?
  Wie hat er/sie diese Rolle ausgefüllt?
- Wie habe ich das Team erlebt, und wie hat das Team mich erlebt?
- Was war für mich persönlich das schönste Projekterlebnis?
- Was war für mich persönlich das schlimmste Projekterlebnis?
- Was würde ich heute anders machen?
- Wie zufrieden sind wir mit unserem Projektergebnis?
- Was hat jeder für sich aus dem Projekt gelernt?

Das Projekt als Basis für das nächste Projekt: Synergieeffekte nutzen

Durch die Arbeit im Projekt hat man eine Reihe von Erfahrungen gemacht: Fachlich, fachübergreifend, organisatorisch, methodisch, menschlich. Dieses Know-how kann man für zukünftige Tätigkeiten nutzen. Welche Projektergebnisse können in einem anderen Projekt wieder verwendet werden?
Was heißt eigentlich Synergieeffekt?
„Syn" bedeutet „zusammen" und „ergon" heißt in etwa „verarbeiten können, bewältigen". Synergon beziehungsweise Synergie heißt also „etwas zusammen verarbeiten oder bewältigen können". Es geht darum, auf gemachten Erfahrungen und Erkenntnissen aufzubauen, ob es nun die eigenen sind oder von jemand anderem.
Folgende Fragen sind hilfreich zum Aufspüren von Synergien:

- Was haben wir durch das Projekt gelernt?
- Was können wir jetzt besonders gut?
- Wofür können wir diese Kompetenz noch verwerten?
- Wer kann unsere Erfahrungen und Daten noch nutzen?
- Wen können wir jetzt aktiv unterstützen?

Insbesondere geht es um Synergien in Erfahrung, Daten und Prozessen

- **Erfahrung:** In ein Projekt fließen Erfahrungen unterschiedlicher Fachbereiche und verschiedener Spezialisten zusammen. Manche Unternehmensberatungen verfolgen das Konzept, in ein Projekt, zum Beispiel bei einer Bank, auch Branchenberater aus dem Industriebereich oder aus dem Handel mit einzubinden. Oder einen Marketingfachmann in ein Controllingprojekt zu stecken. Wieso? Nicht, weil sie gerade keine anderen Berater zur Verfügung haben, sondern weil sie mit Synergieeffekten rechnen. Gerade ein Unternehmensberater soll ja kreative Gedanken haben und unkonventionelle Lösungen vorschlagen. Und dies gelingt durch das Zusammenführen von Erfahrungen aus unterschiedlichen Brachen und Fachbereichen.

- **Daten:** Ein Beispiel für Synergien im Bereich von Daten ist die Data-Warehouse-Technologie. Daten aus unterschiedlichen Projekten werden zusammengeführt, und so entstehen neue Erkenntnisse, zum Beispiel: Was sind die häufigsten Ursachen für Abweichungen im Projektablauf? Es muss aber nicht gleich eine Data-Warehouse-Technologie sein. Schon allein eine offene Weitergabe und Kommentierung von Projektdaten kann hilfreich sein. Oder wissen Sie, welche Projekte in ihrem Unternehmen in den letzten Jahren durchgeführt wurden? Was hat diese Projekte erfolgreich gemacht, oder woran sind sie gescheitert? Gerade misslungene Projekte werden gerne „unter den Teppich gekehrt", und damit wird anderen die Chance genommen, denselben Fehler zu vermeiden.
  Viele Daten und Erkenntnisse aus Projekten schlummern ungenutzt in Unternehmen. Sie werden oft als „Geheimwissen" eingestuft.

- **Prozesse:** Hier geht es um das Beherrschen von Prozessen. Jeder Projektleiter wird es bestätigen: Der erste Projektplan ist immer der schlimmste. Mit der Zeit wird es immer besser. Die Methodik der Projektplanerstellung geht einem in Fleisch und Blut über, und aus der Erfahrung vieler Projekte weiß man, wo man Puffer einbauen muss. Die Schätzung der Ressourcen- und Zeitplanung wird aufgrund von Erfahrungswerten immer genauer. Auch das Projektberichtswesen und die Projektdokumentation gehen leichter von der Hand, wenn man diese Tätigkeiten schon öfter durchgeführt hat.
  Aber Vorsicht: Projektarbeit wird nie zur Routine! Wenn man glaubt, man hat sowieso genug Erfahrung und macht die Projektplanung mit links, sollte man sich immer wieder vor Augen führen, dass jedes Projekt anders ist. Jede Projektsituation ist einmalig. Sicher gibt es eine „Lernkurve", auf viele Fallstricke wird man nur einmal hereinfallen, aber in jedem Projekt muss man auf unbekannte und unerwartete Projektsituationen gefasst sein.

Die Erfahrung, die man in einem Projekt gesammelt hat, die gewonnenen Daten und die erlernten Prozesse sind die Synergieeffekte, die man ins nächste Projekt mitnimmt. Je mehr Projekterfahrung jeder mitbringt, je mehr Synergieeffekte sich aus dem Know-how der beteiligten Projektmitarbeiter ergeben, desto sicherer gelingt der Umgang mit der Projektarbeit.

5. Unterstützende Methoden der Projektarbeit

Das gehört in den Werkzeugkasten jedes Projektmitarbeiters

Visualisierung und Präsentation: Das Projekt gut verkaufen

Stellen Sie sich vor, Sie sitzen in einem Vortragssaal und lauschen einer Rede. Der Vortragende kennt sich im Thema aus und trägt gut vor. Trotzdem schweifen Ihre Gedanken hie und da ab und es fällt ihnen schwer, dem langen Vortrag konzentriert zu folgen. Was könnte der Vortragende tun, um Ihre Aufmerksamkeit besser auf sich und sein Thema zu lenken? **Visualisierung** heißt das Zauberwort. Der Vortragende könnte mit Bildern arbeiten, entweder mit vorbereiteten Folien, oder er skizziert ein Bild auf einem Flip-Chart oder einer Tafel. Visualisierung bedeutet, einen Sachverhalt „bildhaft darzustellen". Schon ein altes Sprichwort bemerkt, dass ein Bild mehr als tausend Worte sagt, warum ist das so?
Der Mensch behält

- 10 % von der Information, die er liest,
- 20 % von der Information, die er hört,
- 30% von der Information, die er sieht,
- 50% von der Information, die er gleichzeitig sieht und hört,
- 70 % von der Information, über die er selbst sprechen kann (z.B. in Form einer offenen Diskussion über ein Fachthema, in dem er sich auskennt),
- 90 % von der Information, die er unmittelbar anwenden kann (z.B. in einem Software-Anwendungskurs, Kochkurs etc.)

Dies sind natürlich recht pauschale Aussagen, die nicht auf jeden Menschen zutreffen. Zwar sind die meisten Menschen „visuelle Typen", das heißt, Informationen werden gut über Bilder aufgenommen, aber es gibt auch

„akustische Typen", die mehr als 20% der gehörten Informationen im Gedächtnis behalten. Auf jeden Fall werden jedoch Informationen besser aufgenommen, wenn sie mehrere Sinneskanäle ansprechen. **Die Kunst einer Präsentation besteht also darin, Informationen über mehrere Kanäle zu vermitteln.** Der Sinn des Einsatzes von Präsentationsmedien (Flip-Chart, Overheadprojektor, Pinnwand oder PC-Präsentation mit Beamer) ist, neben dem gesprochenen Vortrag den Zuhörern weitere Hilfestellungen zu geben, um die Informationen aufzunehmen und zu behalten. Man erinnert sich an die gesprochenen Worte eben besser, wenn man damit ein Bild, eine Grafik oder schlicht eben auch das geschriebene Wort verbinden kann.

Mittlerweile gibt es eine große Auswahl an Bildern beziehungsweise sogenannten Clip Arts, die viele PC-Programme zur Verfügung stellen oder die man sich aus dem Internet herunterladen kann. Der Einsatz dieser vorgefertigten Bilder sollte sparsam erfolgen.

Ein Beispiel:

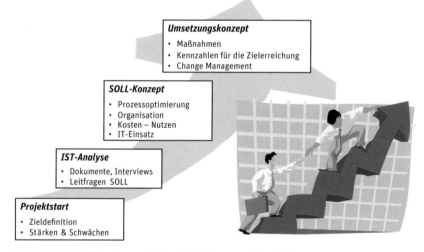

Beispiel für den Einsatz von Bildern beziehungsweise Clip Arts

Beispiel: Zu viel des Guten

Ein den Autoren bekannter Projektleiter ist berühmt für seine „Folienschlachten": Unter 50 Folien ist bei ihm keine Präsentation zu einem Thema zu haben. In einer Projektabschlusspräsentation hat er dann doch übertrieben und wollte allen Ernstes 100 Folien zeigen (in ca. zwei Stunden). Seine Projektmitarbeiter scherzten schon, er solle die Folien schneller hintereinander auflegen, dann würde vielleicht ein Film daraus …

Als Faustregel gilt, dass für eine Folie ca. drei bis fünf Minuten einzuplanen sind. Mit zehn Folien für einen Vortrag von 30–45 Minuten ist man gut im Rennen und es sollte immer noch Zeit für Fragen und Diskussion bleiben.

Folgende Abbildung zeigt ein Grundschema, wie die Präsentation eines Themas aussehen kann:

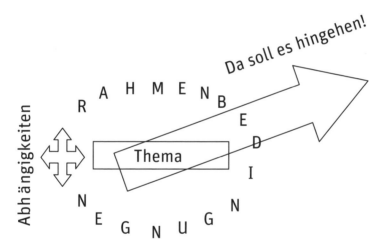

Grundschema für den Aufbau einer Folie

Die einzelnen Elemente werden in der Folie nacheinander aufgebaut oder auf einem Flip-Chart-Blatt Stück für Stück entwickelt. Das Thema wird skizziert, Rahmenbedingungen und Abhängigkeiten werden aufgezeigt, und schließlich wird der Lösungsvorschlag oder die abgeleitete Zielsetzung zum Beispiel durch einen dicken Pfeil signalisiert.

Und so kann es konkret aussehen:

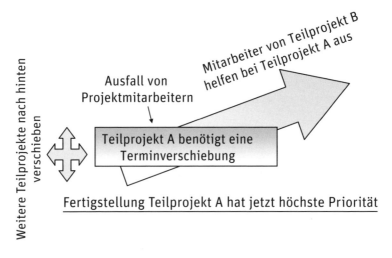

Anwendungsbeispiel für das oben gezeigte Grundschema

Sonderform Mind Mapping

Mind Mapping ist eine beliebt Methode, komplexe Zusammenhänge schnell deutlich zu machen. Viele benutzen diese Methode, um sich Dinge besser einzuprägen oder merken zu können. Auch in Präsentationen gewinnt sie immer mehr an Raum.

Bei einem Mind Map steht das Problem oder die Aufgabenstellung in der Mitte, und darum herum ranken sich baumastähnlich die einzelnen Komponenten. Siehe nachfolgendes Beispiel: Seminarvorbereitung.

Die Äste können noch weiter verzweigt werden, es sind Querverweise zwischen Ästen und Unterästen usw. möglich. So kann man auf vielfältige Weise auch Beziehungen schaffen, die bei traditioneller Vorgehensweise schwer zu zeigen sind. Häufig wird mit Farben gearbeitet.

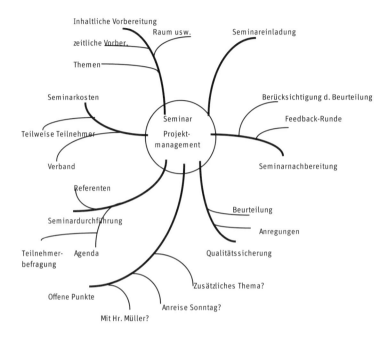

Beispiel einer Mind-Map-Darstellung

Tipps für eine erfolgreiche Präsentation

Präsentationsvorbereitung

Vor der Ausarbeitung einer Präsentation sollte man genau die Rahmenbedingungen ins Auge fassen. Vor welcher Personengruppe trägt man ein Thema vor? Welche Interessen und Erwartungen haben diese Teilnehmer? Mit welchen Widerständen ist zu rechnen?

Zu den Rahmenbedingungen gehören auch der zeitliche Rahmen, eventuelle Pausen und eine festgelegte Agenda, etwa eine Auflistung der zu besprechenden Einzelthemen. Selbst ein Präsentationsprofi wird unter Zeitdruck und mit ungenügenden Informationen kaum eine vernünftige Präsentation hinkriegen. Ausreichend Zeit für die Vorbereitung einer Präsentation ist ebenso ein Muss wie das sorgfältige Zusammentragen der notwendigen Informationen für das vorzutragende Thema.

Präsentationsablauf

Wichtig ist immer ein guter Einstieg in die Präsentation (Begrüßung, Vorstellung der Agenda und der Zielsetzung der Besprechung) und ein knackiger Schluss, zum Beispiel ein Zitat oder ein Motto für die weitere Vorgehensweise: „Es gibt viel zu tun, aber wir schaffen das!"

Während der Präsentation ist es wichtig, verständlich zu sprechen (nicht zu schnell, nicht zu langsam, nicht zu leise ...). Keine Angst vor Zwischenfragen, sie fördern die Diskussion mit den Teilnehmern. Sollte es sich allerdings um Störer handeln, zum Beispiel um Killerphrasen der Art „Das war bei uns aber immer schon so!" oder „Das funktioniert nie!", dann müssen die Störer klar in ihre Schranken verwiesen werden.

Der persönliche Bezug: Neben all diesen Feinheiten wird eine Präsentation jedoch erst richtig interessant für den Zuhörer, wenn er einen persönlichen Bezug zu sich selbst erkennt. Darum sollte man herausstellen, warum gerade für den Zuhörer dieses Thema so wichtig ist. Warum gerade er/sie sich angesprochen fühlen sollte. Gehen Sie bei einer Präsentation von den Zielen ihrer Zuhörer aus. Machen Sie klar, warum Ihre Ziele auch deren Ziele sind.

Präsentationsmedien

Der Einsatz von Präsentationsmedien ist grundsätzlich immer zu begrüßen. Allerdings sollte man seine Zuhörer auch nicht mit einer Multimediashow erschlagen. Dann ist alles nur noch bunt, und der Zuhörer wird eher von den Bildern abgelenkt, als dass sie die Inhalte des Vortrags verdeutlichen.

- **Overheadprojektor:** Der Folienvortrag ist eine der gängigsten Präsentationsarten. Aber auch hier kann man viel falsch machen. Steht auf den Folien reiner Fließtext und wird dieser von dem Vortragenden nur vorgelesen, kann man sich den Folienvortrag getrost schenken. Auf die Folie gehören nur die Schlagworte oder die wesentlichen Aussagen eines Vortrages, nicht der gesamte Text zum Mitlesen.
  Die Folien müssen auch noch aus der hintersten Reihe gut lesbar sein. Die Schriftgröße sollte daher ausreichend gewählt werden. Mit Farben

kann man gezielt Akzente setzen. Die Folien nicht mit Inhalten überfrachten.

Beim Folienvortrag kann man immer wieder beobachten, dass die Vortragenden nur ihre Folie ansehen und keinen Blickkontakt zu den Zuhörern herstellen. Besonders schlimm wird das, wenn der Vortragende das projizierte Bild der Folie an der Wand hinter ihm betrachtet und dabei nur mit der Wand spricht, statt sich dem Publikum zuzuwenden. Dagegen hilft ein Ausdruck der Folien, den man als Erinnerungsstütze während des Vortrags in der Hand behält. Reden Sie mit dem Publikum, nicht mit der Wand oder dem Overheadprojektor!

- **PC-Präsentationen mit Beamer-Einsatz:** Grundsätzlich gelten hier dieselben Regeln wie für den Folienvortrag. Die Präsentation der Folien mittels PC und Beamer ist natürlich die umweltschonendere Variante des Folienvortrages und daher sehr zu begrüßen.

  PC-Präsentationen eignen sich auch sehr gut für einen Vortrag, der eben nur mit einem PC möglich ist, zum Beispiel die Präsentation einer Software oder die Präsentation des aktuellen Internet-Auftritts des Unternehmens.

- **Flip-Chart:** Der Vorteil des Einsatzes eines Flip-Charts liegt darin, dass man Inhalte schrittweise entwickeln kann. Man skizziert zum Beispiel ein Thema und entwickelt darum herum die Schnittmengen mit anderen Themen oder welche Abteilungen von diesem Thema betroffen sind. Anregungen der Teilnehmer können direkt sichtbar in das Flip-Chart-Bild eingebracht werden.

  Ein Flip-Chart-Blatt eignet sich auch als „Themenspeicher", das heißt, alle Fragen, die während einer Besprechung nicht geklärt werden können, werden auf diesem Blatt festgehalten. Bei der nächsten Besprechung geht man genau auf dieses Themenblatt ein und erläutert die Antworten auf die inzwischen geklärten Fragen.

  In ähnlicher Weise kann ein Protokoll direkt sichtbar für alle Teilnehmer auf einem Flip-Chart-Blatt festgehalten werden. Maßnahmen werden mit Terminen und Verantwortlichen festgehalten. Der Clou ist, dass die Maßnahmen, Termine, Verantwortlichen für alle sichtbar während der Besprechung festgehalten werden. Ein späteres „Sichherausreden", so hätte man das nie gesagt oder nie verstanden ist, damit ausgeschlossen.

- **Pinnwand (Metaplanwand):** Pinnwände werden häufig in Zusammenhang mit einer Kartenabfrage eingesetzt. Nachdem man das zu besprechende Thema vorgestellt hat, kann man zum Beispiel Karten an die Teilnehmer verteilen, mit der Bitte, darauf niederzuschreiben, welche Fragen sie zu diesem Thema haben oder welchen Aspekt des Themas sie besonders herausstellen möchten. Die Karten werden dann nach gleichartigen Aussagen zu Gruppen zusammengefasst („Clustern" heißt das im Moderatorenjargon, nach dem englischen Begriff „cluster" für Gruppe). Anschließend kann man jede Themengruppe besprechen.

Ein weiterer Vorteil der Pinnwände sind die großen Flächen, auf die man nicht nur die Karten der Kartenabfrage, sondern auch Plakate oder sonstige Schaubilder befestigen kann.

Checkliste zur Präsentation

- Haben Sie sich zielgruppenorientiert vorbereitet?
- Haben Sie sich gefragt, was *Sie* bei einer derartigen Präsentation erwarten würden?
- Welche Probleme oder Störungen können auftreten?
- Liegt eine Einladung mit Tagesordnung rechtzeitig vor?
- Haben Sie Pausen eingeplant?
- Ist es notwendig, ein Handout vorzubereiten?
- Sind Sie genügend vorbereitet? Auch was Randgebiete und Spezialfragen betrifft?
- Kennen Sie mögliche Präsentationsfehler (zum Beispiel keinen Blickkontakt zum Plenum)?
- Haben Sie Fragen an das Plenum vorbereitet, um dieses eventuell mit einzubeziehen?
- Arbeiten Sie mit Medieneinsatz?
  In diesem Zusammenhang: Funktioniert der Overheadprojektor? Wissen Sie, wo Sie schnell eine Ersatzbirne auftreiben können?
- Wissen Sie, was Sie gegen Ihr Lampenfieber tun?

Dem Lampenfieber ein Schnippchen schlagen

Sollten Sie Lampenfieber vor einer Präsentation haben, trösten Sie sich: Den meisten Menschen fällt es schwer, locker und ungezwungen vor einer größeren Menschenmenge zu sprechen. Das ist vollkommen normal und menschlich. Auch in den Biografien berühmter Schauspieler und Entertainer können Sie nachlesen, dass Lampenfieber ein ständiger Begleiter ist. Man muss lernen damit umzugehen, und Übung macht hier allemal den Meister. Hier ein paar Tipps:

- Bereiten Sie ihre Präsentation gut vor. Keine Entspannungsübung wird sie retten, wenn sie Angst vor einem Vortrag haben, weil sie schlecht vorbereitet sind.
- Lernen Sie den Anfang Ihres Vortrags auswendig. Gerade die ersten Minuten sind entscheidend und bedeuten den höchsten Stress für Sie. Die normale und rettende Reaktion unserer Vorfahren auf Angst war davonzulaufen. Adrenalin wird in ihren Organismus gepumpt, und sie könnten jetzt gut einen Spurt hinlegen. Vergessen Sie den Spurt, und rufen Sie sich Ihren auswendig gelernten Vortragsbeginn ins Gedächtnis.
- Machen Sie sich vor der Präsentation mit dem Raum vertraut. Welcher Bewegungsspielraum bietet sich für Sie als Vortragenden, nutzen Sie diesen aus. Begrüßen Sie die eintreffenden Zuhörer, betreiben sie Small Talk hier und da. Vor bekannten Gesichtern zu sprechen ist einfacher als vor unbekannten.
- Sprechen Sie zu Beginn betont langsam und ruhig. Versuchen Sie, Pausen zu machen und gut durchzuatmen. Da Ihr Körper eigentlich davonlaufen möchte, macht er vielleicht einen gehetzten Eindruck. Wirken Sie dem entgegen durch ruhiges Sprechen, versuchen Sie auch ein kleines Lächeln.
- In der Literatur finden Sie eine Vielzahl von möglichen Entspannungsübungen. Aus eigener Erfahrung kann ich Ihnen folgenden Tipp geben, mit dem ich gut zurechtkomme. Das Prinzip der Entspannungsübungen ist, einen oder mehrere Muskeln stark anzuspannen und dann bewusst zu entspannen. Ballen Sie ihre beiden Fäuste, gehen Sie noch weiter und spannen ihre Arme an. Halten Sie die Spannung einen Moment, atmen Sie ein, und mit dem Ausatmen entspannen sie die Arme und die Hände wieder. Eine fast noch unsichtbarere Entspannungsübung ist, die Fingerspitzen/Fingerkuppen beider Hände gegeneinanderzudrücken, Daumenspitze gegen Daumenspitze, Zeigefingerkuppe gegen Zeigefingerkuppe usw. Drücken Sie intensiv die Finger gegeneinander und entspannen diese dann bewusst wieder. Sinn der Übung ist, Ihrem gestressten Körper zu signalisieren, dass er sich entspannen darf.

Zeitmanagement

Schon Johann Wolfgang von Goethe erkannte die Schwierigkeit des Zeitmanagements, wie folgendes Zitat belegt:»Gegenüber der Fähigkeit, die Arbeit eines einzigen Tages sinnvoll zu ordnen, ist alles andere im Leben ein Kinderspiel.«

Der amerikanischer Automobilmanager Lee Iacocca hingegen wundert sich über das mangelnde Zeitmanagement seiner Mitmenschen:»Ich wundere mich ständig über die große Zahl Menschen, die nicht Herr ihrer eigenen Zeiteinteilung zu sein scheinen.«

Was ist nun Zeitmanagement, und wie kann es helfen, Projekte erfolgreicher durchzuführen?

Zeitmanagement heißt, die zur Verfügung stehende Zeit zu „managen", sie also sinnvoll und möglichst effektiv zu nutzen. Hierzu gibt es auf dem Markt eine Unmenge an Hilfsmitteln: Literatur, Zeitplanbücher (sog. „Timer") und EDV-Programme. Auch beliebt für das Zeitmanagement ist der sogenannte „Palm", ein elektronischer Zeitplaner in Handflächengröße („palm" heißt zu Deutsch „Handfläche" beziehungsweise als Verb „in der Hand verbergen"). Doch alle Hilfsmittel, sei es nun ein Kalender in Papierform oder eine ausgeklügelte Zeitmanagement-Software, können nur das Zeitmanagement unterstützen, nicht ersetzen. Auch das tollste Zeitplanbuch kann Ihnen ihre Terminplanung nicht abnehmen und wird Sie nicht retten können, wenn Sie in Terminen ertrinken. Also, Hilfsmittel gibt es in Hülle und Fülle, und jeder kann dabei sein System und seinen Stil finden, aber das eigene Zeitmanagement muss man selbst machen. Hierzu gibt es ein paar hilfreiche Regeln.

Regeln für das Zeitmanagement:

• Planen Sie Ihre Zeit! Das klingt trivial, aber kommt Ihnen folgende Situation nicht bekannt vor: Für eine Aufgabe hat man eine Woche Zeit und man sagt sich: „Eine Woche, da habe ich ja jede Menge Zeit, da kann ich es ja ruhig angehen lassen." Und am Ende der Wochenfrist kommt man dann doch ins Schwitzen, weil unerwartete Probleme aufgetaucht sind, unangenehme Aufgaben hat man sich für den Schluss aufgehoben, die machen einem jetzt zu schaffen, und prompt reicht die Zeit kaum mehr aus. Also planen Sie eine Aufgabe, zerlegen Sie die Aufgabe in Einzelschritte: „Am Montag nehme ich mir Folgendes vor, am Dienstag dann jenes." Setzen Sie sich Zwischenziele: „Bis Mittwoch möchte ich folgenden Bearbeitungsstand erreicht haben." Hilfreich kann es auch sein, am Ende eines Arbeitstages den nächsten Tag zu planen (schriftlich, damit Sie es morgen noch wissen)

* Zeit ist leider nicht lagerfähig, man kann Zeit nicht „ansparen", aber man kann sich Zeitpolster einplanen. Dies gilt im Besonderen auch für eine gute Projektplanung: Man plant kleine Zeitpuffer ein. Wenn man mit einer Teilaufgabe in Verzug gerät, dann gerät nicht das ganze Projekt in Verzug, ein kleiner Zeitspielraum wurde eingeplant. Verplanen Sie also nicht ihre gesamte Zeit, schaffen Sie sich Freiräume für unerwartete Aufgaben.

* Planen Sie Ihre Zeit schriftlich. Der Mensch hat die Schrift erfunden, weil er sich nicht alles merken kann, also nutzen sie diese menschliche Errungenschaft.

* Bearbeiten Sie nur eine Aufgabe zu einer Zeit, und arbeiten Sie diese Aufgabe konsequent zu Ende. Es nützt nichts, mehrere Sachen anzufangen und keine zum Ende zu bringen. Für schwierige Aufgaben kann man sich auch mal zurückziehen und bitten, nicht gestört zu werden, zum Beispiel können Telefonate auf eine andere Person umgeleitet werden.

* Erledigen Sie heikle Aufgaben sofort, schieben Sie unangenehme Aufgaben nicht ewig vor sich her.

* Setzen Sie Prioritäten (Wichtiges muss zuerst angepackt werden, eher unwichtigere Aufgaben können später erledigt werden). Teilen Sie dazu die Aufgaben, die Sie erledigen müssen nach folgendem Schema auf:
  – *Muss* heute noch erledigt werden.
  – *Soll* heute noch erledigt werden.
  – *Kann* heute, aber auch morgen erledigt werden.

* Und noch ein Wort zu den Last-Minute-Typen. Kennen Sie diesen Typus auch, oder sind Sie selbst ein Last-Minute-Typ? Um das herauszufinden, beantworten Sie folgende Frage: Wenn Sie eine Arbeit bis 12:00 Uhr mittags erledigt haben müssen, wann sind Sie fertig? Um 10:00 Uhr, um 11.00 Uhr oder wie der Last-Minute-Typ genau um 11:59 Uhr? Die Profis unter den Last-Minute-Typen sind um 11:58 Uhr fertig. Es scheint eine weitverbreitete Eigenschaft zu sein, einen vorgegebenen Zeitrahmen auszuschöpfen. Dagegen ist eigentlich nichts zu sagen, solange es am Ende dann noch rechtzeitig klappt und die Qualität stimmt (denken Sie

an das Bermudadreieck, der Projekterfolg wird neben der Termintreue auch von der Qualität des Ergebnisses bestimmt). Soweit möglich sollte man jedoch diesen Stress in allerletzter Minute vermeiden, indem man sich zum Beispiel geeignete Zwischenziele steckt (bis 15. Dezember möchte ich 90% aller Weihnachtseinkäufe erledigt haben).

Konkret auf das Projektgeschäft bezogen, gelten folgende Regeln für das Zeitmanagement:

- In der Projektplanung sollten die wesentlichen Regeln für das Zeitmanagement enthalten sein, also klare Zeitplanung für Meilensteine, Arbeitspakete etc., sodass jeder Projektmitarbeiter weiß, was er wann und in welcher Qualität abzuliefern hat.
- Gerade für die Projektleitung ist es wichtig, nicht alle zur Verfügung stehende Zeit zu verplanen. Als grobe Orientierungshilfe gilt, dass die Projektleitung nur ca. 60% ihrer Zeit verplanen sollte. Die restliche Zeit sollte für unerwartete Ereignisse freigehalten werden, für kreativen Freiraum und auch mal ein wenig Small Talk.
- Wenn es einen Engpass gibt in der Projektarbeit, muss die Projektleitung entscheiden, was so wichtig ist, dass es mit höchster Priorität erledigt werden muss, und welche anderen Aufgaben dafür zurückgestellt werden. Bei der Entscheidung orientiert man sich an folgenden Fragen: Welche Projektaufgabe ist jetzt am dringlichsten zur Erfüllung des Projektziels?
  Bei welcher Aufgabe steht das meiste Geld auf dem Spiel?
  Wo ist das höchste Risiko?
  Was ist die Mindestanforderung des Projektauftraggebers?

Kommunikation: Damit der eine versteht, was der andere meint

Das ganze Leben ist Kommunikation. Wir kommunizieren unentwegt. Es ist gar nicht möglich, nicht zu kommunizieren, denn wenn wir auch nichts sagen, spricht unser Gesichtsausdruck oder unsere Körperhaltung Bände über die Art und Weise, wie wir uns gerade fühlen oder was wir von dem halten, was gerade von jemandem gesagt wird.

Wenn Ihr Gesprächspartner zum Beispiel die Arme verschränkt, während er Ihnen zuhört, deutet dies meist auf Skepsis hin. Oder stellen Sie sich vor, Ihr Gesprächspartner kann das Gähnen kaum zurückhalten. Dies könnte zwei Ursachen haben: Entweder ist Ihr Gesprächspartner tatsächlich von Ihren Ausführungen gelangweilt, oder aber, was in Besprechungsräumen oft vorkommt, die Luft ist schlecht beziehungsweise enthält zu wenig Sauerstoff. Dies führt unweigerlich zu Gähnen. Hier kann mit einer kleinen Pause, in der man den Besprechungsraum lüftet, Abhilfe geschaffen werden.

Im Berufsleben wie im Privatleben spielt Kommunikation eine wesentliche Rolle. Sehen wir uns an, wie das Grundmodell der Kommunikation aussieht. Das Sender-Empfänger-Modell veranschaulicht, wie Kommunikation abläuft:

Sender-Empfänger-Modell

Der Sender sendet eine Nachricht an den Empfänger. Hört sich trivial an, aber im täglichen Leben können dabei auch eine Menge Missverständnisse auftreten.

Folgender gern zitierter Merksatz verdeutlicht die Komplexität von Kommunikation:

- Gemeint ist nicht gesagt
- Gesagt ist nicht verstanden
- Verstanden ist nicht Einverstanden

> **Beispiel für ein Missverständnis in der Projektkommunikation**
>
> Angenommen, in einem Projekt gibt es keine Projektassistenz, sondern die Protokolle der Projektsitzungen werden abwechselnd von den Projektmitarbeitern verfasst.

Der Projektleiter sagt nun zu einer Projektmitarbeiterin: „Christine, mach Du doch heute das Protokoll, Du machst das immer so gut!" Der Sender ist in diesem Fall der Projektleiter. Mit seiner Nachricht, wollte er einerseits erreichen, dass Christine das Protokoll führt und wollte gleichzeitig ein Lob aussprechen, dass Christine eben immer so übersichtlich und gut nachvollziehbar die Protokolle schreibt.

Welche Nachricht kommt bei der Projektmitarbeiterin Christine an? Die Nachricht könnte richtig ankommen, das heißt, Christine schreibt gern Protokolle und fühlt sich durch das Lob des Projektleiters bestätigt und motiviert. Es könnte aber auch ganz anders sein. Christine könnte die Worte auch so verstehen: Die lästige Arbeit des Protokollschreibens soll wieder mal sie machen. Und nur weil sie das angeblich so gut macht, soll sie das auch diesmal schon wieder machen. Sie ist sauer und fühlt sich vielleicht auch als Frau benachteiligt. In diesem Fall hat das Lob gerade das Gegenteil von dem bewirkt, was beabsichtigt war. Die Nachricht ist nicht so angekommen, wie sie gemeint war. In der Kommunikationswissenschaft nennt man dies einen „Verzerrungswinkel" zwischen Sender und Empfänger. Man könnte auch ganz einfach sagen, es ist zu einem großen Missverständnis zwischen den beiden gekommen.

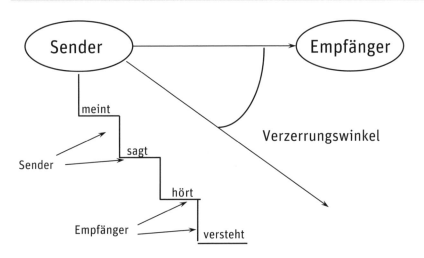

Verzerrungswinkel zwischen Sender und Empfänger

Der Sender (Projektleiter) *meint*, die Projektmitarbeiterin Christine zu loben und zu motivieren. Er *sagt*: „Christine, mach Du doch heute das Protokoll, Du machst das immer so gut!" Christine *hört* den Satz akustisch einwandfrei (manchmal treten Missverständnisse gerade dadurch auf, dass man etwas akustisch falsch verstanden hat). Christine *versteht* aus dem Gesagten nur eine faule Ausrede dafür, dass wieder mal sie das Protokoll schreiben soll.

Wie kann man nun diesen Verzerrungswinkel auflösen?
Wie löst man das Problem von Missverständnissen? Das geht nur, wenn den Beteiligten überhaupt klar ist, dass es zu einem Missverständnis gekommen ist. Wenn die Projektmitarbeiterin Christine in unserem Beispiel nichts sagt, nicht darüber redet, wie das Gesagte bei ihr angekommen ist, wird das Missverständnis nie aufgedeckt. Der Konflikt schwelt unter der Oberfläche und wird nicht gelöst. Die Empfehlung der Kommunikationswissenschaft lautet daher: „Feedback geben!"

Feedback geben heißt, dass der Empfänger der Nachricht sagt, wie er/sie die Sache verstanden hat, und fragt, ob es tatsächlich auch so gemeint war. Natürlich muss man nicht nach jedem Satz ein Feedback geben. Wenn ich mich nach der Uhrzeit erkundige, so sollte mein Gegenüber nicht antworten: „Verstehe ich Dich richtig, dass Du jetzt die aktuelle Uhrzeit von mir hören willst?" Und wenn mein Gegenüber antwortet „Es ist 13:15 Uhr", so werde ich kaum sagen: „Habe ich Dich richtig verstanden, dass es jetzt 13:15 Uhr ist. Meinst Du das wirklich so, und bist Du Dir da auch ganz sicher?"

Aber in unserem vorigen Beispiel wäre eine Klärung angebracht. Die Projektmitarbeiterin Christine könnte sagen: „Ich habe den Eindruck, dass ich hier immer die Dumme bin, die die Protokolle schreiben soll!" Jetzt kann man über das Missverständnis reden. Erst mit diesem Feedback hat der Projektleiter die Gelegenheit, die Sache richtigzurücken und das Missverständnis aufzuklären.

Feedbackregeln

Es gibt bestimmte Regeln, wie man Feedback gibt beziehungsweise wie man Feedback entgegennimmt.

Für den, der Feedback gibt, gilt:
* Immer vom eigenen Eindruck sprechen, in sogenannten „Ich-Botschaften":
  „Habe ich das gerade richtig verstanden, dass Du meinst ...", „Ich habe den Eindruck, dass ...", „Auf mich wirkt das gerade so, als ob ..."
* Feedback ist konstruktive Kritik, kein „Fertigmachen".

- Feedback kann auch positiv sein.
- Möchte man ein Feedback zur Person selbst abgeben, so sollte man die Person immer fragen, ob das gewünscht ist. Man kann dem Projektleiter zum Beispiel nach seiner Präsentation des Projektzwischenstandes vor dem Projektlenkungsausschuss sagen, wie die Person des Vortragenden/ Projektleiters gewirkt hat, was eventuell schlecht angekommen ist oder was man besser machen könnte. Vorher sollte man jedoch unbedingt fragen, ob das gewünscht ist. Wenn ein Vortrag zum Beispiel total schiefgelaufen ist, erträgt man die Kritik nach ein bisschen Abstand viel besser als zu einem Zeitpunkt gleich nach dem missglückten Vortrag, an dem man noch emotional aufgewühlt ist.
- Neutrale und zeitnahe Darstellung des Sachverhalts.
  Um auf unser vorheriges Beispiel zurückzukommen. Es nützt nicht viel, wenn die Proejktmitarbeiterin Christine erst eine Woche nach der geschilderten Situation auf den Projektleiter zugeht und sagt, dass sie ihm seine Bemerkung übel nimmt. Man kann sich nicht mehr genau erinnern, und es entsteht eventuell nur ein unnutzer Streit, wer was wie gesagt und gemeint hat.

Für den, der Feedback entgegennimmt, gilt:
- Erst mal ruhig zuhören!
  Viel zu schnell neigt man dazu, sich persönlich angegriffen zu fühlen und zu meinen, man müsste sich jetzt verteidigen.
- Über das gegebene Feedback erst mal nachdenken, nicht sofort ablehnen.
- Sich für das Feedback bedanken.
  Gerade wenn es um persönliches Feedback geht, wenn man eine Rück-meldung darüber bekommt, wie man etwas falsch gemacht hat oder ein Vortrag schlecht angekommen ist, sollte man erst einmal bedenken, dass es demjenigen, der auf diesen Missgriff hinweist, bestimmt nicht leicht-gefallen ist, das zu sagen. Der Feedbackgeber hat die unangenehme Aufgabe auf sich genommen, einen Hinweis auf ein Fehlverhalten zu geben, und dafür sollte man sich bedanken. Feedback bedeutet in diesem Sinne immer auch die Chance zur Veränderung.
- Um auf das Sender-Empfänger-Modell zurückzukommen:
  Der Sender sollte um Feedback bitten, die Initiative ergreifen, um sich zu vergewissern, dass seine Nachricht auch angekommen ist und richtig

verstanden wurde. Gerade bei sensiblen Themen, bei denen die Gefahr groß ist, missverstanden zu werden.

Umgang mit Killerphrasen

In diesem Zusammenhang sei auch der Umgang mit sogenannten „Killerphrasen" genannt. Killerphrasen sind unkonstruktive, unqualifizierte, pauschale Aussagen wie zum Beispiel „Davon haben Sie doch keine Ahnung!" oder „Wir haben das schon immer so gemacht und lassen uns von einem Anfänger wie Ihnen schon gar nichts sagen!" oder „Sie als Frau können da sowieso nicht mitreden!".

Wie Sie schon sehen, sind das meist Angriffe unter die Gürtellinie. Killerphrasen sind garstige, pauschale Aussagen, ohne sich auf einen konkreten Sachzusammenhang zu beziehen, und daher ist es auch so schwer, mit ihnen umzugehen.

Wie verhält man sich?

*   **Auf einen konkreten Sachverhalt festnageln!**
    Die beste Strategie, auf Killerphrasen zu reagieren, ist, das Gegenüber auf einen konkreten Sachverhalt festzulegen. Wenn also jemand sagt: „Das können Sie gar nicht beurteilen!", dann fragen Sie nach: „Woraus schließen Sie, dass ich das nicht beurteilen kann?", „Wo ganz konkret denken Sie denn, dass mir die Sachkompetenz fehlt?", „Wer kann es denn Ihrer Meinung nach richtig beurteilen?"
*   **Tun Sie Ihrem Gegenüber nicht den Gefallen, emotional zu reagieren!**
    Oft legt es jemand, der Sie mit Killerphrasen traktiert, nur darauf an, Sie zu ärgern. Reagieren Sie also bestimmt sachlich. Ist das Niveau gar zu arg unter der Gürtellinie, dann sagen Sie es: „Auf dieses unsachliche Niveau möchte ich mich wirklich nicht begeben!", „Wenn Sie sachlich über die Angelegenheit sprechen wollen, stehe ich Ihnen gerne zur Verfügung. Aber auf diesem niedrigen Niveau ist nun wirklich keine Diskussion möglich!"
*   **Drehen Sie den Spieß um!**
    Sie haben einen Verbesserungsvorschlag gemacht und eine Führungskraft meint dazu nur: „Das war bei uns immer schon so!" Entgegnen Sie: „Was würde denn passieren, wenn wir das trotzdem ändern?" oder:

„Was sind denn die Vorteile der jetzigen Vorgehensweise gegenüber meinem Verbesserungsvorschlag?" Bringen Sie also Ihr Gegenüber sozusagen in „Beweisnot".

Teambesprechungen als Kommunikationsmittel

Bisher haben wir die Kommunikation zwischen zwei Personen, dem Sender und dem Empfänger einer Nachricht betrachtet. Gehen wir jetzt einen Schritt weiter und betrachten wir die Kommunikation innerhalb einer Gruppe, wie etwa einem Projektteam. Teambesprechungen beziehungsweise Projektsitzungen sind ein wichtiger Teil des Informationsmanagements in einem Projekt. In Besprechungen werden Informationen ausgetauscht und gemeinsame Entscheidungen für den weiteren Ablauf des Projektes vorbereitet und getroffen. Dabei sollte der Grundsatz gelten: Besprechungen sind so oft als nötig durchzuführen und so effektiv wie möglich. Es sollte nicht der humorvolle Leitsatz gelten: „Fühlen Sie sich einsam? Gehen Sie zu einer Besprechung! Dort können Sie mit netten Kollegen plaudern und Kaffee gibt's auch!"

In jedem Projektteam (unabhängig von der Größe des Teams) sollten regelmäßige Projektbesprechungen stattfinden, um gegenseitig die Ergebnisse vorzutragen und das weitere Vorgehen abzustimmen. In einem Team von drei bis fünf Teammitgliedern denkt man vielleicht, man könnte sich das sparen, da man in einem gemeinsamen Projektbüro arbeitet und sowieso mitkriegt, was die anderen gerade machen. Trotzdem sollte man die Kommunikation auch in einem kleinen Projektteam nicht dem Zufall überlassen. Es ist in jedem Fall empfehlenswert, regelmäßig einen festen Zeitpunkt zu vereinbaren, an dem offen über das bisher Erreichte diskutiert wird und weitere Schritte gemeinsam vereinbart werden.

Folgende Leitlinien gelten für Besprechungen:
- Gute Vorbereitung, auch eine Ad-hoc-Besprechung sollte ein Mindestmaß an Vorbereitung haben
- Klarer Zeitrahmen
- Gleichen Informationsstand bei allen Beteiligten erreichen
- Hart am vereinbarten Thema arbeiten, keine Nebenschauplätze, hierzu eventuell einen gesonderten Besprechungstermin vereinbaren

- Gesprächspartner als Partner verstehen, keine Machtkämpfe und Kompetenzgerangel
- Offen kommunizieren, jeder kann zu Wort kommen, immer ausreden lassen (bei Dauerrednern im Notfall die gelbe Karte zeigen)
- Sinnvoller Einsatz von Pausen, nie mehr als 1,5 Stunden am Stück tagen
- Ergebnissicherung durch ein Protokoll, das Maßnahmen, Zeitrahmen für die Umsetzung und Verantwortliche für die Maßnahmen festhält

Teamführung und Motivation: Was tun, wenn die Luft raus ist?

Über eine vernünftige „Teamführung" gab es schon in der Antike unterschiedliche Vorstellungen. Der ältere Cato (234 bis 149 v. Chr.) forderte eine strenge Führung der Sklaven durch Angst und Bestrafung. Hingegen erkannte Varro (116 bis 27 v. Chr.), ein Zeitgenosse Julius Caesars, schon das Prinzip der Motivation bei der Sklavenhaltung. Er schlug Belohnungen für die Sklaven bei guten Leistungen vor, um deren Leistungsbereitschaft zu steigern. Im Übrigen befürwortete er den schonenden Gebrauch der Sklaven, da sie ja faktische Vermögensgegenstände seien. So empfahl er, bei der Arbeit in fiebrigen Sümpfen eher freie Arbeiter (z.B. freigelassene Sklaven) anzuheuern und die eigenen Sklaven zu schonen. „Scheinselbstständige" hatten es auch schon damals schwer.

Was also tun, wenn das Projektteam neuen Schwung braucht? Sich das Projektteam zur Brust nehmen und denen mal ordentlich den Marsch blasen (Variante Cato) oder Boni für gute Leistungen verteilen und motivieren (Variante Varro). Ist Ihr Projektleiter eher ein Cato oder ein Varro?

Zum Thema Motivation ein wenig Theorie:

Nach Abraham Maslow (1970) beruhen die vielfältigen Motive menschlichen Handelns auf fünf Hierarchien der Bedürfnisse, die nach der Dinglichkeit ihrer Befriedigung unterteilt sind:

Bedürfnispyramide nach Maslow

Am dringendsten ist es für einen Menschen, seine physiologischen Bedürfnisse zu befriedigen. Ohne Essen und Trinken wird er nicht lange überleben. Nicht ganz so dringend, aber auch wichtig für die Existenzsicherung, sind ein Dach über den Kopf und soziale Absicherung im Alter oder bei Krankheit. Und so geht es weiter nach oben in der Bedürfnispyramide bis zu den Selbstverwirklichungsbedürfnissen, die nicht überlebensnotwendig sind, aber jeder Mensch strebt nach Selbstentfaltung.

Der springende Punkt bei dieser Theorie ist, dass zum Beispiel ein Mitarbeiter kaum durch eine Weiterbildungsmaßnahme (Ebene Selbstverwirklichung) motiviert werden kann, wenn es ihm an genügend Geld fehlt, sich eine vernünftige Wohnung zu leisten (Ebene Sicherheitsbedürfnis, eventuell auch Wertschätzungsbedürfnis: Wohnung als Statussymbol). Mehr Motivation würde in diesem Fall ein finanzieller Bonus bewirken. Ein Defizit bei einem der „Basisbedürfnisse" wirkt stärker als ein Defizit bei der obersten Ebene der Selbstverwirklichungsbedürfnisse.

Tipp: Will ein Projektleiter sein Team motivieren, sollte er die Grundstruktur der Bedürfnisse nach Maslow im Hinterkopf behalten. Wenn die Teammitglieder Angst um ihren Arbeitsplatz haben, weil das Projekt bald beendet wird und dann ihr Know-how nicht mehr gebraucht wird, so ist eine ansonsten recht erfolgreiche teambildende Maßnahme, wie zum Beispiel gemeinsam essen gehen, nicht unbedingt erfolgversprechend. Hier sollte ein Termin mit der Geschäftsleitung zur Klärung der Mitarbeiterängste erfolgen.

In jedem Projekt gibt es Höhen und Tiefen, und es kommt der Zeitpunkt, wo der erste Anfangselan etwas nachlässt, die ersten Schwierigkeiten auftreten und das Projektteam etwas neuen Schwung und Auftrieb gebrauchen könnte. Ein erfolgreicher Projektleiter ist derjenige, für den diese Situation keine Überraschung darstellt, da sie zwangsläufig in jedem Projekt einmal auftaucht.

Eine sinnvolle Maßnahme ist es daher, die Stimmung im Projektteam kontinuierlich zu beobachten. Dies kann durch einen Fragebogen, zum Beispiel bei jeder Projektsitzung abgefragt werden.

Beispiel für einen Fragebogen zur Projektatmosphäre:

	1 2 3 4 5
Im Projekt herrscht eine angenehme Arbeitsatmosphäre	
Mit den Kollegen im Projekt komme ich prima klar	
Die Projektziele sind mir transparent	
Meine Aufgabenstellung im Projekt ist mir klar und transparent	
Ich kann offen kommunizieren	
Es macht mir Spaß, in diesem Projekt zu arbeiten	

(1= stimmt, 2= stimmt weitgehend, 3= weiß nicht, 4= stimmt eigentlich nicht, 5= stimmt überhaupt nicht)

Wenn ich an unser Projekt denke:

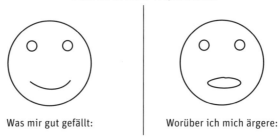

Was mir gut gefällt: | Worüber ich mich ärgere:

Vergleicht man den Fragebogen über den Zeitraum des Projektes hinweg, so hat man immer ein aktuelles Barometer der Teamstimmung.

Konfliktmanagement: Wenn's im Team kracht

Projekte werden von Menschen gemacht und hier haben wir auch schon des Pudels Kern: Wo Menschen zusammenarbeiten, „menschelt" es eben, das heißt, unterschiedliche Charaktere und Interessen stoßen aufeinander, und das ist der Nährboden für Konflikte.

Konflikte treten erfahrungsgemäß bei folgenden Gelegenheiten auf:
- Terminnot, ein vereinbarter Termin kann nicht gehalten werden.
- Prioritätenfrage: Was muss zuerst erledigt werden und warum?
- Technische Details: Setzen wir jenes System/Instrument ein oder ein anderes?
- Projektcontrolling: Die Kosten laufen aus dem Ruder!
- Persönlichkeiten: Dieser Typ geht mir echt auf den Nerv!

Wie geht das Team angemessen mit Konflikten um, und wie kommt es zur Konfliktlösung?
Zuerst ein paar Negativbeispiele, wie in Konfliktsituationen nicht reagiert werden sollte:

- **Angriff**
  Der Projektleiter greift an, verbal oder schriftlich. Er packt jedoch nicht

die Konfliktursache an, sondern schiebt die Schuld auf Personen oder Ursachen außerhalb des Projektes. Der Kunde, die Abteilung, also einfach „die anderen" sind schuld an der Misere, nicht sein – selbstverständlich hervorragend geführtes – Projekt. Schuld sind die anderen, die das aber nicht erkennen wollen oder können.

- **Leugnen**
  „Diesen Konflikt gibt es nicht." In typischer Vogel-Strauß-Manier wird der Kopf in den Sand gesteckt, in der Hoffnung, das Problem löst sich von alleine und keiner hat etwas bemerkt.

- **Bagatellisieren**
  So schlimm ist es schon nicht. Der Konflikt ist zwar in Ansätzen erkennbar, aber längst nicht in dem behaupteten Ausmaß. „Das lösen wir so nebenbei, keine Panik!"

- **Relativieren**
  Anstatt von den Konflikten im Projekt zu reden, wird auf die positiven Seiten des Projektes hingewiesen, die den Konflikt „überstrahlen" sollen. Nach dem Motto: „Wir sind zwar in Terminnot, dafür ist unsere Softwarelösung gut gelungen und wir haben sogar noch ein paar Extras eingebaut."

- **Resignation**
  Das ist eben so, da kann man nichts machen. Getreu den drei goldenen Regeln:
  1. Das war immer schon so.
  2. Das war noch nie anders.
  3. Da könnte ja jeder kommen.

- **Aufschieben**
  „Wenn mal Zeit ist, vielleicht nach der Erreichung des nächsten Meilensteins, dann kümmern wir uns mal darum."

- **Personelle Herabsetzung**
  „Das ist doch immer der Müller, der da so schwarzsieht. Wir schätzen das alles ganz anders ein." Oder wie sagte mal ein altgedienter Mitarbeiter: „Sie sind doch erst drei Jahre in der Firma und wollen schon mitreden?"

- **Delegation**
  Der Konflikt wird jemand anderem zur Lösung übergeben, man könnte auch sagen „untergejubelt". „Soll sich doch die Geschäftsleitung damit rumschlagen, wir tun hier nur unsere Arbeit."

- **Nicht die Schlacht gewinnen und den Krieg verlieren**
„... dem hab ich's aber gegeben! Der ist jetzt so klein mit Hut!" Es gibt Menschen, die sind sehr konfliktfreudig und leben sich da gerne aus. Solches Verhalten ist verboten. Derjenige, der jetzt „so klein mit Hut ist", wird nie wieder konstruktiv mit der Person, die ihn niedergemacht hat, zusammenarbeiten.

Das waren die Negativbeispiele, wie packt man es richtig an?

1. Konfliktwahrnehmung: Zuerst muss der Konflikt wahrgenommen werden. Was sich so selbstverständlich anhört, ist in der Praxis leider nicht so einfach. Wie oft sagt man: „Ja, merken die das denn selber nicht?" Ein Problem, einen Konflikt wahrnehmen, bedeutet immer auch, bisheriges Handeln infrage zu stellen, eigenes Handeln infrage zu stellen. Das erschwert die Wahrnehmung. Konfliktwahrnehmung ist ein Prozess, der bei einem selbst beginnt. Gehe ich Konflikten aus dem Weg oder packe ich Konflikte aktiv an?

Durch unterschwellige Konflikte, die nicht offen angesprochen werden, geht in vielen Projektteams sehr viel Leistungskraft und Motivation verloren.

Also, offen sein auch für eigene Fehler und Konflikte offen ansprechen.

2. Konfliktanalyse: Ist erst mal klar, dass es einen Konflikt gibt, dann beginnt die „Spurensuche":

- Warum gibt es diesen Konflikt?
- Wie lange gibt es diesen Konflikt schon? Jeder Konflikt hat seine „Biografie", eventuell gibt es diesen Konflikt schon seit Jahren.
- Nimmt der Konflikt zu? Eskaliert er?
- Wie kritisch ist dieser Konflikt für das Projekt?
- Wer ist besonders betroffen?
- Hat jemand ein Interesse daran, dass der Konflikt nicht gelöst wird?
- Was hatte es für Auswirkungen in der Vergangenheit und was wird es für Auswirkungen in der Zukunft haben, wenn der Konflikt nicht gelöst wird?

Und die entscheidende Frage:
- Was haben wir alle davon, wenn dieser Konflikt gelöst wird?

3. Konfliktlösung: Ideal ist die einvernehmliche Lösung. Diese lässt sich auch am besten durchsetzen. Aktuell spricht man von der sogenannten „Win-win-Situation", das heißt, jede Seite hat dabei gewonnen, es gibt keine Verlierer. Alle Beteiligten sollen einen Vorteil von der Konfliktlösung haben.

Beispiel für eine Win-win-Situation

Der Konflikt bestand aus dem mangelnden Informationsaustausch zwischen dem Projektteam und einer Fachabteilung. Die Win-win-Situation sah folgendermaßen aus: Die Fachabteilung gibt bereitwillig ihre Informationen an das Projektteam weiter, dafür wird die Fachabteilung aber auch eng in die Erkenntnisse aus diesen Daten eingebunden und hat somit auch einen Nutzen aus der Offenlegung ihrer Daten.

Sollte nicht spontan eine einvernehmliche Lösung möglich sein, probieren Sie eines der folgenden **Konfliktlösungsmittel:**

- **Gruppen- oder Einzelgespräche mit den Konfliktbeteiligten:**
  Bringen Sie den Konflikt offen und emotionslos zur Sprache. Erarbeiten Sie gemeinsam mit den Betroffenen eine Konfliktlösungsstrategie.
- **Einbindung eines neutralen „Schiedsrichters":**
  Binden Sie einen neutralen Spezialisten in die Konfliktlösung ein. Er soll sich in Ruhe die Sachlage anhören, eventuell einen Problemlösungsworkshop veranstalten.
- **Rote Karte für den Konfliktverursacher:**
  Manchmal hilft leider nur, personelle Änderungen im Projektteam vorzunehmen.
- **Projektabbruch:**
  Bei gravierenden Konflikten, zum Beispiel zwischen Projektteam und Auftraggeber des Projektes, sollte man einen Projektabbruch ins Auge fassen.

4. Feedback und Erfolgskontrolle: Jeder Konfliktlösungsprozess ist ein Lernprozess. Durch ein Feedback aller Beteiligten sollen zukünftige Konflikte vermieden oder besser bewältigt werden. Es wird analysiert, was gut und was schlecht gelaufen ist im Konfliktlösungsprozess.

Des Weiteren sollte die Konfliktlösung eine Weile beobachtet werden. War sie nur eine kurzfristige Symptombehandlung und hat man den eigentlichen Konfliktherd nicht erkannt oder ist der Konflikt nachhaltig gelöst worden?

Um Konflikte zu vermeiden, werden Spielregeln im Projekt vereinbart:

- **Fair Play**
  Wir gehen fair miteinander um.
- **Wir sind ein Team**
  Jeder bringt sich nach seinem Können in das Projekt ein und ist gleich wichtig für den Projekterfolg.
- **Termintreue**
  Vereinbarte Termine werden eingehalten.
- **Selbstverantwortung**
  Jeder ist in erster Linie für sich selbst verantwortlich, das heißt, jeder versucht, seine Aufgabe bestmöglich zu bewältigen. Gibt es Engpässe, so hilft jeder jedem.
- **Störungen haben Vorrang**
  Treten Probleme auf oder gibt es Konflikte, so werden sie rechtzeitig offen kommuniziert. Jede Störmeldung wird ernst genommen.
- **Geschlossenes Bild nach außen**
  Informationen gehen nur dann nach außen, wenn es das ganze Team beschlossen hat.

6. Projektcontrolling

Damit nichts anbrennt

Um zu Beginn dieses Kapitels gleich das größte verbreitete Missverständnis zu beseitigen: Projektcontrolling ist **nicht** Projekt**kontrolle**. Langsam verschwinden endlich die Zeiten, in denen Controlling mit Kontrolle gleichgesetzt wird. Obwohl dies keineswegs richtig ist, assoziieren viele mit Controlling aber immer noch Kontrolle. Allein schon das Verb „to control" bedeutet nicht kontrollieren sondern richtig übersetzt eher steuern, regeln.

Controlling als Lotsendienst

Richtig verstanden, kann Controlling als ökonomischer Lotsendienst bezeichnet werden. Als Lotse, der das Unternehmensschiff um die ökonomischen Klippen und Untiefen herumführt und dem Kapitän, sprich dem Management, Hilfestellung bietet, damit das Unternehmensschiff im Hafen des Gewinns ankommt. Dabei bedient sich das Controlling aus dem betriebswirtschaftlichen Werkzeugkasten: Kostenrechnung/Kalkulation, Unternehmensplanung, Investitionsrechnungen, betriebswirtschaftliche Analysen und vieles mehr. So ist der Controller der betriebswirtschaftliche Begleiter, der die Ziele des Unternehmens mit dem Istzustand vergleicht und – ganz wichtig – im Notfall Korrekturzündungen vorschlägt beziehungsweise einleitet.
Laufen etwa die Kosten aus dem Ruder, werden als Korrekturzündungen Kostensenkungsmaßnahmen eingeleitet, zum Beispiel die Suche nach günstigeren Beschaffungsquellen.
Nicht nur das gesamte Unternehmen muss „controlled" werden. Ein Projekt ist ein Teil des Unternehmens beziehungsweise mit Projekten werden Unternehmensziele erreicht, man denke nur zum Beispiel an ein Projekt „Einführung eines neuen Produktes". Folglich müssen auch Projekte ökonomisch betrachtet werden. Konkret muss sich die Controllerin oder der Controller beim Projektmanagement um folgende Aufgaben kümmern:

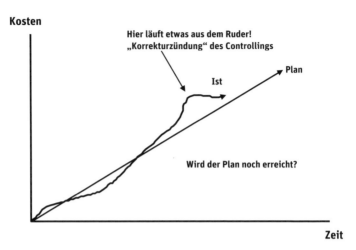

Korrekturzündungen im Controlling

* **Unterstützung bei der Frage, ob sich das Projekt überhaupt lohnt**
Ein Projekt muss ein Ergebnis haben und unter dem Strich mehr bringen, als es kostet. Kann man die Erträge kaum rechnen, zum Beispiel beim Projekt „Verbesserung der innerbetrieblichen Information mittels Softwareunterstützung", dann muss zumindest die Aufwand/Nutzen-Relation optimiert werden.
Oder der Extremfall: Das Projekt war erfolgreich, aber wir sind pleite. Auch das kommt vor. So hat vor einiger Zeit ein Hersteller von Laborzentrifugen ein Produkt auf den Markt gebracht, das „alles konnte". Modernste Technik, fit für alle Laboranwendungen. Nur war die Entwicklung so teuer, dass das Unternehmen knapp am Konkurs vorbeigeschrammt ist und in der Folge von einem Konkurrenten übernommen wurde.

* **Kostenmäßige Begleitung des Projektes**
Budgets müssen eingehalten werden. Hier werden in der Praxis die meisten Fehler gemacht. Wie oft liest man, gerade im öffentlichen Dienst, dass die Projektkosten aus dem Ruder gelaufen sind. Da kostet die Mehrzweckhalle der Gemeinde schlicht das Doppelte, oder man

verrechnet sich bei der Deutschen Bahn AG beim Tunnelbau mal eben um mehrere hundert Millionen Euro.

- **Immer wieder fragen: Was läuft eventuell schief?**
  Es heißt so schön: Was schiefgehen kann, geht schief. Das Projektcontrolling muss sich in diesem Zusammenhang um zwei Dinge kümmern:

1. **Was kann potenziell schiefgehen?**
   Bestes Beispiel ist hier immer die Einführung einer neuen EDV. So etwas geht traditionell immer schief. Das muss der „schlaue" Projektcontroller wissen und schon im Vorfeld analysieren, was schiefgehen kann und was dann in diesem Fall zu tun ist. Etwa dafür sorgen, dass mit dem alten System, auch wenn es noch ein bisschen kostet, im Notfall weitergearbeitet werden kann

2. **Was ist zu tun, wenn es schiefgelaufen ist?**
   Wie kann man das Projekt noch retten. Was kostet die Rettung. Im EDV-Beispiel: Was kostet im Notfall der externe Spezialist oder das externe EDV-Serviceunternehmen?

- **Nicht vergessen: Hat sich das Projekt gelohnt?**
  Diese Frage wird oft nicht gestellt. Was soll's, das Geld ist sowieso ausgegeben und weg. Wird ein Projekt nicht nachgerechnet, verzichtet man auf wichtige Lernprozesse. Jetzt geht es gar nicht um Zuweisung von Schuld, wenn etwa die durch das Projekt erwarteten Kosteneinsparungen oder Umsatzuwächse nicht realisiert wurden. Es soll nur verhindert werden, dass Fehler mehrfach gemacht werden. Was ist falsch gelaufen?

Man sieht: Das Projektcontrolling ist analog dem klassischen Controlling die betriebswirtschaftliche Begleitung des Projektes. Dabei muss diese Aufgaben nicht immer ein hauptamtlicher Controller im Unternehmen durchführen. Manche Unternehmen haben gar keine hauptamtlichen Controller. Aber zumindest muss die Controllingfunktion ausgeübt werden. Wie sagte einmal ein Mitarbeiter: „Ich bin hier der Controller, dass weiß nur keiner offiziell."

Und auch dafür ist ein Projektcontrolling zuständig: Projekte dürfen nicht ausufern, müssen wirtschaftlich sein.

So gab es einmal in einem mittelgroßen Unternehmen der Kunststoffindustrie ein Projekt „Verbesserung der Wirtschaftlichkeit durch Verringerung des Ausschusses".

Man zog alle Register, die Berater gaben sich die Klinke in die Hand, es wurden extra Mitarbeiter eingestellt, die speziell die Ausschussprojekte begleiteten. Nach ca. zwei Jahren erkannte ein neuer Controller, dass durch die Ausschussprojekte in der Tat der Ausschuss um einige Prozent gesenkt wurde. Nur – alle Projekte kosteten von Anfang an mehr als die Effekte der Ausschusssenkung. Man hatte versäumt, von Anfang an zu analysieren, ob sich die aufwendigen Ausschussprojekte am Ende des Projektes überhaupt gelohnt hatten. Einfach gesagt: Hätte man den Ausschuss in Kauf genommen, wäre es billiger gewesen. Der Witz der Geschichte: Das Projekt zur Verbesserung der Wirtschaftlichkeit war letztendlich selbst unwirtschaftlich.

Die Praxis zeigt, dass viele Projekte zu ausführlich und bis zum letzten Detail bearbeitet werden. Zu diesem Problem gibt es die sogenannte 80/20-Regel: Diese besagt, dass man bei vielen Dingen mit 20 % des Aufwandes (z.B. Zeitaufwand) 80 % des Problems „erschlägt". Um die restlichen 20 % des Problems zu lösen, braucht man dann allerdings 80 % des Aufwandes.

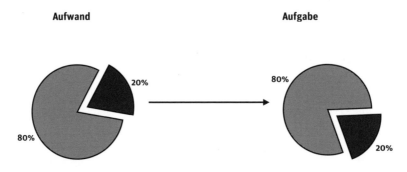

Mit 20 % des Aufwandes 80 % der Aufgabe bewältigen

Immer fragen: Muss es denn wirklich immer die hundertprozentige Zielerfüllung sein? Zugegeben, das Projekt Herzoperation im Krankenhaus muss zu 100 % perfekt geplant sein und ausgeführt werden. Aber wenn Sie die Kosten Ihres Unternehmens mittels Projekt analysieren, kann man doch sicher auf die letzten 20 % der Kostenanalyse, zum Beispiel Fahrtkosten oder Büromaterial verzichten und sich zunächst mit geringem Aufwand auf die großen Kostenblöcke stürzen, die meist 80 % in den Unternehmen ausmachen: Personal- und Materialkosten. Andere Beispiele:

- In einem Unternehmen wurden die wichtigsten Servicemängel in kurzer Zeit behoben. Schnell konnten Kunden wieder zufriedengestellt werden. Die letzten Mängel nahmen dann einen erheblichen Zeitaufwand in Anspruch beziehungsweise man verzichtete auf die Behebung. Hätte man bis zur 100-%-Lösung des Projektes „Serviceverbesserung" gewartet, hätte man in der Zwischenzeit viele Kunden verprellt.
- Selbst im privaten Bereich trifft die 80/20-Regel oft zu. So haben Sie ihr Urlaubsziel schnell beschlossen und ausgesucht, für die Detailplanung wie Hotel und Veranstaltungen brauchen Sie meist 80 % der Gesamtplanungszeit.
- Bei einer Umstrukturierung brauchte der Vertrieb schnell neue Preise. Schnell wurde kalkuliert, um wenigsten 80-%-Preisgenauigkeit zu haben. Die Kostenrechnung wehrte sich gegen diese „oberflächliche" Kalkulation. Nur – die Alternative wäre gewesen, überhaupt keine Preise zu haben. Später kam man dann mit sehr hohem Aufwand zu Daten, die auch nicht sehr viel genauer waren als der erste Wurf. Ein klassisches 80/20-Beispiel.

Merke: Wenn es zulässig ist, auf die letzten Genauigkeiten zu verzichten, kann man eine Menge Aufwand sparen!

Projekterfolgsrechnung: Wann lohnt sich ein Projekt?

Projekte sind manchmal ein Spiel mit Illusionen. Hier zeigen sich regelmäßig zwei Mentalitäten von Mitarbeitern:

- Da ist zum einen der **Optimist**. Egal wie unsicher das Projekt auch ist, er strahlt immer Optimismus aus und jedes Projekt ist die Neuerfindung des Rades und bringt ungeahnte Renditen.
- Anders der **Pessimist**. Er findet immer einen Haken an Projekten und sie rechnen sich schon gleich gar nicht.

Die ersteren sind ganz grob gesagt die Techniker und die Vertriebsleute, die zweiten die Kaufleute. Zum Glück entscheiden aber nicht Mentalitäten sondern Rechnungen. Nur – die müssen natürlich stimmen. Und wer

Erfahrung mit Projektarbeit hat, kann berichten, dass sehr viele Projekte leider falsch gerechnet werden. Nehmen wir einmal drei Beispiele, die die Autoren in der letzten Zeit erlebt haben.

Wie man Projekte falsch rechnet:

1. **Zwar richtig gerechnet, alles umgesetzt, aber der Effekt bleibt aus**
   In einem größeren Handwerksunternehmen gab es das Projekt Zeitoptimierung. Man wollte Zeit und damit Kosten sparen. Man optimierte die Fahrzeiten durch Koppelung von Abfahrtszeiten zum Kunden mit Materialeinkaufsfahrten. Die administrativen Arbeiten wie Zeitaufschreibungen wurden rationalisiert usw. Unter dem Strich konnten so ca. 1.500 Stunden im Jahr gespart werden. Stolz wurde berichtet, dass nunmehr diese 1.500 Stunden einer Ergebnisverbesserung von ca. 35.000 Euro entsprechen. Dummerweise verbesserte sich das Ergebnis aber nicht. Denn wie kamen diese 1.500 Stunden zusammen? Hier mal zehn Minuten Einsparung, da mal zehn Minuten. Unter dem Strich konnte aber auf keinen Mitarbeiter verzichtet werden. Der Rationalisierungseffekt hatte keinen Einfluss auf die Kosten. **Effekte müssen sich auch realisieren lassen!**

2. **Teilerfolge, aber unter dem Strich ein Fragezeichen**
   Auch mit dem Werbeaufwand ist es ja auch immer so eine Sache. Henry Ford sagte einmal sinngemäß: „Ich weiß zwar, dass ich die Hälfte meines Werbebudgets sinnlos zum Fenster hinausschmeiße, ich weiß nur nicht, welche Hälfte." In einem Markenartikelunternehmen wurde ein größeres Werbeprojekt für ein Produkt (Fahrradbekleidung) aufgelegt. Überzeugend referierte der Marketingchef in der Vorstandssitzung über die Hebelwirkung derartiger Projekte (wenn sie freilich unter seiner Leitung ablaufen). Hebelwirkung bedeutete: Jeder Euro Werbung sollte 0,75 Euro mehr Umsatz bringen. Ein Genie, der Derartiges genau voraussagen kann. Aber in der Tat stieg der Umsatz. Zwar nicht um den Faktor 1,5, wie prognostiziert, aber immerhin wurde der Werbeaufwand von ca. 150.000 Euro umsatzmäßig deutlich wieder eingefahren. Dummerweise hatte unser genialer Marketingchef Umsatz mit Ergebnis verwechselt. Zwar stieg der Umsatz, aber natürlich kostete das Produkt auch etwas in der Herstellung, und insgesamt hat die Werbeaktion die Gewinne weggefressen. Etwas verkürzt sah die Rechnung wie folgt aus:

	Vor der Werbe-kampagne	Nach der Werbe-kampagne	Das war das Ziel
Umsatz	1.200.000	1.600.000	1.800.000
Werbekosten	50.000	300.000	300.000
Herstellkosten	960.000	1.280.000	1.440.000
Ergebnis	**190.000**	**20.000**	**60.000**

Projektrechnung Werbekampagne

Selbst der Umsatzfaktor von 1,5 durch die Werbekampagne hätte sich im ersten Ansatz nicht gerechnet. Gerechterweise muss man natürlich sagen, dass sich Werbung im ersten Ansatz nicht immer rechnet und die Werbeaktion möglicherweise langfristige Wirkung hat. Aber das hätte dann auch so formuliert werden müssen. So war die Aktion zunächst ein Flop.

3. **Optimismus, aber völlig falsch gerechnet**
   Hier ein etwas komplizierterer Fall. Aber besonders tragisch, da teure und angeblich professionelle Berater eingeschaltet waren.
   Die Berater versprachen, durch eine neue Logistiksoftware die weltweiten Lager eines größeren Unternehmens um wertmäßig 2 Millionen Euro zu senken. Diese 2 Millionen wurden als Ergebniseffekt verkauft. Bitte meine Herren, ein Bestandsabbau ist kein Ergebnis, also kein Gewinn! Hinterher hat doch das Unternehmen nicht 2 Millionen mehr in der Kasse. Natürlich hat ein Lagerabbau Ergebniseffekte, zum Beispiel Zinseinsparungen. Aber nicht in Höhe des Lagerabbaus. Hier wurde eindeutig falsch argumentiert. Wir nehmen mal zugunsten des Beratungsunternehmens an, dass dies aus Unwissenheit über betriebswirtschaftliche Zusammenhänge und nicht aus böser Absicht geschah. Die Berater waren gute Logistiker aber schlechte Betriebswirte. Auf jeden Fall wurde das Projekt falsch gerechnet und letztlich genehmigt, weil die Effekte so außerordentlich positiv klangen. Und wie ist dieses Projekt ausgegangen? Die Bestände wurden tatsächlich zurückgefahren, wenn auch wieder mal nicht in der prognostizierten Höhe. Und natürlich wurden die Bestandsminderungen nicht Ergebnis. Der Ergebniseffekt lag laut Controlling bei ca. 50.000 Euro pro Jahr.

Dies waren Beispiele, wo zu optimistisch oder gar falsch gerechnet wurde. Es gibt aber auch den umgekehrten Fall. Man kann Projekte zu Tode rechnen. Wieder einige Beispiele aus der Praxis der Autoren:

1. **Es werden Kosten mit eingerechnet, die sowieso da sind; mit oder ohne Projekt**

   In einem Unternehmen sollte das interne Informationssystem verbessert werden. Verbesserte Kosteninformationen, schnellere Absatz-/Umsatzinformationen für den Vertrieb usw. Das ist logischerweise heutzutage ein EDV-Thema. Man veranschlagte ca. 400 Stunden Aufwand für die EDV-Mitarbeiter. Nun errechnete man einen Stundensatz für diese Mitarbeiter mit Raummieten, Strom, Abschreibungen für die EDV-Anlagen usw. Man kam auf 52,50 Euro Stundensatz. Somit kostete dieses Projekt vermeintlich 21.000 Euro (400 Stunden x 52,50 Euro). Ergebnis: „Das ist uns zu teuer." Das Projekt wurde nicht realisiert.

   Derartige Rechnungen sind meistens Unsinn. Denn EDV-Kosten sind Fixkosten. Die Gehaltskosten der Mitarbeiter, Mieten, Strom, Abschreibungen usw. sind sowieso da. Man darf in eine Projektrechnung nur das hineinrechnen, was zusätzlich „oben drauf" kommt. In diesem Fall kam nichts „oben drauf", denn die Mitarbeiter hätten die zeitliche Kapazität gehabt. Letztlich hätte die Realisierung des Projektes *nichts* gekostet.

   Dies muss nicht immer so sein. Geschieht für ein Projekt eine Neueinstellung oder ein externer Berateraufwand, müssen diese Kosten angesetzt werden. Arbeiten EDV-Mitarbeiter zum Beispiel auf Rechnung für externe Unternehmen und man hat einen Einnahmenverlust, da diese Mitarbeiter nun für interne Projekte arbeiten, so muss dieser Einnahmenverlust zum Ansatz kommen (betriebswirtschaftlich nennt man dies Opportunitätskosten: entgangene Einnahmen = Kosten).

   Grundsätzlich gilt: Prüfe immer, welche Kosten tatsächlich zusätzlich für das Projekt anfallen. Das ist die Basis der Projektrechnung!

2. **Mit Umlagen kann man manches Projekt erschlagen**

   Eine Unsitte: Projekte werden mit Umlagen belastet. Was ist der Hintergrund? In den Unternehmen gibt es Kosten, die ursächlich in den Kostenstellen anfallen: in der Fertigung Materialkosten und Personalkosten usw., im Vertrieb Gehaltskosten, PKW-Kosten usw. Aber in der Praxis ist es üblich, auf jede Kostenstelle sogenannte Umlagen zu kalkulieren.

Das sind Kosten der Verwaltung vom Pförtner bis zum Management, Gebäudekosten wie Mieten, Strom usw. bis hin zur Betriebskantine. Diese Umlagen sind meist prozentuale Aufschläge, die eben auch in die Stundensätze eingehen. Und Umlagen sind keine Kleinigkeit; in manchen Unternehmen belasten sie die Kostenstellen mit bis vielleicht 30 %.

Jetzt darf man aber nicht den Fehler machen, Projekte mit diesen Umlagen zu belasten. Meistens merkt man das gar nicht, da sich Umlagen im Stundensatz verbergen. Diese Umlagen sind aber meistens durch das normale Tagesgeschäft abgedeckt. Es fallen keine zusätzlichen Umlagekosten durch das Projekt an. Auf was muss man also achten: Rechnet man ein Projekt mit internen Stundensätzen (was sowieso kritisch ist, sie oben Punkt 1), dürfen diese in der Regel keine Umlagen beinhalten. Meist ist es unsinnig, ein Projekt zusätzlich mit einer prozentualen Umlagepauschale zu belasten (noch mal: Umlagen sind meist durch das normale Tagesgeschäft gedeckt).

Merke: Projekte sind zusätzliche Aktivitäten, die meistens nicht mit internen Umlagen belastet werden dürfen. Und da man hier schnell in Größenordnungen von bis zu 30 % kommt, kann man mit Umlagen schnell ein Projekt „kaputtrechnen".

3. **Mit Risikozuschlägen argumentieren**

Es liegt oft in der Natur von Projekten, dass sie relativ unsicher sind. Mit Projekten marschiert man in die Zukunft, man rechnet mit zukünftigen Umsätzen, Kosten usw. Da man aber die Zukunft nicht sicher kennt, baut man in die Projektrechnung Sicherheiten ein. Das ist grundsätzlich vernünftig, allerdings neigen viele dazu, sich hier „warm anzuziehen". Man rechnet mit Risikozuschlägen, die zu komfortabel, sprich zu hoch sind. Man rechnet zum Beispiel: Bei der Umsatzprognose ziehen wir 20 % ab und bei den Kosten schlagen wir 20 % drauf. Auf diese Weise kann man ein Projekt auch sterben lassen. Es rechnet sich nicht mehr, wird unwirtschaftlich. Risikozuschläge müssen also realistisch sein.

Ganz schlimm, wenn alle obigen Punkte vielleicht sogar zusammenkommen. So „sterben" Projekte, bevor sie überhaupt angefangen haben. Und jetzt muss man aufpassen: Ist das „Zu-Tode-Rechnen" Unwissenheit der Projektbeteiligten, konkret Unwissenheit desjenigen, der das Projekt berechnet? Oder ist es gar „politisches Handeln" im Unternehmen? Irgendjemand will das

Projekt nicht und beweist „objektiv", dass das Projekt wirtschaftlicher Unsinn ist. Hier zeigt sich jetzt gutes Projektcontrolling.

Wichtige Frage also: Wie rechnet sich ein Projekt? Wann lohnt es sich?

Bevor konkrete Rechenmethoden gezeigt werden, eine kleine Vorrede, quasi ein Appell an das betriebswirtschaftliche Gewissen:

Projekte werden manchmal zu schnell genehmigt! Wer für das Projektcontrolling zuständig ist, sollte sich nie scheuen zu fragen, ob das Projekt wirtschaftlich ist. Hier sollte man eine – wenn auch liebenswürdige – Hartnäckigkeit an den Tag legen. Das ist nicht immer einfach, und die Autoren haben es mehrfach erlebt: Fragt man nach der Wirtschaftlichkeit von Projekten, wird man angeschaut, „als ob man nicht alle Tassen im Schrank hat." Wie kann man nur so einen Blödsinn fragen? Es liegt doch auf der Hand, dass das Projekt sinnvoll ist? Tatsächlich?

Ein Inhaber eines Unternehmens brachte einmal die Dinge auf den Punkt. (Inhaber kleinerer Unternehmer reagieren viel sensibler auf mögliche Projektkosten und fragen – mit Recht – viel hartnäckiger, ob sich ein Projekt lohnt.) Der Inhaber fragte: „Sie wollen also fast 50.000 Euro von meinem Geld ausgeben für das Projekt. Sie können mir aber nicht plausibel erklären, was das bringen soll. Was, wenn es Ihre 50.000 Euro wären?"

In der Tat ist es nicht akzeptabel, wenn etwa ein leitender Mitarbeiter, der 15 Jahre im Job ist, nicht einmal ansatzweise quantifizieren kann, was zum Beispiel nach einem Verkaufsprojekt in etwa der Umsatz eines neuen Produktes sein kann. Natürlich müssen derartige Fragen parallel mit einer Art „Irrtumskultur" gehen. Wer aufgefordert ist, Größenordnungen abzugeben, darf sich auch irren, ohne dass ihm gleich der Kopf abgerissen wird.

Ist schon eine Größenordnung schwierig, sollte im Zweifel der Projektnutzen mindestens beschrieben werden. Und noch ein Tipp: Am besten immer zwei Stellen im Unternehmen fragen. Bei Umsatzeinschätzungen zum Beispiel Marketing und Vertrieb oder den Außendienst und den Innendienst usw. Dann sieht man im Zweifel, was von den Größenordnungen zu halten ist.

Letztlich gilt auch im Projektcontrolling der alte Controllinggrundsatz »What you can't measure, you can't manage«: „Was Du nicht rechnen oder zählen kannst, kannst Du auch nicht managen."

Immer wieder wird bei Projektbegründungen schwammig argumentiert. Wie hören sich die Begründungen immer und immer wieder an?

- „Das Projekt ist unheimlich wichtig für uns."
- „Das Projekt ist schon lange überfällig."
- „Andere haben das schon lange."

Immer konkrete, möglichst rechenbare Begründungen einfordern

Und dies am besten schriftlich, auch wenn sich dies jetzt sehr formal anhört. *Aber dann machen sich die Leute nämlich in der Regel wenigstens Gedanken.* Nicht selten kommt es vor, dass jemand, der mit dem Wort ganz schnell für ein Projekt plädiert hat („das ist unheimlich wichtig für uns"), nun Stunden darüber sitzt zu begründen, warum genau dieses Projekt so wichtig sein soll.

Natürlich gibt es Projekte, die sich kaum rechnen lassen, zum Beispiel Umweltprojekte und Ähnliches. Und trotzdem sind hier Quantifizierungen möglich. Gibt es keine Rentabilitäten im kaufmännischen Sinne, gibt es vielleicht technische Bezugsgrößen. Ausgangsfrage ist: Wie wird das Ziel, zum Beispiel Rußpartikel pro Kubikmeter Luft, am besten beziehungsweise am billigsten erreicht? Oder: Wo finden wir eine günstige Kosten/Nutzen-Relation. Denn auch hier greift jetzt wieder die oben beschriebene 80/20-Methode. Vielleicht kann man mit 20 % der Kosten 80 % der Umweltbelastung verhindern; mit 80 % der Kosten bekommt man lediglich die letzten 20 % Umweltschädigung in den Griff. Aber vielleicht kann man diese restlichen 80 % Kosten wiederum an anderer Stelle effektiver einsetzen (um dort wieder mit 20 % der Kosten 80 % Wirkungsgrad erzielen).

Auf jeden Fall muss es im Unternehmen zur Regel gemacht werden: Kein Projekt ohne Rechnung beziehungsweise ohne zumindest schlüssige Begründung!

Jetzt konkret: Projektrechenmethoden

Man muss wahrlich kein ausgebildeter Betriebswirt sein, um Projektrechenmethoden anwenden zu können. Im Folgenden einige Rechenmethoden.

- Kostenvergleichsmethode
  Man wählt das Projekt beziehungsweise die Vorgehensweise mit den geringsten Kosten.
- Rentabilitätsrechnung
  Wie rentabel ist das Projekt im Verhältnis zu den eingesetzten Mitteln?
- Amortisationsrechnung
  In welchem Zeitraum amortisieren sich die Projektkosten?
- Kapitalwertmethode
  Verzinst sich das für das Projekt eingesetzte Kapital?

Die folgenden Tabellen sind mit einem Tabellenkalkulationsprogramm leicht nachzubauen. Natürlich kann hier nur der Grundrahmen vorgestellt werden. Jedes Unternehmen wird individuell vorgehen, und jede Rechnung wird in der Praxis speziell dem Projekt angepasst. Ferner wird es hinter der Überblicksrechnung weitere Detailrechnungen geben, zum Beispiel Stunden, Anzahl Schulungen usw.

Kostenvergleichsmethode

Hier werden die Kosten eines Projektes gesammelt beziehungsweise die Kosten von mehreren Projektalternativen gegenübergestellt. Die Alternative bekommt den Zuschlag, bei der die Kosten bei vergleichbaren Leistungen am niedrigsten sind. Falls es bei den Projekten einen unterschiedlichen Leistungsumfang gibt, können die Kosten pro Leistungseinheit ermittelt werden. Beispiel: Bei einem Werbeprojekt werden die Kosten pro erreichten potenziellen Kunden ermittelt.

Diese Methode kommt zum Einsatz, wenn ein Projekt keine (im ersten Ansatz messbare) Gewinne erzielt und eine Rentabilität somit nicht errechnet werden kann. Zum Beispiel Umweltprojekte oder Softwareprojekte zur Verbesserung des innerbetrieblichen Ablaufes.

Da der Projektnutzen nicht zahlenmäßig etwa durch eine Rentabilitätskennzahl verdeutlicht wird, muss hier auf jeden Fall der qualitative Nutzen beschrieben werden, zum Beispiel Verminderung des Schadstoffausstoßes pro Kubikmeter Luft oder Verbesserung der innerbetrieblichen Information. Meist rechnet man die Kosten über die Gesamtlaufzeit des Projektes.

Projektbezeichnung: Werbeaktion Medienprodukt

Mit dieser Werbeaktion soll der Verkauf des Loseblattwerkes über
Mittelstandscontrolling gezielt gefördert werden.

	Alternativen			
	A **Mailings**	**B** **Anzeigen-** **werbung**	**C** **Telefon-** **akquise**	**Anmerkungen**
Zusätzliche Personalkosten einschl. Sozialabgaben	0	0	12.000	Alternative C: Einsatz eines ext. Mitarbeiters f. 4 Wochen
Externe Beratung	16.000	45.000	0	Einsatz einer Werbeagentur
Materialeinsatz	0	0	0	Prospekte im Bereich Administrationskosten gebucht
Schulung/Weiterbildung			4.000	Schulung eines internen Mit- arbeiters f. Telefonakquise
Entwicklungskosten	0	0	0	
Kosten aus Vorprojekten	0	0	0	
Administration, Werbung, Porto, Telekommunikation u.ä.	180.000	72.000	16.000	Druckkosten, Werbekosten, Porto- u. Telefonkosten usw.
Abschreibungen	0	0	0	
Zinsen	0	0	0	
Sonstige Kosten	8.000	5.000	7.000	Reisekosten, Bewirtung u.ä.
Risikozuschlag	10.000	10.000	10.000	Reserven
Summe	**214.000**	**132.000**	**49.000**	

Leistung: Erreichte Kunden	100.000	180.000	18.000
Kosten pro Zielkunde	2,14	0,73	2,72

Alternative C ist die kostengünstigste Werbekampagne.
Nimmt man aber die Kosten pro erreichten Zielkunden zum Kriterium, wird man sich
für die Alternative B entscheiden.
Allerdings ist immer zu prüfen, ob die Kunden, die auf diese Weise erreicht werden,
tatsächlich interessiert sind. Hier zeigt sich, dass Projektrechenmethoden in der
Praxis für eine Entscheidung nicht immer ausreichen. Jetzt ist Erfahrung gefragt.
So hat sich gezeigt, dass bestimmte Produkte am besten über Telefonakquise
verkauft werden können, obwohl dies relativ teuer ist.
Projektrechnung ist häufig nur ein Entscheidungskriterium unter anderen.

Kostenvergleichsmethode

Rentabilitätsrechnung

Die Rentabilitätsrechnung berücksichtigt neben den Kosten für das Projekt
auch die Leistungen, sprich den Gewinn. Danach ist ein Projekt dann

Projektbezeichnung:	Neues Produkt Funlife	
Das neue Produkt Funlife ergänzt die Produktlinie Sport und füllt die Lücke zwischen dem oberen und dem unteren Preissegment		
		Anmerkungen
Absatz in Stück	30.000	Geplanter Lebenszyklus: 4 Jahre
Preis brutto pro Stück	55,00	Preis soll über die Lebensdauer
Erlösschmälerungen (Rabatte usw.)	5,50	stabil bleiben, ebenso Rabatte
Preis netto pro Stück	49,50	
Summe Leistung	**1.485.000**	
Zusätzliche Personalkosten einschl. Sozialabgaben	585.000	Einstellung v. neuen Mitarbeitern
Externe Beratung	35.000	Fa. Mischke & Partner/Marketing
Materialeinsatz	280.000	Standardmaterial
Schulung/Weiterbildung	18.000	Einschulung neuer Mitarbeiter
Entwicklungskosten	160.000	Teilweise externe Entwicklung
Kosten aus Vorprojekten	73.000	Studie „Trend"
Administration, Werbung, Porto, Telekommunikation u.ä.	56.000	Im Wesentlichen Werbung
Abschreibungen	23.000	Neue Anlagen
Zinsen	32.000	Finanzierung
Sonstige Kosten	25.000	Z.B. Reisekosten/Recherchen
Risikozuschlag	30.000	Reserven
Summe Kosten	**1.317.000**	
Gewinn (Leistung – Kosten)	**168.000**	
Rentabilität (Gewinn in % zu Kosten)	**12,8%**	

Die eingesetzten Kosten verzinsen sich mit 12,8%, das heißt, die Rendite ist positiv

Rentabilitätsrechnung

vorteilhaft, wenn sich eine Verzinsung in der gewünschten Höhe ergibt. In der Praxis gibt es hier Vorgaben von der Unternehmensleitung, die sich an der Gesamtrentabilität des Unternehmens orientieren. Denn mit einem Projekt will man ja die Rentabilität eines Unternehmens nicht schmälern.

Eine Rentabilitätsrechnung kann neben der Jahresbetrachtung über die gesamte Lebensdauer des Projektes durchgeführt werden (im Beispiel über die gesamte Lebensdauer des Projektes).

Formel: Gewinn x 100 : Kosten.

Problematik: Es muss sich natürlich ein Gewinn konkret einem Projekt zuordnen lassen.

Amortisationsrechnung

Mit dieser Methode wird die Zeitdauer ermittelt, in der ein einmaliger Mitteleinsatz durch Gewinne und verdiente Abschreibung wieder zurückfließt, sich also amortisiert. Frage: Wann ist das Geld wieder „drin"?
Sind Gewinne nicht ermittelbar, nimmt man stattdessen die Kosteneinsparungen.
Am vorteilhaftesten ist das Projekt, das die kürzeste Wiedergewinnungszeit (Amortisationszeit) verspricht. So kann mittels der Amortisationsrechnung das Risiko einer Investition beurteilt werden:

Kurze Amortisationszeit = geringes Risiko

Klar, denn je schneller das Geld „wieder drin ist", umso geringer das Risiko, dass noch etwas passiert und das Projekt doch noch fehlschlägt.
Formeln:

$$\frac{\text{Kapitaleinsatz}}{\text{Gewinn + Abschreibungen pro Jahr}}$$

und/oder

$$\frac{\text{Kapitaleinsatz}}{\text{Kostenersparnis + Abschreibungen pro Jahr}}$$

Projektbezeichnung:	Neues Produkt Funlife	

Das neue Produkt Funlife ergänzt die Produktlinie Sport und füllt
die Lücke zwischen dem oberen und dem unteren Preissegment

	Jahres-betrachtung	Anmerkungen
Einmalige Projektkosten:		
– Externe Beratung	35.000	Fa. Mischke & Partner/Marketing
– Schulung/Weiterbildung	18.000	Einschulung neuer Mitarbeiter
– Entwicklungskosten	160.000	Teilweise externe Entwicklung
– Kosten aus Vorprojekten	73.000	Studie „Trend"
– Investitionen	23.000	Neue Anlagen
Summe	**309.000**	
Absatz in Stück	7.500	Geplanter Lebenszyklus: 4 Jahre
Preis brutto pro Stück	55,00	Preis soll über die Lebensdauer
Erlösschmälerungen (Rabatte usw.)	5,50	stabil bleiben, ebenso Rabatte
Preis netto pro Stück	49,50	
Summe Leistung	**371.250**	
	Jahres-betrachtung	über 4 Jahre
Zusätzliche Personalkosten einschl. Sozialabgaben	146.250	Einstellung v. neuen Mitarbeitern
Externe Beratung	0	
Materialeinsatz	70.000	Standardmaterial
Schulung/Weiterbildung	0	
Entwicklungskosten	0	
Kosten aus Vorprojekten	0	
Administration, Werbung, Porto, Telekommunikation u.ä.	14.000	Im Wesentlichen Werbung
Abschreibungen	5.750	
Zinsen	8.000	Finanzierung
Sonstige Kosten	6.250	Z.B. Reisekosten/Recherchen
Risikozuschlag	7.500	Reserven
Summe Kosten	**257.750**	
Gewinn (Leistung – Kosten)	**113.500**	
Gewinn + Abschreibungen	119.250	
Amortisationszeit in Jahren	2,6	

Amortisationsrechnung

Kapitalwertmethode

Diese Methode ist etwas komplizierter und ist sicherlich nur bei größeren Projekten sinnvoll. Im Gegensatz zu den obigen Methoden, die man statische Methoden nennt, ist dies eine sogenannte dynamische Methode. Dynamisch deshalb, weil die Zahlungen vor dem Hintergrund der Zeit berücksichtigt werden. Ein Euro, den ich erst in fünf Jahren bekomme, ist heute weniger wert. Dies wird mit dieser Methode berücksichtigt.

Es bleibt das Prinzip: Ein Projekt muss einen „Return" erwirtschaften. Somit soll mit den dynamischen Methoden entschieden werden, ob das Projekt realisiert werden soll.

Voraussetzung dieser Methoden ist wie zum Beispiel auch bei einigen statischen Methoden, dass einem Projekt Einnahmen *direkt* zugerechnet werden können, denn diese Methoden vergleichen letztlich, wenn auch finanzmathematisch etwas komplizierter, die Ausgaben eines Projektes mit den Einnahmen. Und wie überall: Sind die Einnahmen letztlich höher als die Ausgaben, kann das Projekt realisiert werden.

Grundidee der Methode: Die Grundidee kennen alle. Angenommen, ich muss in fünf Jahren einen Betrag von 20.000 Euro bezahlen beziehungsweise ausgeben. Dann muss ich diese 20.000 ja nicht schon heute aufbringen, sondern weniger, denn ich kann ja in der Zeit bis zur Fälligkeit mit dem Geld „arbeiten", mit Zins und Zinseszins. Diese 20.000 sind also heute „weniger wert". Nämlich um den abgezinsten Wert. Denn lege ich heute Geld für 6 % an, dann muss ich für diese 20.000, die in fünf Jahren fällig sind, heute lediglich 14.945 anlegen. Muss ich erst in acht Jahren zahlen, dann müsste ich heute nur 12.548 anlegen, denn ich habe jetzt länger Gelegenheit, mit diesem Wert zu arbeiten.

Denken wir umgekehrt: Wenn ich in fünf Jahren eine Zahlung von 20.000 Euro erwarte, dann darf ich heute nicht rechnen, als ob mir 20.000 zur Verfügung stehen. Auch hier muss ich den zu erwartenden Betrag auf heute abzinsen. Somit sind die in fünf Jahren erwarteten 20.000 ebenfalls heute lediglich 14.945 wert. Erwarte ich den Betrag erst in acht Jahren, dann sind 20.000 heute erst 12.548 wert.

Oder anders gesagt: Ein heute verfügbarer Betrag ist mehr wert als einer, der erst in fünf Jahren zu zahlen ist. Und eine heutige Ausgabe ist im Ergebnis schlechter für mich, als dieselbe Ausgabe erst in fünf Jahren zu tätigen (denn ich könnte ja noch fünf Jahre mit dem Geld „arbeiten").

Für die dynamische Projektrechnung bedeutet das, dass ich nicht mit den späteren Werten rechne beziehungsweise damit Projekte vergleiche. Ich rechne mit dem Wert, der mit Zins und Zinseszins gerechnet genau diesem Betrag *heute* entspricht.

Was ist der Barwert? Ich zinse den späteren Wert also auf den aktuellen Wert ab, ermittle den sogenannten *Barwert*. Der Barwert ist also die auf den aktuellen Zeitpunkt abgezinste Zahlung. Dabei kommt folgende Formel zur Anwendung:_

$$\frac{1}{(1+i)^t}$$

i = Zinssatz
t = Zeit, z.B. Jahre

Barwertermittlung

Üblich ist in diesem Zusammenhang auch das Arbeiten mit Tabellen. So finden Sie unten eine Tabelle zur Abzinsung, in der Sie die Faktoren ablesen können.

Nehmen wir obiges Beispiel: Was sind 20.000 Euro, die ich in fünf Jahren erhalte, bei 6 % Zinsen *heute* wert?

- Man gehe in die Tabelle Barwerte (Abzinsungsfaktoren)
- Man gehe in die Spalte 6 % und die Zeile fünf Jahre. Dort finden Sie den Faktor 0,747258
- Man multipliziere die 20.000 mit 0,747258. So kommt man auf den abgezinsten Wert von 14.945 (kleine Rundungsdifferenz).

Will ich jetzt 14.945 mit 6 % für fünf Jahre anlegen, muss ich wieder auf 20.000 kommen.

Was ist nun der Kapitalwert? Nun werden für die Laufzeit des Projektes Einnahmen und Ausgaben geplant. Es ergeben sich pro Jahr Überschüsse oder ggf. Fehlbeträge. Diese Werte werden nun pro Jahr abgezinst, die

Summe aller abgezinsten Werte ist der Kapitalwert. Der Kapitalwert ist also die Summe der Barwerte. Beispiel:

Kalkulationszinssatz:			6,00%		
Jahre	Einnahmen	Ausgaben	Überschüsse	Abzinsungs-faktoren	Barwerte
1	250	200	50	0,943396	47,2
2	400	280	120	0,889996	106,8
3	450	285	165	0,839619	138,5
4	450	290	160	0,792094	126,7
5	450	295	155	0,747258	115,8
					KAPITALWERT
Summe	2.000	1.350	650		**535,1**

Beispiel zur Kapitalwertberechnung

Alle Überschüsse im Laufe der Jahre von 650 sind zum heutigen Zeitpunkt 535,1 wert. Stelle ich jetzt zum Beispiel die Investitionen in das Projekt gegenüber, die ich heute für diesen Kapitalwert ausgeben müsste, dann ist dieser Wert mit dem Kapitalwert zu vergleichen. Ist diese heutige Ausgabe niedriger, zum Beispiel 450, dann lohnt sich die Investition.

Ist der Kapitalwert eines Projektes gleich 0, so wird gerade noch die gewünschte Mindestverzinsung erreicht.

Welcher Zins ist anzusetzen? Es führt regelmäßig zu Diskussionen, welcher Zinssatz zum Ansatz kommen soll.

Was häufig in der Praxis gemacht wird: Man orientiert sich am Kapitalmarkt plus Risikoaufschlag. Denn wenn eine sichere Anlage zum Beispiel 6 % bringt, wird man einen Aufschlag wollen, wenn man das Geld im Unternehmen anlegt, denn das macht man ja schließlich durch ein Projekt. Dies birgt immerhin das Risiko, das Projekt könnte schiefgehen.

Herangezogen werden in der Praxis Durchschnittsrentabilitäten vergleichbarer Projekte oder Produkte im Unternehmen oder die Branchenüblichkeit. Manche Verbände geben hier Richtzahlen für ihre Mitglieder.

Der heranzuziehende Zinsfuß muss von der Unternehmensleitung vorgegeben werden!

Vorsicht: Prognoseunsicherheiten. Was nützen die ausgefeiltesten finanzmathematischen Methoden, wenn die Zukunftsprognosen schwer zu greifen sind? Was ist zum Beispiel in fünf Jahren? Hand aufs Herz: Mit welcher Prognosegenauigkeit schätzen Sie Ihre Einnahmen aus einem Projekt in fünf Jahren ein? Es gibt also eine ganze Reihe von Unsicherheiten, es kann eine ganze Menge dazwischenkommen. Vorsicht vor Scheingenauigkeiten!

Welche Informationen braucht man?

- Grundlage aller Rechnungen ist die Feststellung der einmaligen Projektausgaben.
- Ferner die Feststellung aller Ausgaben und Einnahmen. Wichtig: Zu den Ausgaben zählen <u>nicht</u> die Abschreibungen! Diese Rechenmethode ist eine reine Cash-Betrachtung.
- Und man braucht einen Zinsfuß.

Einmalige Projektkosten		309.000	Nutzungslaufzeit		4	
Evtl. Liquidationserlöse:		0	Kalkulationszinssatz:		12,00%	
Jahr	Einnahmen	Ausgaben	Überschüsse	Abzinsungs-faktor	Barwert	
		Einmalige Kosten				
0	0	309.000	−309.000	1,000000	−309.000,0	
1	371.250	252.000	119.250	0,892857	106.473,2	
2	371.250	252.000	119.250	0,797194	95.065,4	
3	371.250	252.000	119.250	0,711780	84.879,8	
4	371.250	252.000	119.250	0,635518	75.785,5	
5	0	0	0	0,567427	0,0	
6	0	0	0	0,506631	0,0	
7	0	0	0	0,452349	0,0	
8	0	0	0	0,403883	0,0	
9	0	0	0	0,360610	0,0	
10	0	0	0	0,321973	0,0	
					KAPITAL-WERT	
Summe	1.485.000	1.317.000	168.000		53.204	

Der Kapitalwert ist positiv. Bei einem Kapitalwert von 0 hätten sich die eingesetzten Mittel mit dem gewünschten Zinssatz von 12% verzinst. So liegt die Verzinsung sogar deutlich besser.

Kapitalwertmethode

Tabelle: Barwerte (Abzinsungsfaktoren)
Eine nach x Jahren fällige Forderung von 1 EUR hat bei einem Zinssatz von x % einen Barwert von x Euro

Barwert bei einem Zinssatz von %

Laufzeit in Jahren	2,5	3,0	3,5	4,0	4,5	5,0	5,5	6,0	6,5	7,0	7,5	8,0
1	0,975610	0,970874	0,966184	0,961538	0,956938	0,952381	0,947867	0,943396	0,938967	0,934579	0,930233	0,925926
2	0,951814	0,942596	0,933511	0,924556	0,915730	0,907029	0,898452	0,889996	0,881659	0,873439	0,865333	0,857339
3	0,928599	0,915142	0,901943	0,888996	0,876297	0,863838	0,851614	0,839619	0,827849	0,816298	0,804961	0,793832
4	0,905951	0,888487	0,871442	0,854804	0,838561	0,822702	0,807217	0,792094	0,777323	0,762895	0,748801	0,735030
5	0,883854	0,862609	0,841973	0,821927	0,802451	0,783526	0,765134	0,747258	0,729881	0,712986	0,696559	0,680583
6	0,862297	0,837484	0,813501	0,790315	0,767896	0,746215	0,725246	0,704961	0,685334	0,666342	0,647962	0,630170
7	0,841265	0,813092	0,785991	0,759918	0,734828	0,710681	0,687437	0,665057	0,643506	0,622750	0,602755	0,583490
8	0,820747	0,789409	0,759412	0,730690	0,703185	0,676839	0,651599	0,627412	0,604231	0,582009	0,560702	0,540269
9	0,800728	0,766417	0,733731	0,702587	0,672904	0,644609	0,617629	0,591898	0,567353	0,543934	0,521583	0,500249
10	0,781198	0,744094	0,708919	0,675564	0,643928	0,613913	0,585431	0,558395	0,532726	0,508349	0,485194	0,463193

Barwert bei einem Zinssatz von %

Laufzeit in Jahren	8,5	9,0	9,5	10,0	10,5	11,0	11,5	12,0	12,5	13,0	13,5	14,0
1	0,921659	0,917431	0,913242	0,909091	0,904977	0,900901	0,896861	0,892857	0,888889	0,884956	0,881057	0,877193
2	0,849455	0,841680	0,834011	0,826446	0,818984	0,811622	0,804360	0,797194	0,790123	0,783147	0,776262	0,769468
3	0,782908	0,772183	0,761654	0,751315	0,741162	0,731191	0,721399	0,711780	0,702332	0,693050	0,683931	0,674972
4	0,721574	0,708425	0,695574	0,683013	0,670735	0,658731	0,646994	0,635518	0,624295	0,613319	0,602583	0,592080
5	0,665045	0,649931	0,635228	0,620921	0,607000	0,593451	0,580264	0,567427	0,554929	0,542760	0,530910	0,519369
6	0,612945	0,596267	0,580117	0,564474	0,549321	0,534641	0,520416	0,506631	0,493270	0,480319	0,467762	0,455587
7	0,564926	0,547034	0,529787	0,513158	0,497123	0,481658	0,466741	0,452349	0,438462	0,425061	0,412125	0,399637
8	0,520669	0,501866	0,483824	0,466507	0,449885	0,433926	0,418602	0,403883	0,389744	0,376160	0,363106	0,350559
9	0,479880	0,460428	0,441848	0,424098	0,407136	0,390925	0,375428	0,360610	0,346439	0,332885	0,319917	0,307508
10	0,442285	0,422411	0,403514	0,385543	0,368449	0,352184	0,336706	0,321973	0,307946	0,294588	0,281865	0,269744

Barwert bei einem Zinssatz von %

Laufzeit in Jahren	14,5	15,0	15,5	16,0	16,5	17,0	17,5	18,0	18,5	19,0	19,5	20,0
1	0,873362	0,869565	0,865801	0,862069	0,858369	0,854701	0,851064	0,847458	0,843882	0,840336	0,836820	0,833333
2	0,762762	0,756144	0,749611	0,743163	0,736798	0,730514	0,724310	0,718184	0,712137	0,706165	0,700268	0,694444
3	0,666168	0,657516	0,649014	0,640658	0,632444	0,624371	0,616434	0,608631	0,600959	0,593416	0,585998	0,578704
4	0,581806	0,571753	0,561917	0,552291	0,542871	0,533650	0,524624	0,515789	0,507139	0,498669	0,490375	0,482253
5	0,508127	0,497177	0,486508	0,476113	0,465983	0,456111	0,446489	0,437109	0,427965	0,419049	0,410356	0,401878
6	0,443779	0,432328	0,421219	0,410442	0,399986	0,389839	0,379991	0,370432	0,361152	0,352142	0,343394	0,334898
7	0,387580	0,375937	0,364692	0,353830	0,343336	0,333195	0,323396	0,313925	0,304770	0,295918	0,287359	0,279082
8	0,338498	0,326902	0,315751	0,305025	0,294708	0,284782	0,275231	0,266038	0,257189	0,248671	0,240468	0,232568
9	0,295631	0,284262	0,273377	0,262953	0,252969	0,243404	0,234239	0,225456	0,217038	0,208967	0,201228	0,193807
10	0,258193	0,247185	0,236690	0,226684	0,217140	0,208037	0,199352	0,191064	0,183154	0,175602	0,168392	0,161506

Tabellen zur Kapitalwertmethode

Und für alle Methoden nochmals der Hinweis: Nur mit den zusätzlichen Kosten für das Projekt rechnen. *Nicht mit Kosten, die Sie unabhängig vom Projekt sowieso an Bord haben* (es sei denn, ohne Projekt würden diese jetzt wegfallen). Diese zusätzlichen Kosten können sein:

* Zusätzliches eingestelltes Personal beziehungsweise Überstunden des vorhandenen Personals
* Kosten für externe Beratung
* Materialkosten, Energie- und sonstige zusätzliche Kosten des Projektes (zum Beispiel Reisekosten, Seminarkosten)
* Rechte, Patente, Lizenzen
* Abschreibungen und Zinsaufwendungen für Anlagen, die für das Projekt angeschafft wurden.

Projektnachkalkulation

Und was sehr gern vergessen wird: die Projektnachkalkulation. Ohne Nachrechnung wissen Sie nicht, ob Ihre Kalkulation aufgegangen ist. Sind die Schadstoffe zurückgegangen, ist der Umsatz gestiegen, sind die Projektkosten eingehalten worden usw. Dabei ist die Nachkalkulation so einfach. Basis ist die Projektrechnung, die man um die nun vorliegenden Istdaten ergänzt. Aber warum geschieht diese Nachkalkulation so selten? Es tut manchmal weh, die Wahrheit zu sehen. Da sind die Kosten aus dem Ruder gelaufen, die Effekte nicht eingetreten. Und irgendjemand ist verantwortlich und der möchte die Wahrheit schon gar nicht sehen. Projektnachkalkulation ist der Job des Projektcontrollers (besser nicht den Projektverantwortlichen den Erfolg des Projektes rechnen lassen).

Bei der Analyse einer Projektnachkalkulation erfährt man ein ganzes Stück Unternehmenskultur:

* Sind negative Abweichungen zur Vorkalkulation mit Schuldzuweisungen verbunden oder sind sie Anlass für einen Lernprozess für alle?
* Gibt es immer nur positive Abweichungen, zieht man sich offensichtlich im Unternehmen regelmäßig zu warm an? Projekte werden nicht realistisch gerechnet, denn nur positive Abweichungen gibt es bei objektiver Rechnung nicht durchgängig. Warum wird im Unternehmen nicht realistisch gedacht?

Projektbezeichnung:	Werbeaktion Medienprodukt			
Mit dieser Werbeaktion soll der Verkauf des Newsletters über Mittelstandscontrolling gezielt gefördert werden.				
	Geplante Kosten	Ist-Kosten	Abwei-chungen	Anmerkungen
Zusätzliche Personalkosten einschl. Sozialabgaben	12.000	14.500	–2.500	Mehrausgaben f. ext. Mitarb.
Externe Beratung	0	12.000	–12.000	Ungeplante ext. Beratung
Materialeinsatz	0	0	0	
Schulung/Weiterbildung	4.000	1.500	2.500	Schulung durch ext. Beratung
Entwicklungskosten	0	0	0	
Kosten aus Vorprojekten	0	0	0	
Administration, Werbung, Porto, Telekommunikation u.ä.	16.000	22.000	–6.000	Erhöhte Telefonkosten
Abschreibungen	0	0	0	
Zinsen	0	0	0	
Sonstige Kosten	7.000	2.300	4.700	Einsparung Reisekosten
Risikozuschlag	10.000	0	10.000	Wurde teilweise verbraucht
Summe	49.000	52.300	–3.300	
Leistung: Erreichte Kunden	18.000	16.300	1.700	
Kosten pro Zielkunde	2,72	3,21	–0,49	

Projektnachkalkulation

- Wird ein Projekterfolg entsprechend „von oben" gewürdigt, oder werden gute Projektleistungen ignoriert und als selbstverständlich hingenommen?

Außerdem hilft die Nachkalkulation zu erkennen, was beim Projekt gut gelaufen ist und welche Erkenntnisse man möglicherweise auf andere Projekte übertragen kann.
Vor der Nachkalkulation muss aber das Projekt während seiner Laufzeit kostenrechnerisch begleitet werden.

Kostenrechnung in Projekten

Man kennt Kostenrechnung als Teil des betrieblichen Rechnungswesens. Wir wollen das hier nicht vertiefen: Nur so viel: In der klassischen Kostenrechnung geht es um folgende Fragen:

Welche Kosten sind entstanden (Kostenartenrechnung)

Diese Ausgangsfrage wird zunächst in der Buchhaltung beantwortet. Die Kosten der Buchhaltung werden von der Kostenrechnung übernommen und bei Bedarf modifiziert, zum Beispiel um die sogenannten kalkulatorischen Kosten (das sind Kosten, etwa kalkulatorische Zinsen, die in der Buchhaltung nicht anfallen, aber in der Kostenrechnung aus betriebswirtschaftlichen Gründen angesetzt werden).

Wo sind die Kosten entstanden (Kostenstellenrechnung)

Die angefallenen Kosten werden auf die Kostenstellen, die Orte der Kostenverursachung, verteilt. Jeder ist für seine Kosten verantwortlich.

Wofür sind die Kosten entstanden (Kostenträgerrechnung)

Kosten fallen für Leistungen an, zum Beispiel für Produkte oder Dienstleistungen. In der Kostenträgerrechnung werden nun die Kosten *verursachungsgerecht* auf zum Beispiel die Produkte (Kostenträger) kalkuliert. Im Zeitablauf stellt man fest, ob sich ein Produkt gelohnt hat (Artikelergebnisrechnung).

Diese kostenrechnerischen Fragen werden auf das Projekt übertragen. Ein Projekt kann wie ein Unternehmen auf Zeit betrachtet werden, und somit kommen auch die betriebswirtschaftlichen Methoden – wie hier die Kostenrechnung – zum Einsatz. Man will wissen, was das Projekt kostet. Und das nicht erst am Ende der Laufzeit, sondern schon während der Projektlaufzeit. Vielleicht läuft ja etwas aus dem Ruder. So gibt es zum Beispiel heutzutage in allen Buchhaltungsprogrammen die Möglichkeit, Leistungen und Kosten mittels eines Projektschlüssels dem Projekt zuzuordnen. Und die Projekte können wiederum einem Kostenträger, also zum Beispiel einem Produkt zugeordnet werden. Somit kommt man mit der Projektkostenrechnung zu klaren Kostenaussagen für das Projekt.

Häufig findet man in der Praxis in diesem Zusammenhang einen Projektkostenbericht (bei Projekten ohne Einnahmen) oder einen Projektbericht, der regelmäßig, zum Beispiel vierteljährlich erstellt wird.

PROJEKTBERICHT	Berichtszeitraum:
Bezeichnung: Neues Produkt Funlife	Juni 2007
Nr.: 3/2007	

Kurzbeschreibung des Projektes:

Das neue Produkt Funlife ergänzt die Produktion Sport und füllt die Lücke zwischen dem oberen und dem unteren Preissegment

Quantitatives Ziel:	Rentabilität von deutlich über 10%
Qualitatives Ziel:	---
Einmalige Ausgaben	309 TEuro
Kosten:	1.317 TEuro
Projektstart:	Juni 2007
Vorauss. Ende:	Juni 2009

In 1.000 Euro	Plan ges.	Plan Juni	Ist Juni	Abw. abs.	%	Hoch- rechn.
Nettoumsatz	1.485	371	323	48	13%	1.300
Personalkosten	585	146	152	-6	-4%	600
Beratung	35	35	35	0	0%	35
Materialkosten	280	70	60	10	14%	235
Sonstiges	417	293	274	19	6%	365
Summe Kosten	1.317	544	521	23	4%	1.235
Ergebnis	**168**	**-173**	**-198**	**25**	**-14%**	**65**

Abweichungsanalyse:

– Durch Kündigung eines Großkunden wird der geplante Gesamtumsatz nicht erreicht
– Entsprechend reduzieren sich die Materialkosten
– Die Personalkosten sind im wesentlichen fix. Leichte Erhöhung durch absehbare Überstunden

    Weitere Details im Projektcontrolling

Maßnahmen:

– Gespräche zwecks Wiedergewinnung mit dem ehemaligen Kunden sind geplant
– Durch interne Optimierung sollen Überstunden vermieden werden

Datum: 15. Juni 2007

Projektleiter: M. Schulze/Projektcontrolling

Projektbericht

Basis derartiger Berichte sind wiederum detailliertere Projektberichte, die zu einem Plan/Istvergleich ausgebaut sind. Hier wird dem Plan das jeweilige Ist gegenübergestellt. Nächster Schritt: Analyse, was ist passiert?

Projektbezeichnung:	Neues Produkt Funlife					
Das neue Produkt Funlife ergänzt die Produktlinie Sport und füllt die Lücke zwischen dem oberen und dem unteren Preissegment						
	Plan gesamt	Plan Juni 2007	Ist Juni 2007	Abweichung absolut	%	Hoch- rechnung
Absatz in Stück	30.000	7.500	6.525	975	13,0%	26.260
Preis brutto pro Stück	55,00	55,00	55,00	0	0,0%	55,00
Erlösschmälerungen (Rabatte usw.)	5,50	5,50	5,50	0	0,0%	5,50
Preis netto pro Stück	49,50	49,50	49,50	0	0,0%	49,50
Summe Leistung	1.485.000	371.250	322.988	48.263	13,0%	1.299.870
Zusätzliche Personalkosten einschl. Sozialabgaben	585.000	146.250	152.300	-6.050	-4,1%	600.000
Externe Beratung	35.000	35.000	35.000	0	0,0%	35.000
Materialeinsatz	280.000	70.000	60.100	9.900	14,1%	235.000
Schulung/Weiterbildung	18.000	18.000	16.200	1.800	10,0%	16.200
Entwicklungskosten	160.000	160.000	157.600	2.400	1,5%	157.600
Kosten aus Vorprojekten	73.000	73.000	73.000	0	0,0%	73.000
Administration, Werbung, Porto, Telekommunikation u.ä.	56.000	14.000	9.900	4.100	29,3%	48.000
Abschreibungen	23.000	5.750	5.750	0	0,0%	23.000
Zinsen	32.000	8.000	8.000	0	0,0%	32.000
Sonstige Kosten	25.000	6.250	3.200	3.050	48,8%	15.000
Risikozuschlag	30.000	7.500	0	7.500	---	0
Summe Kosten	1.317.000	543.750	521.050	22.700	4,2%	1.234.800
Gewinn (Leistung - Kosten)	168.000	-172.500	-198.063	25.563	14,8%	65.070
Rentabilität (Gewinn in % zu Kosten)	12,8%	-31,7%	-38,0%			5,3%

Projektbericht

Und immer mal wieder eine Hochrechnung machen

Ferner empfiehlt sich eine Projekthochrechnung. Hier wird gefragt: Wo werden wir am Ende des Projektes landen? Denn eines ist fix, und das ist der Plan. Man kann nicht sagen: Dummerweise ist die Realität eine andere als angenommen und wir konnten schließlich nicht wissen, dass ein besonderes Ereignis eingetroffen ist. Also ändern wir den Plan um die Dinge, die wir nicht vorhersehen konnten. Nein, so nicht! Der Plan ist sozusagen heilig. Ist die Realität eine andere, gibt es eben Abweichungen. Und die müssen analysiert werden. Abweichungen sollen Lerneffekte auslösen. Auf der anderen Seite erkennen wir durch die Realität, dass der Projektplan vielleicht nicht eingehalten werden kann. Jetzt wollen wir aber wissen, wie das Projektergebnis in Abweichung zum Plan ausfallen wird. Also wird eine Hochrechnung gemacht. Auf Basis des aufgelaufenen Ist und unter Hinzunahme unserer Erfahrungen machen wir eine Prognose. Und auch diese wird analysiert. Kann man den Ursprungsplan vielleicht doch noch halten? An welchen Rädchen müssen wir jetzt drehen, um vielleicht noch zu retten, was zu retten ist? Oder wir können uns nach der Hochrechnung beruhigt zurücklehnen, alles läuft planmäßig.

Hochrechnung: Damit man am Ende keine Überraschungen erlebt!

Projektkennzahlen: Sich schnell den Überblick verschaffen

Gibt es im Unternehmen mehrere Projekte, will man sich schnell mal einen Überblick verschaffen. Jetzt geht es nicht mehr um die letzten Details (die an anderer Stelle sowieso zur Verfügung stehen). Manchmal ist es auch recht sinnvoll, sich die Projekte einmal mit ein bißchen Abstand und im Vergleich anzuschauen. Dafür sind Kennzahlen nützlich, die wesentliche Projektdaten zusammenfassen. Kennzahlen setzten sich immer aus mindestens zwei Zahlen zusammen und bringen diese ins Verhältnis. Das schafft Transparenz.

- Es gibt eine Fülle von Kennzahlen. Bitte nie übertreiben und keine sogenannten „Zahlenfriedhöfe" schaffen, die sich dann letztlich niemand mehr anschaut.

Man kann Projektkennzahlen zum Beispiel aus zwei Blickrichtungen betrachten.

1. **Einmal im Zeitvergleich, zum Beispiel über alle Projekte**
2. **Oder die laufenden Projekte des Jahres im Detail**

Welche Kennzahlen können nützlich sein (eine Auswahl, mit denen die Autoren regelmäßig arbeiten):

Realisierungsgrad der Projekte im Verhältnis zum Budgetverbrauch

Wenn das Projekt erst zu 30 % realisiert ist, aber schon 70 % der Kosten verbraucht sind, sollte man zumindest nervös werden und in die Analyse gehen. Vielleicht liegt diese Relation ja noch im Plan, aber derartige Ungleichgewichte lassen aufhorchen.

Anteil der Projekte an den Unternehmenskosten beziehungsweise am Unternehmensumsatz

Bei vielen Unternehmen, zum Beispiel in Ingenieurbüros, machen Projekte einen großen Umsatz- und Kostenanteil aus. Aber auch in Unternehmen, deren Tagesgeschäft nicht das Projektgeschäft ist, haben Projekte in den letzten Jahren zugenommen und ihr Anteil wächst. Diese Entwicklungen sind im Auge zu behalten. So ist zum Beispiel einmal in einem normalen Fertigungsunternehmen der Projektkostenanteil an den Gesamtkosten innerhalb von drei Jahren von 1 % auf 6 % gestiegen. Derartige Entwicklungen sind zu analysieren. Stimmt zum Beispiel der interne Ablauf nicht mehr und sind Projekte die Feuerwehr um Schlimmes zu verhindern? Oder laufen Projekte kostenmäßig mehr und mehr aus dem Ruder? Oder hat überhaupt niemand mehr den Überblick? Oder ist es der Ausdruck einer dynamischen Entwicklung des Unternehmens, das mit Projekten die Zukunft gestaltet?

Gebundenes Personal in Projekten

Eine wichtige Kennzahl. Wie viel des vorhandenen Personals ist durch Projekte gebunden (und kommt so zu nichts anderem mehr)? Die Interpretation ist wichtig. Endlich haben wir die Leute so weit, dass sie kreativ in Projekten arbeiten. Oder: Es kann doch nicht sein, dass 10 % unserer Leute durch Projekte gebunden sind. Was machen die da?

Projektkennzahlen im Zeitvergleich

Projektrealiserung/Projektbudget			
	2005	2006	Aktuell 2007
Fertigstellungsgrad	100%	100%	49%
Verbrauchtes Budget	104%	96%	57%
Differenz	-4%	4%	-8%
Steigerung im negativen Sinne			

Kosten-/Umsatzanteil von Projekten			
	2005	2006	Aktuell 2007
Kostenanteil absolut	480.000	513.000	730.000
Kostenanteil in %	1,2%	1,3%	1,9%
Umsatzanteil absolut	1.430.000	680.000	1.785.000
Umstzanteil in %	3,2%	1,5%	4,0%
Der Anteil der Projekte nimmt zu			

Gebundenes Personal			
	2005	2006	Aktuell 2007
Gebundene Tage	730	830	1137
entspricht in „Köpfen"	3,56	4,05	5,50
in % Gesamtpersonal	0,91%	1,04%	1,42%
Der Anteil des gebundenen Personals steigt (dafür geht der Aufwand für externe Beratung zurück)			

Risikoprojekte			
	2005	2006	Aktuell 2007
Kaum Risiko	12.000	20.000	5.000
Mittleres Risiko	0	35.000	30.000
Hohes Risiko	65.000	140.000	90.000
Summe	77.000	195.000	125.000

Risikoprojekte	1 = Sicheres Projekt		
	2 = Es kann Probleme geben		
	3 = Projekt wird wahrscheinlich scheitern		
	2005	2006	Aktuell 2007
Bewertung	1,8	1,3	1,6

Kostenanteil externe Beratung			
	2005	2006	Aktuell 2007
Gesamtkosten	480.000	513.000	730.000
Externe Beratung	296.000	232.000	205.000
% externe Beratung	62%	45%	28%
Der Anteil der externen Beratung geht zurück			

Projektkennzahlen

Details laufendes Jahr

Projektrealiserung/Projektbudget

	Projekt A	Projekt B	Projekt C	Projekt D	Projekt E	Summe
Fertigstellungsgrad	80%	40%	50%	60%	15%	**49%**
Verbrauchtes Budget	73%	65%	50%	80%	17%	**57%**
Differenz	7%	–25%	0%	–20%	–2%	**–8%**

Kritisch sind die Projekte B und D

Kosten-/Umsatzanteil von Projekten lt. Plan

	Projekt A	Projekt B	Projekt C	Projekt D	Projekt E	Summe
Kostenanteil absolut	70.000	230.000	80.000	320.000	30.000	**730.000**
Kostenanteil in %	0,2%	0,6%	0,2%	0,8%	0,1%	**1,9%**
Umsatzanteil absolut	105.000	680.000	---	1.000.000	---	**1.785.000**
Umstzanteil in %	0,2%	1,5%	---	2,2%	---	**4,0%**

Kosten Gesamtunternehmen	39.000.000EUR
Umsatz Gesamtunternehmen	45.000.000EUR

Gebundenes Personal lt. Plan

	Projekt A	Projekt B	Projekt C	Projekt D	Projekt E	Summe
Gebundene Tage	22	400	205	500	10	**1137**
entspricht in „Köpfen"	0,11	1,95	1,00	2,44	0,05	**5,5**
in % Gesamtpersonal	0,03%	0,50%	0,26%	0,63%	0,01%	**1,42%**

Personalstand	390	**In Summe sind 5,5 Mitarbeiter im Unternehmen**
Arbeitstage pro Kopf	205	**durch Projekte gebunden**
Arbeitstage gesamt	79.950	

Risikoprojekte — Kriterium: Entweder Kostenüberschreitung oder Umsatzunterschreitung

	Projekt A	Projekt B	Projekt C	Projekt D	Projekt E	Summe
Kaum Risiko	5.000		0		0	**5.000**
Mittleres Risiko				30.000		**30.000**
Hohes Risiko		90.000				**90.000**
Summe						**125.000**

Risikoprojekte	1 = Sicheres Projekt
	2 = Es kann Probleme geben
	3 = Projekt wird wahrscheinlich scheitern

	Projekt A	Projekt B	Projekt C	Projekt D	Projekt E	Summe
Bewertung	1	1	2	1	3	**1,6**

Kostenanteil externe Beratung

	Projekt A	Projekt B	Projekt C	Projekt D	Projekt E	Summe
Gesamtkosten	70.000	230.000	80.000	320.000	30.000	**730.000**
Externe Beratung	0	130.000	40.000	35.000	0	**205.000**
% externe Beratung	0%	57%	50%	11%	0%	**28%**

Projektkennzahlen

Risikosumme: Bewertetes Risiko pro Projekt und über alle Projekte

Hier wird gezeigt, wie hoch die möglichen finanziellen Risiken sind. Vorsicht bei Steigerungen und die Frage klären: Warum nehmen die Risiken zu?

Projektmix: Anzahl kritischer Projekte zur Gesamtprojektanzahl

Hat man viele Projekte, wird es immer kritische Projekte geben. Kritisch ist ein Projekt dann, wenn die Wahrscheinlichkeit des Scheiterns sehr hoch ist.

Anteil externer Beratung in Projekten

Manche Unternehmen „verjubeln" ein Vermögen mit externer Beratung. Da lohnt es sich schon einmal, ein kritisches Auge auf diese Kennzahl zu werfen. Denn es ist ja so schön einfach, statt selbst aktiv zu werden, sich die Arbeit von anderen machen zu lassen. Ob die externen Berater immer die nötige Kompetenz mitbringen, ist manchmal die Frage. Auf jeden Fall Vorsicht, wenn der Anteil steigt.

Zehn Gebote für effektives Projektcontrolling

Damit das Projektcontrolling klappt, müssen einige Grundvoraussetzungen erfüllt sein. Es gibt eine Fülle von Forderungen, aber im Laufe der Zeit haben sich einige wesentliche Anforderungen herausgeschält. Was ist wichtig?

1. **Das Projektziel muss herausfordernd und erreichbar sein**
   Das Projektziel muss eine gewisse Anspannung haben. Auch mal ein bisschen sportlicher Ehrgeiz darf dabei sein. Aber ganz wichtig: Es muss erreichbar sein. Nichts ist demotivierender als die Erkenntnis, dass trotz aller Anstrengungen das Projektziel einfach nicht zu schaffen ist.
2. **Es darf nur einen Terminplan geben**
   Falsch ist: Einen Plan für den Projektleiter, einen für die Ausführenden, einen für den Kunden usw. Es gibt einen Plan und der ist für alle verbindlich. Ende der Durchsage!
3. **Die Einhaltung der Kosten/Termine gilt als Ziel, nicht deren Über-/Unterschreitungen**
   Natürlich ist es schön, wenn Termine und Kosten unterschritten werden. Aber wird dies als absolut anzustrebendes Ziel hingestellt, besteht die

Gefahr, dass man sich „zu warm anzieht", man plant sich komfortable Sicherheiten ein. Deswegen: Ziel ist die Planerreichung!

4. **Wer die Projektziele erfüllen soll, muss auch bei deren Erarbeitung dabei sein**
   Nur wenn man in die Planung einbezogen ist, wird man sich mit ihr identifizieren. Also bitte keine Vorgaben über die Köpfe der Leute hinweg, die letztlich die Arbeit machen müssen.

5. **Hinter den Zielen müssen Maßnahmen stehen**
   Ach wie schön sind manchmal Projektziele. Bei der Frage, wie diese erreicht werden, platzt so manche Seifenblase. Deswegen in einer ganz frühen Projektphase gleich Maßnahmen planen.

6. **Das Ist muss wie der Plan gebucht werden**
   Um den Projektfortschritt realistisch einschätzen zu können, muss das spätere Ist mit dem Plan vergleichbar sein. Und bitte keine Kosten vergessen oder gar irgendwo hineinschummeln.

7. **Plan/Istvergleiche soll der Projektverantwortliche erhalten**
   Wer verantwortlich ist, bekommt die Zahlen – und nicht etwa nur die Unternehmensleitung.

8. **Die Planung wird während der Projektdauer nicht geändert**
   Egal was passiert, der Plan ist der Plan. Kommt alles anders, macht man eine Hochrechnung.

9. **Werden gewisse Meldegrenzen überschritten, muss „nach oben" berichtet werden**
   Ein Projekt bewegt sich im gewissen Rahmen und wird von den Verantwortlichen eigenverantwortlich gemanagt. Wird die Lage aber zu kritisch, wird unter Umständen die vorgesetzte Stelle benachrichtigt. Wann, das muss definiert werden.

10. **Abweichungen sind keine Schuldbeweise, sondern Anlass für einen Lernprozess**
    Manche sagen: Dieser Satz ist das „Wort zum Sonntag" und meist die reine Theorie. Trotzdem, Ziel soll sein, mit Abweichungen konstruktiv umzugehen. Was ist falsch gelaufen, was muss zukünftig passieren, dass derartige Abweichungen nicht mehr geschehen?
    Frage an Ihre Unternehmenskultur: Wie gehen Sie mit Fehlern um?

7. Projektsanierung

Was schiefgehen kann, geht schief

Vor dem konkreten Krisenmanagement soll zunächst untersucht werden, welche Fehler häufig gemacht werden. Vielleicht finden Sie an der einen oder anderen Stelle Ihr Unternehmen wieder. Hoffentlich nicht so oft. Und wenn Sie die folgenden Dinge beachten, muss es vielleicht gar nicht zum Krisenmanagement kommen. Denn wir wollen nicht den Vorwurf hören: „Ihr sagt uns zwar, was man machen kann, wenn das Kind in den Brunnen gefallen ist, aber besser wäre es doch, uns zu sagen, wie man das überhaupt verhindern kann." Bewusst haben wir deshalb möglichen Fehlern zunächst breiten Raum gewidmet.

Die häufigsten Fehler: Warum Projekte schiefgehen

Im Laufe des Berufslebens erlebt man viele dumme Dinge, aber am dümmsten ist es, wenn man denselben Fehlern immer wieder begegnet. Und so wollen wir diese immer wieder erlebten Gründe für ein Scheitern im Folgenden schildern.

Was ist dumm gelaufen? Regelmäßig fragt man sich bei einem gescheiterten oder notleidenden Projekt, warum etwas schiefgelaufen ist. Dies betrifft Projekte mit und ohne externen Beratereinsatz. Die Erfahrung hat gezeigt, dass Projekte mit Beratereinsatz genauso schieflaufen können wie andere. Es gibt hier keine Versicherungen. Im Folgenden sieben Thesen, warum Projekte scheitern:

1. These: Es gibt keine konkreten Projektziele
Manchmal heißt das Projektziel schlicht: Einführung eines Produktes oder Verbesserung der innerbetrieblichen Organisation. Dies ist viel zu schwammig formuliert. Projektziele müssen ausformuliert sein, zum Beispiel

„Das Produkt Sunrise ersetzt das Produkt Starshine im mittleren Preissegment und soll eine Rendite von 12 % erwirtschaften. Die Projektkosten sollen sich in drei Jahren amortisiert haben."
Projektziele müssen auch konkret den Leistungsumfang zum Beispiel des neuen Produktes enthalten. Ist das Projektziel anständig definiert, wissen die Produktverantwortlichen, was das Projekt können muss, das Projektcontrolling, auf welche ökonomischen Rahmenbedingungen es zu achten hat.

2. These: Einzelprojekte werden isoliert gesehen
Ein Projekt muss man in das Unternehmen eingebunden sehen. Auch wenn es zum Beispiel als Controllingprojekt definiert ist, gibt es immer Verbindungen zu anderen Projekten. Vielleicht läuft parallel ein Logistikprojekt. Schlecht, wenn man hinterher feststellt, dass man nebeneinanderher gearbeitet hat. Frage also: Gibt es eine übergreifende Projektplanung?

3. These: Übertriebene Orientierung am Ist- oder Sollzustand
Probleme gibt es, wenn man sich zu sehr am Istzustand oder aber am Sollzustand orientiert und den Benutzerbedarf verkennt.
Übertriebene Orientierung am Istzustand: Man bewegt nichts. Beispiel: Bei einer Überarbeitung des Controllingsystems eines Unternehmens wurden zwar Mängel im Berichtswesen festgestellt, aber mit Rücksicht auf die „Gewohnheiten" der Unternehmensleitung kam es nicht zu Verbesserungen. Zwar gab es eine Reihe von Sollvorschlägen, aber alle mussten mit dem bisherigen Ist zusammenpassen beziehungsweise Veränderungen mussten sich im engen Istrahmen bewegen. So kommt man nicht zu wesentlichen Fortschritten.
Übertriebene Orientierung am Sollzustand: Man bewegt auch nichts. Beispiel: In einem Konzern wollte man ein neues aufgenommenes Unternehmen sofort von null auf hundert bringen, von einem kaum vorhandenen Controlling gleich zu einem ausgebauten System auf dem neuesten Stand der Wissenschaft. Ergebnis: Zwar lieferte das neue Unternehmen brav die Zahlen (die Software spuckte jedes Detail aus) an die Konzernzentrale, aber intern wurde nicht mit den Zahlen gearbeitet. Alles lief wie bisher. Derartige Problem sind natürlich auch Probleme in der Unternehmens- beziehungsweise Führungskultur.

4. These: Die Projektsicht liegt nur auf der Software

Software ist oft notwendige Voraussetzung für eine Projekt, macht sie aber **nie(!)** allein aus. Viele denken, wenn sie ein Softwarepaket gekauft haben, haben sie das Problem erschlagen. Ein Irrtum, den man **regelmäßig** in der Praxis wiederfindet. Kaum verständlich, ist aber so. Letztlich ist es viel wichtiger, sich zunächst über die inhaltlichen Anforderungen im Klaren zu sein. Die Software ist dann „nur" noch ein technisches Problem.

Oder was auch passiert: Man beherrscht zwar durch teilweise teure Schulungen die Software und trotzdem kann niemand einen Nutzen feststellen. Die Schuld bekommt dann oft der Softwarehersteller. Man meint, das Scheitern, der nicht erkennbare Nutzen des Projektes liegt an der Software. Dass man vielleicht nur die Software mangels betriebswirtschaftlichen Know-hows nicht richtig nutzt, wird übersehen.

Fazit: Es gibt nichts auf Knopfdruck. Denken muss man selbst.

5. These: Es fehlt eine wirksame Projektkontrolle

Projekte müssen begleitet werden. Inhaltlich und kostenmäßig. Es müssen sogenannte Meilensteine gesetzt werden, Teilziele müssen nachgehalten werden. Es muss eine Art Projektfrühwarnsystem eingeführt werden. Dies betrifft zum einen die Frage, ob die inhaltlichen Ziele sichergestellt beziehungsweise noch realistisch sind, zum anderen, ob die Software noch zu den Zielen passt und ob alles gemeinsam noch im vereinbarten Kostenrahmen läuft.

6. These: Die Mitwirkung oder Qualifikation der Beteiligten reicht nicht aus

Projekte erfordern den ganzen Einsatz. Halbherzigkeit schadet dem Projekt. Das bedeutet, dass die späteren Anwender am Projekt intensiv mitwirken müssen. Bei externem Beratereinsatz heißt Mitwirken auch Zusammenwirken. Manchmal scheitert ein Projekt auch, weil man sagt (oder zumindest denkt), dass die externe Beratung teuer genug ist, dann sollen die Berater auch die Arbeit machen.

In der Praxis erlebt man auch, dass die Qualifikation der Beteiligten nicht ausreicht (was leider auch manchmal bei Beratern vorkommt). Bei der Qualifikation geht es im Wesentlichen um zwei Kernpunkte: Um fachspezifisches Know-how und um EDV-Know-how. Häufig wird beklagt, dass sich

Fachleute über ein bestimmtes Thema zwar exzellent in der fachlichen Materie auskennen, aber über die Anwendung vielleicht eines Tabellenkalkulationsprogramms keine weiteren EDV-Kenntnisse haben. Den umgekehrten Fall gibt es aber auch. Die EDV-Freaks können auf jeder Hard- und Software klimpern, kennen aber gar nicht die relevanten Fachfragen.

7. These: Projektergebnisse werden nicht ausreichend geprüft beziehungsweise getestet

Zwar wird es bei Projekten mit neuer Software immer eine Testphase mit abschließender Abnahme geben, aber manche Probleme ergeben sich erst im laufenden Betrieb und man stellt fest, dass die sogenannten Integrationstests nicht ausreichend waren. Zwar läuft die Software separat wunderbar, aber das Zusammenwirken inhaltlicher und zeitlicher Art mit anderen Systemen hat Mängel. So kann zum Beispiel die Übernahme von Materialverbrauchsdaten aus der Materialabrechnung nicht controllinggerecht sein, soll heißen, die Daten werden vielleicht nicht periodengerecht übergeben. Wenn es sich jetzt erst herausstellt, dass eine Schnittstelle nicht passt, wurde schlicht fahrlässig gearbeitet. Alles nichts Neues in der Praxis, alles passiert.

Wo und wie passieren sonst noch Fehler?

Im Laufe des Tagesgeschäftes kommen wir gar nicht mehr dazu, uns in Ruhe zu fragen, warum eigentlich das eine oder andere schiefgelaufen ist. Wie heißt es so schön: Probleme müssen gelöst werden. Das ist richtig, aber es müsste ergänzt werden durch: An Problemen muss gelernt werden. Man muss sich also erst einmal fragen, warum Fehler aufgetreten sind. Nicht umsonst sind mittlerweile Bahn und Flugzeug die sichersten Verkehrsmittel. Seit Jahren wird bei jedem Fehler (Unfall) systematisch nach den Ursachen gesucht. Beim Projektmanagement im Unternehmen tut man das häufig nicht. Man „wuselt" weiter – und der Fehler passiert noch einmal.

Im Folgenden wird untersucht, welche Problemarten es gibt. Es liegt auf der Hand, dass die Problemarten sich teilweise überschneiden. Aber wenn alles ganz eindeutig abgrenzbar wäre, hätte man für jedes Problem eine Schublade. Und ist Schubladendenken nicht auch schon wieder ein Problem?

Zielloses Handeln

Man frage sich einmal aus eigener Berufserfahrung: Sind diejenigen, die immer als Erste kommen und als Letzte gehen, immer die produktivsten Mitarbeiter? Viele „werkeln und wuseln", Ergebnisse sind aber nicht erkennbar.

Andere konzentrieren sich lediglich auf die Dinge, wo ihre Kompetenz oder Interessen liegen. So bekam ein leitender Mitarbeiter im Vertrieb, der für den Service verantwortlich war, zusätzlich die Aufgabenstellung „Projektbetreuung der Vertriebsprojekte". Brav machte er seine Serviceaufgaben im alten Maß weiter, die Projekte wurden aber vernachlässigt. Oder wer kennt nicht die PC-Freaks, die jedes Detail kennen, aber kaum noch wissen, wofür man es überhaupt noch anwenden kann. Der PC ist das Mittel, nicht der Zweck.

Gegen dieses Problem kann man letztlich ganz einfach gegensteuern: sich ein Ziel setzen und ausgehend von diesem Ziel nach unten in die Details gehen. Top down denken!

Das Problem ist schlecht formuliert

Was als Problem definiert ist, ist es gar nicht. So wird bei Problemen in Projekten häufig der Datenverarbeitung die Schuld zugeschoben, und das Problem wird als EDV-Problem gesehen. Dabei sind es Know-how-Probleme der Mitarbeiter, die ihre Anforderungen nicht eindeutig formulieren können. Also immer fragen: Was ist der Kern des Problems?

Einseitige Schwerpunktsetzung, Problemverengung

Immer wieder gibt es die Mitarbeiter, die sagen: Wenn wir genau den einen Punkt machen würden, dann wäre alles ganz einfach und gelöst. Beispiel: „Mit dem Serviceprojekt bekommen wir den Umsatz in Griff." Vielleicht sind die Vertriebsprobleme aber etwas komplexer.

Der Zwang, die 100-%-Lösung haben zu wollen

Ein Controllingprojekt wollte die Kalkulation verbessern. Man diskutierte verbissen an möglichen Methoden. Das Beste und Neueste musste es sein. Man begann, das Unternehmen mit Analysen zu überziehen. Dies alles stellte sich aber als so komplex dar, dass es die zeitlichen beziehungsweise die personellen Ressourcen des Unternehmens sprengte. Ergebnis: Einstellung des Projektes.

Detailverliebtheit

Man sieht den Wald vor lauter Bäumen nicht. Einem kennzahlenverliebten Projektleiter war es geradezu ein Hobby, das Unternehmen beziehungsweise die Projekte mit Kennzahlen zu überziehen. Es fehlte aber jede Kennzahlenstruktur, jegliche Verdichtung. Was soll man mit einem unkommentierten Kennzahlenblatt von 30 Kennzahlen anfangen? Nützliche Kennzahlen blieben letztlich unbeachtet.

Dem Konformitätsdruck unterliegen

Es gibt diverse Untersuchungen darüber, dass Meinungen dann wesentlich geprägt werden, wenn etwa eine ganze Gruppe eine gewisse Meinung vertritt. Abweichende Meinungen Einzelner werden dann durch den sozialen Druck sehr selten. Wer wagt es in der Praxis schon, den Meinungsaußenseiter gegen den Rest des Unternehmens oder der Abteilung zu spielen? Dies gilt nicht nur für fachliche Meinungen, sondern etwa auch für Verhaltensweisen: „Man muss das Spielchen mitspielen." So kam einmal ein neues Management in ein Unternehmen, und auf einmal „mussten" sich alle Führungskräfte duzen. Wehe, wer da nicht mitspielte. Auch im Projekt ist es manchmal schwer, sich zu behaupten. Sich zum Beispiel als einziger Techniker im Projekt gegen vier Vertriebler durchzusetzen, ist schon manchmal schwer.

Zukünftiges aus Gegenwärtigem erklären

Ein Problem, das in vielen Projektplanungen zum Vorschein kommt. Man schreibt die Gegenwart einfach weiter. Dabei kann übersehen werden, dass es zu Brüchen kommen kann, ein Trend kann zum Beispiel kippen. So sollte man sich in Zukunftsprojekten immer von der Vergangenheit und vom Aktuellen trennen. Befasst man sich zum Beispiel in einem Getränkeunternehmen mit zukünftigen Produkten, sollte man den Trend nicht weiterschreiben. Noch vor ein paar Jahren war der Mineralwasserumsatz gering, heute ist es fast schick, Mineralwasser zu trinken. Und morgen?

Personalisierung von Problemen

Kennt jeder. Jemand bekommt den Schwarzen Peter oder jemand wird „geopfert".

Einige wenige Regeln reichen immer und für alles

Man meint, mit einigen wenigen Rezepten können nahezu alle Probleme gelöst werden. Hat man ein EDV-Problem im Projekt, greift man zur xy-Software, hat man ein Personalproblem im Projekt, nimmt man die xy-Beratung. Leicht übersieht man dabei, dass Dinge, die einmal richtig waren, nicht für alle Zeiten zielführend sind.

Aufschieben von Problemen

Das ist manchmal „Management by Planierraupe": Wichtige Probleme schiebt man vor sich her. Man kümmert sich zwar um die Probleme, die jetzt dringend erscheinen, aber letztlich nicht so wichtig sind, vernachlässigt aber vielleicht dabei nicht so dringende, aber wichtige Probleme.
Vielleicht haben wir jetzt keine Zeit, ein ausreichendes Projektcontrolling einzuführen und müssen dringende Tagesgeschäfte erledigen (und das über Jahre). Irgendwann fehlt dann aber die Transparenz, und kommt dann ein kritisches Projekt, kann es ernst werden.

Vernachlässigung möglicher zukünftiger Probleme

Man lebt im Hier und Jetzt. Man sucht nicht zielgerichtet nach möglichen zukünftigen Problemen. Wer sich zum Beispiel als Controller in einer Spedition nicht um die Probleme zukünftiger Benzinpreise oder um die zunehmende Konkurrenz auch durch andere Verkehrsträger kümmert, handelt sträflich. Man muss sich auch um Probleme kümmern, die man noch gar nicht hat.

Es fehlen Maßnahmen zur Bewältigung von Problemen

Oft hört man: Man müsste ..., wenn wir jetzt nicht ..., ich habe schon immer gesagt ... usw. Es reicht eben nicht der alte Satz: Problem erkannt, Problem gebannt. Schlau sind wir im Zweifelsfall alle, aber irgendjemand muss handeln!

Alle obigen Punkte haben eine ganze Menge mit Erfahrungen zu tun. Das heißt nicht, dass erfahrene Mitarbeiter grundsätzlich weniger Fehler machen oder automatisch die größere Problemlösungskompetenz haben. Aber Fehler, die man einmal gemacht hat, wiederholt man nur selten.

Krisenmanagement: Feuerwehr im Einsatz

Häufig liest man in öffentlichen Verkehrsmitteln: Im Brandfall Ruhe bewahren. Gleiches gilt auch, wenn ein Projekt mal brennt. Schnellschüsse sind jetzt sinnlos. Am besten geht man wie sein Hausarzt vor.

* Zunächst die Anamnese. Wo tut es weh? Wo tut es im Projekt weh?
* Dann die Analyse. Woran liegt es?
* Dann die Therapie. Man nehme ... zum Beispiel Hilfe vom externen Spezialisten.

Die verordnete Medizin schmeckt nicht immer, zum Beispiel ist externe Hilfe teuer. Oder man muss zu internen unpopulären Maßnahmen greifen (Überstunden, Wochenendeinsatz).

Falls Ihnen einmal der Begriff Projektaudit in diesem Zusammenhang über den Weg läuft: Dies ist ein gern benutzter Begriff insbesondere der Beratungsbranche. Das heißt nichts anderes, als den Istzustand eines Projektes zu sichten, Probleme zu erkennen und Lösungsvorschläge zu erarbeiten. Im Folgenden ein Vorschlag für eine Problemlösung.

> Übrigens: Die Praxis zeigt, dass Ursachen schnell und relativ leicht entdeckt werden. Häufig sind die Probleme recht offensichtlich. Das Problem ist eher die Frage, wie man aus der Krise wieder herauskommt.

Problemlösungsphasen in der Krise: Die systematische Herangehensweise

Wie sagte einmal ein kaufmännischer Leiter mit etwas Humor: „Wir haben keine Probleme, sondern nur Aufgaben, die gelöst werden müssen." Wie löst man diese Aufgaben? Welche Schritte beinhaltet eine Projektsanierung?

1. Problem wahrnehmen
2. Problem annehmen
3. Problemfeldbearbeitung
4. Lösungsweg organisieren
5. Alternativen erarbeiten
6. Lösung durchsetzen
7. Feedback und Erfolgskontrolle

> Um die einzelnen Phasen näher zu beschreiben, orientieren wir uns im Folgenden an einem Fallbeispiel. Es geht um das Projekt „Schnellere Auslieferung bestellter Ware an den Kunden". Dieses soll mittels Projektteam und einer selbst erstellten Software realisiert werden. Hintergrund: Man hat Kunden verloren, da die Auslieferung der Waren sich laufend verzögert. Die Konkurrenz gewinnt hier durch flotte Belieferung an Boden. Geplante Projektdauer: acht Wochen. Nach sechs Wochen erkennt man, dass weder der Termin zu halten ist noch das Projektziel voll erreicht wird.

1. Problem wahrnehmen

Es beginnt damit, das Problem überhaupt erst einmal als solches zu erkennen. Was sich so selbstverständlich anhört, ist es in der Praxis nicht. Wie oft sagt man: „Ja, merken die das denn selber gar nicht?" Ein Problem wahrnehmen bedeutet immer auch, bisheriges Handeln infrage zu stellen. Das erschwert die Wahrnehmung.

Problemwahrnehmung ist ein Prozess, der bei einem selbst beginnt. Nicht warten, bis das Problem in irgendeiner Weise – dann meist von außen und das ist schlechter – an einen herangeführt wird.

In unserem Fall waren alle Beteiligten bis zuletzt guten Mutes. Letztlich nahm man das Projektproblem gar nicht so wichtig. Es war ein alteingesessenes Unternehmen mit vielen Stammkunden. Nur konnte man von den Stammkunden nicht mehr leben und vor allem die neuen Kunden waren anspruchsvoller. Immer häufiger kamen Klagen über schlechte Lieferfähigkeit, bis sich der Geschäftsführer persönlich des Projektes annahm. Jetzt mussten die Karten auf den Tisch, und die sahen nicht gut aus. Man war noch nicht sehr weit mit dem Projekt gekommen. Die Krise war da.

2. Problem annehmen

Das Probleme weder leugnen noch ignorieren. Es gibt immer jemanden, der sagt: „Wir hätten es schon geschafft" oder: „So schlimm ist es gar nicht." Ja, man erlebt sogar, dass das Problem bestritten wird.

Ist das Problem angenommen, erfolgt jetzt die *konkrete* Problemformulierung – ohne Schönfärberei! In diesem Fall:

„Ziel war die Verkürzung der Lieferzeit um mindestens zwei Wochen. Dies sollte mittels strafferer interner Abläufe und Optimierung der Logistiksoftware erreicht werden. Nach nunmehr 75 % der Projektzeit sind folgende Punkte noch offen:

- Zwar gibt es Lösungsmaßnahmen für die Realisierung des Projektes, diese sind aber noch nicht organisatorisch und EDV-technisch umgesetzt
- Mit den erarbeiteten Maßnahmen wird das Ziel der zweiwöchentlichen Verkürzung nicht erreicht. Vermutlich lediglich nur eine Woche.
- Der Terminplan ist nicht zu halten; man wird ca. vier weitere Wochen benötigen.

Auswirkungen: Zugesagte Kundentermine können wiederholt nicht gehalten werden, Problem im Außendienst, insgesamt Gefährdung des Planumsatzes."

Viele sagen, dass die Problemannahme der wichtigste Punkt ist, denn erst jetzt bekennt man sich zum Problem, und damit ist zu erwarten, dass eine „positive Lösungstimmung" geschaffen wird.

Zur Problemannahme gehört auch die Feststellung des Stellenwertes des Problems. Sehen wir ein für das Unternehmen wichtiges Problem? Kann es warten? Gibt es andere Prioritäten?

Ergebnis: Bearbeiten wir das Problem? Wenn ja, wie intensiv.

3. Problemfeldbearbeitung

Dies ist die Phase der Technik, der Datensammlung usw. Das Problem wird bearbeitet. Es kommen Fragen:

- Warum gibt es dieses Problem?
  Projektteam geht unmethodisch vor.

- Wie lange gibt es dieses Problem schon? Jedes Problem hat eine „Biografie".
  Schon von Anfang an wurde das Problem nicht gezielt bearbeitet.
- Wie hat es sich entwickelt, nimmt es zu?
  Vermehrt Softwareprobleme, je näher man einer Lösung rückt.
- Warum ist es noch nicht gelöst?
  Das Projekt wurde nicht systematisch begleitet, es gab keine Meilensteine.
- Was hatte es für Auswirkungen (Problemsymptome) in der Vergangenheit, was wird es für Auswirkungen für die Zukunft haben, wenn es nicht gelöst wird?
  Ernste Probleme im Vertrieb und damit für das gesamte Unternehmen.
- Wer ist besonders betroffen?
  Wir alle!
- Wer hat es eventuell schon gelöst beziehungsweise verringert?
  Die Konkurrenz.
- Warum hält sich dieses Problem so hartnäckig?
  Weil es in seiner Schärfe verkannt wurde.
- Hat gar jemand Interesse, dass das Problem bleibt?
  Hoffentlich nicht, zumindest ist niemand erkennbar.
- Und eine wichtige Frage: Was haben wir alle davon, wenn dieses Problem gelöst ist?
  Das Unternehmen wird in seiner Zukunft gesichert.

In dieser Phase können diverse Techniken eingesetzt werden, zum Beispiel die Brainstorming-Methode, Kartenabfragen usw. Es geht darum, das Problem zu analysieren, einzukreisen und möglichst kreativ zu bearbeiten.

4. Lösungsweg organisieren

Wie will man bei der Lösung vorgehen?

- Wird jemand „ausgeguckt", der sich darum kümmern soll? Ein sogenannter Troubleshooter? Problemlösung im Team? Wenn ja: ein neues Team, wer im Team, wie groß das Team usw.? Oder externe Spezialisten?
- Wie hoch soll der Aufwand zur Lösung sein?
- Darf die Lösung Geld kosten?

- Und eine der wichtigsten Fragen: Wer ist für die Lösung verantwortlich?

Wenn man jetzt weiß, wie man vorgehen will, geht es an die inhaltliche Arbeit. Empfehlenswert ist es, sich frühzeitig Gedanken darüber zu machen, wie die Entscheidung fallen soll. „Runder Tisch" mit allen Beteiligten oder wie beim Militär: Es kommt ein Befehl vom Vorgesetzten.

In unserem Fall gab es als Troubleshooter den Unternehmenscontroller, unterstützt von einem Mitarbeiter eines Logistikberatungsunternehmens.

5. Alternativen erarbeiten

Wie immer man vorgeht, es wird Lösungsvorschläge geben. Dabei sind folgende Eckpunkte zu beachten:

- In der Politik hört man oft: Erst reden wir über die Sache, dann über Personen. So sollte man auch an die Projektkrise herangehen. Erst geht es darum, was jetzt passieren muss, dann werden eventuell neue Teammitglieder gesucht oder Aufgaben neu verteilt. Was man leider auch machen muss: Gibt es jemanden, der schädlich für das Projekt ist, muss man sofort handeln und denjenigen sofort aus dem Projekt entfernen. Hier ist im Zweifel ein wenig unpopuläre Härte notwendig.
- Visionen schaffen, Motivieren. Nochmals klarstellen, was die positiven Effekte der möglichen Lösungen sind.
- Zur Redlichkeit bei der Projektsanierung gehört auch, die weiteren Risiken zu zeigen. Was kann kritisch sein an den Lösungswegen? Auf mögliche negative Auswirkungen hinweisen

Am Ende stehen mehrere Lösungsmöglichkeiten. In unserem Fall

- Angesichts der Wichtigkeit des Projektes wird ein zusätzliches Budget zur Verfügung gestellt. Zur Unterstützung kommt ein Mitarbeiter eines Logistikberatungsunternehmens. Die Projektdauer wird um zwei Wochen verlängert. Das Projekt wird als „Crash-Aktion" zum Ende geführt.
- Der alte Projektleiter wird „abgesetzt", das Team bleibt ansonsten aber erhalten. Die neue Projektleitung wird eine „Doppelspitze", der Marketingchef und der Controller.

6. Lösung finden und durchsetzen

Ideal ist die einvernehmliche Lösung. Diese lässt sich auch am besten durchsetzen. Aktuell spricht man von sogenannten „Win-win-Situationen". Alle Beteiligten sollen einen Vorteil von der Problemlösung haben. In unserem Fall: Man entschied sich für die Budgeterhöhung und den externen Berater. Trotz Problemen mit der alten Projektleitung – ansonsten ein Top-Mitarbeiter – wird das Projekt in alter Form, jetzt allerdings mit professioneller externer Beratung zum Ende gebracht.

7. Feedback und Erfolgskontrolle

Jede Problemlösung ist ein Lernprozess. Durch ein Feedback aller Beteiligten sollen künftige Lösungen erleichtert werden. Was ist schiefgelaufen, was ist gut gelaufen bei der Problemlösung?
Des Weiteren sollte die Problemlösung noch eine Weile beobachtet werden. War die Lösung lediglich eine Eintagsfliege oder ist das Problem nachhaltig gelöst worden?

Auch eine Lösung: Projektsanierung in der Krisenwerkstatt

Die obige Lösung ist eine systematische Herangehensweise an die Probleme. Oft fehlt es aber in der Krise an der Zeit für eingehende Betrachtungen, schnelle und konkrete Lösungen sind gefragt, zum Beispiel wenn eine Software abgestürzt ist. Hier hat sich die Werkstattarbeitsweise bewährt. In einer Werkstatt sind die Handwerker aktiv, da geht es schon mal ein bisschen hemdsärmliger zu, da ist der Ton mal etwas rauer und es fallen schon mal Späne. Was bedeutet dies für die Projektkrisenwerkstatt? Alle Projektbeteiligten setzen sich zusammen mit dem Ziel, *schnell* etwas zu bewegen. Und jetzt bitte keine Eitelkeiten mehr. Jetzt ist weniger der Theoretiker gefragt, sondern der, der mit Hand anlegt. Die Lösungen müssen auch nicht besonders elegant sein, sollen schlicht funktionieren und Schlimmeres verhüten. So gab es in einem optischen Unternehmen das Problem, dass die Kapazitäten für die Farbgebung nicht reichten. Die Bäder, in denen die Artikel gefärbt wurden, reichten nicht aus. Es wurde ein Projekt aufgesetzt: Kapazitätserhöhung im Bereich Farbgebung. Die EDV-Steuerung wurde gecheckt, es wurde versucht, die innerbetrieblichen Durchlaufzeiten zu senken. Alles ohne wesentlichen Erfolg. Die Kunden warteten! Es wurde eine Krisenwerkstatt ins Leben gerufen. Ergebnis: Man schlug vor, die Farbmischungen in alten Aluminiumtonnen anzurühren und dort per Hand die Einzelteile zu färben. Die Ingenieure ergrauten, aber es funktionierte, und die größten Engpässe wurden abgebaut. Nach drei Wochen widmete man sich wieder in Ruhe einer langfristigen Lösung.

Natürlich geht es in einer Werkstatt weniger um strategische Fragen, sondern zum Beispiel um die Frage, die einmal ein Inhaber eines mittelständischen Unternehmens etwas deftig so ausdrückte, als ein Controllingprojekt nicht klappte:

„Wie kriege ich verdammt noch mal die Kosten richtig auf die Produkte. Und das nicht erst nächstes Jahr, sondern bitte schön im nächsten Monat."

Wie geht man bei der Werkstattarbeit vor:
* Dabei sind die Projektmitglieder, aber auch Leute, die eventuell auf unkonventionelle Weise etwas beitragen können. Auch Leute, die völlig „unbelastet" von dem Projekt sind
* Strenge Zeitvorgaben, zum Beispiel lediglich einen Tag
* Störungen verboten, am besten, man sucht sich einen Raum außerhalb des Unternehmens
* Das Problem wird offen auf den Tisch gelegt
* Keine Verteidigungsreden, das Warum interessiert jetzt nicht mehr
* Vorgabe ist eine Lösung, egal wie sie aussieht. So dumm der Spruch auch ist, aber hier ist er sinnvoll: „Kommen Sie mir als Ergebnis nicht damit, *warum es nicht* funktionieren kann, sondern sagen Sie mir, *wie* es funktionieren kann."

Man kann auch ganz drastische Wege gehen. So berichtete ein Projektmitarbeiter: „Ich wurde einmal zu einer Krisensitzung in eine Zweigniederlassung geschickt mit der Vorgabe: Kommen Sie erst wieder, wenn das Problem gelöst ist. Die Befürchtung war natürlich, dass man überhaupt nie mehr wiederzukommen braucht, wenn das Problem nicht gelöst ist. Zum Glück wurde es gelöst."

Weitere mögliche Projektsanierungmaßnahmen

Unabhängig von den oben beschriebenen Vorgehensweisen gibt es noch einige andere drastische Sanierungsmaßnahmen.

- Man stellt fest: Probleme sind durch Projektüberarbeitung nicht zu lösen. Es brennt überall. Jetzt entscheidet man sich für den kompletten Projektstopp und Neuaufsetzen des Projektes mit neuer Projektplanung. Eventuelles neues Projektziel, neuer Projektleiter, neues Team, neue Planung usw.

- Drastische Erhöhung der Kapazitäten der beteiligten Projektmitarbeiter. Das ist gar nicht so selten. Schon im Normalfall führen Projekte zu Mehrbelastungen. Aber jetzt geht es los: Überstunden, Wochenendeinsätze, Freistellung von anderen Projekten, Freistellung von Routinearbeiten. Oder Erhöhung der Projektmitarbeiter (die müssen sich allerdings erst aufwendig einarbeiten).

- Komplettes Outsourcing des Projektes. Man erkennt, dass man selbst nicht in der Lage ist, das Projekt zu bewältigen. Für viel Geld wird jetzt das Projekt an einen externen Dienstleister vergeben. Dies kommt zum Beispiel in EDV-Projekten vor. Zunächst will man die Software „selbst stricken". Das klappt nicht, und man sucht Hilfe von draußen.

  Oder die kleine Lösung: Es wird lediglich die Projektleitung nach draußen vergeben. Selbst hat man nicht die Projektleitungskompetenz, die für andere möglicherweise das täglich Brot ist. Achtung! Hier hat man oft die Erfahrung gemacht, dass externe Projektleiter zu übertriebenem Formalismus neigen. Die externe Projektleitung versucht sich abzusichern, da sie natürlich am Projekterfolg gemessen wird.

Und wenn die Sanierung sinnlos erscheint, es noch schlimmer kommt oder keine Maßnahmen greifen: die extreme Lösung, Stopp und Rückabwicklung (zum Beispiel Auflösung der Verträge mit Externen). Man hat erkannt, es bringt nichts, jede weitere Stunde ist verlorene Zeit und damit verlorenes Geld. Außer Spesen nichts gewesen. Der Abbruch des Projektes ist eine der teuersten Möglichkeiten, ein Projekt zu beenden. Frage: Wer zahlt jetzt die Rückabwicklungskosten beziehungsweise die bisher aufgewandten Projektkosten? Im Zweifel freilich das eigene Unternehmen. Jetzt geht es auch um mögliche Vertragsstrafen oder Schadensersatz, wenn zum Beispiel der Vertrag mit einem externen Berater nicht zu Ende geführt wird.

Sabotagefaktoren und was man dagegen tun kann

Im Rahmen der Krisenbekämpfung stößt man immer wieder auf Punkte, die eine Projektsanierung wesentlich behindern. Jemand hat dies mal etwas drastisch Sabotagefaktoren genannt, zugegeben eine etwas überspitzte Formulierung. Sabotage ist aber nicht immer willentlich, sondern oft ein unbewusster Widerstand gegen Veränderungen. Jedes Unternehmen schafft sich seine eigenen Sabotagefaktoren. Hier eine Auswahl von Sabotagefaktoren, die von den Autoren in der Praxis erlebt wurden. Die Sabotagefaktoren kommen von mehreren Seiten, auch aus Richtungen, aus denen man sie am wenigsten vermutet.

Die ignorante Unternehmensleitung

Die Unternehmensleitung schläft, blockiert sich gegenseitig, trifft keine Entscheidungen. Lieber Geld in den Sand setzen als zugeben, dass Fehler passiert sind. Man kann es kaum glauben, dass gerade die Unternehmensleitung die Sanierungsarbeit eines Projektteams behindert.

Ein krasser Fall: Bestimmte Arbeiten einer Galvanikabteilung (mittels Galvanisierung werden zum Beispiel Metallteile chemisch vergoldet) sollten fremdvergeben werden, da Externe sie billiger leisten konnten. Die Projektarbeit stockte. Wie kaum anders zu erwarten, hatten die Fachleute der internen Galvanikabteilung kein Interesse an der Fremdvergabe. Unterstützung musste nun „von oben" kommen. Leider Fehlanzeige, da der technische Direktor das Projektteam nicht unterstützte (er hatte Angst um „seine" Galvanik und wollte die technischen Bereiche nicht verkleinern, war von Anfang an gegen das vom Controlling initiierte Projekt gewesen). Außer Spesen auch hier nichts gewesen.

Was kann man gegen ignorante Unternehmensleitungen tun? Man stürze in das Vorstandszimmer und erkläre die Vorstände allesamt für Trottel! Nein, im Ernst. Hier ist man recht machtlos, kann es vielleicht noch einmal mit einem Gespräch versuchen, nochmals Argumente darlegen. Das war's dann aber auch schon.

Der innovationsscheue Vorgesetzte

Wenn Vorgesetzte Sanierungsarbeit blockieren, kann man ebenfalls nur noch mit guten Argumenten kommen, Überzeugungsarbeit leisten. Naturen mit starken Nerven gehen eine Hierarchie höher und versuchen so, dass die Vorgesetzten ihrer Vorgesetzten aktiv werden. Ein harter und gefährlicher Weg.

Beispiel: Alle Mitarbeiter einer Controllingabteilung wollten ein aussagekräftigeres Berichtswesen, unterstützt durch neue Software. Man arbeitete noch im tiefen (Software-)Mittelalter. Mit Stellen außerhalb der Abteilung oder des Unternehmens konnte man gar nicht mehr EDV-technisch kommunizieren. Das aufgesetzte Projekt funktionierte nicht richtig, da der Vorgesetzte nur halbherzig hinter dem Projekt stand und nicht genügend Unterstützung der EDV-Abteilung einforderte. Der Vorgesetzte argumentierte aus Kostengründen gegen die Fortsetzung des Projektes, was insgesamt als irrational empfunden wurde, da die Software (PC-Office-Software) wirklich „nichts" mehr kostete. Die Vermutung bestand eher darin, dass der Vorgesetzte – selbst EDV-technisch noch im Mittelalter – Berührungsängste mit neuer Software hatte.

Was ist jetzt passiert? Nachdem alle Überzeugungsarbeit nichts half, spannte man die EDV-Abteilung ein, die wiederum an anderer Stelle betonte, dass es im Controlling einen Nachholbedarf gebe. Man übersprang im Grunde den Vorgesetzten. Es klappte in diesem Fall, Derartiges ist aber ein ziemlich steiniger und gefährlicher Weg.

Der unkooperative Kollege

Meist ist man kein Einzelkämpfer, und viele Dinge können nur kooperativ bewältigt werden. Auch will man nicht immer den Vorgesetzten einschalten, wenn es mal Schwierigkeiten mit Kollegen gibt. Aber was tun, wenn man sich in seiner Arbeit behindert fühlt, der Kollege offensichtlich die Sanierung des Projektes sabotiert?

Beispiel: Ein EDV-Projekt sollte die Routinen für die Erstellung der internen Monatsberichte rationalisieren. Der Kollege, zuständig für die EDV-Routinen und damit maßgeblich für das Projekt, blockierte ganz massiv. Der Grund war nicht ganz klar, möglicherweise fühlte er sich in seiner Eitelkeit gekränkt, da die Ursprungsroutinen von ihm waren. Oder er fürchtete, dass andere jetzt seine Kompetenz erwarben, denn zukünftig sollten die Routinen transparenter und weniger personenabhängig sein.

Was wurde getan? Klar war, das blockierte Projekt sollte saniert werden, im Zweifel auch ohne den unkooperativen Kollegen. Zunächst wurde natürlich argumentiert. Dann aber wurden die Routinen zwar mit erheblichem Mehraufwand, aber erfolgreich rationalisiert. Positiver Effekt: Andere, jüngere Mitarbeiter arbeiteten sich erfolgreich ein, hatten Lerneffekte. Und der unkooperative Mitarbeiter: Natürlich gelangte „nach oben", dass hier jemand nicht so richtig wollte. Eine Kündigung oder Abmahnung wurde nicht ausgesprochen, arbeitsrechtlich reichten die Argumente nicht. Aber eine weitere Karriere in diesem Unternehmen konnte er vergessen.

Der unwillige Untergebene

Nicht immer will man gleich mit arbeitsrechtlichen Schritten kommen, wenn der Untergebene mehr oder weniger offene Arbeitsverweigerung betreibt. In einem Krisenprojekt war der Abteilungsleiter Projektleiter. Sein Mitarbeiter gab immer von sich: „geht nicht, kann nicht funktionieren, macht keinen Sinn" usw. Diese destruktive Argumentationsweise war schon lange aufgefallen, im Krisenprojekt ist Derartiges aber besonders ärgerlich. Auch wenn dies ein langjähriger und erfahrener Mitarbeiter war, es musste gehandelt werden. **Und nun?** Man suchte ein Gespräch zu dritt mit dem Personalchef. Es besserte sich etwas, aber die Zusammenarbeit blieb zäh. Durch Einstellung eines „dynamischen" Mitarbeiters bekam dieser nach und nach die Aufgaben und Kompetenzen des unwilligen Mitarbeiters. Die Abstellgleislösung. Eine teure Lösung!

Die desinteressierten anderen Abteilungen

Was nützt es, wenn man seinen Laden im Griff hat, die Engpässe aber außerhalb des eigenen Bereiches entstehen. Man hat das, was man „Krisenbewältigungskompetenz" nennt, aber andere beteiligte Bereiche ziehen nicht so richtig mit. So kam ein Projekt „Einführung eines neuen Produktes" in die Krise, weil die Entwicklungsabteilung zu langsam war und die Produktgestaltung angeblich nie Zeit hatte und darüber hinaus die Kommunikation zwischen ausgerechnet diesen beiden Abteilungen kriselte. Es war wohl mehr ein psychologisches Problem.

Was war die Lösung? Man lud alle Beteiligten zu einem „runden Tisch" und wies nochmals auf die Notwendigkeiten des Projektes hin. Man zeigte Verständnis für die Engpässe der anderen Abteilungen und schlug vor, nach dem Projekt einmal in Ruhe die anstehenden Probleme zu diskutieren, sozusagen strategisch die Zukunft zu regeln. Jetzt allerdings, so argumentierte man, ist der Notfall eingetreten, man bat um Kooperation und definierte das Projekt als Priorität Nummer eins. Immerhin ging es dann voran, wenn auch weiterhin zäh. Nach derartigen Erfahrungen muss man gleich das nächste Projekt angehen, damit solche Dinge nicht mehr passieren: Projekt „Verbesserung der internen Zusammenarbeit".

Unzureichende finanzielle oder personelle Ausstattung

Dieser Punkt ist schnell abgehandelt. Man kann eine Projektsanierung schnell scheitern lassen, wenn die finanzielle oder personelle Ausstattung zu schmal ist. So heißt es vielleicht: Machen Sie das Projektsanierung, aber Ihr Budget ist null und Leute können wir Ihnen leider dafür auch nicht freistellen. Ist offensichtlich, dass die Krise ohne Mittel nicht zu bewältigen ist, liegt folgende Frage auf der Hand: Ist die Projektsanierung überhaupt gewünscht?

Krisenvorbeugung:
Wie man Eisbergen aus dem Weg geht

Um der Krise aus dem Weg zu gehen, benötigt man ein Frühwarnsystem. Dies kann folgende Elemente haben:

Projektcontrolling

Die klassische Frühwarnung ist das Projektcontrolling. Durch die kostenrechnerische Begleitung des Projektes verbunden mit der Hochrechnung kann man frühzeitig sehen, wenn etwas aus dem Ruder läuft. Wenn ein Projekt beispielsweise erst zu 50 % realisiert ist, 80 % der Projektzeit bereits abgelaufen, aber 90 % des Budgets bereits verbraucht sind, schreit es geradezu nach Projektsanierung. Schlimm, wenn man erst zum Schluss merkt, dass die Realisierung unbefriedigend, das Geld aber alle ist. Also rechtzeitig wach werden, und diese Erkenntnis hat nun wenig mit Betriebswirtschaft, sondern mit gesundem Menschenverstand zu tun. Die unterstützenden betriebswirtschaftlichen Techniken finden Sie ausführlich im sechsten Kapitel dieses Buches.

Szenarien: Was wäre, wenn ...

Szenarien kommen aus der strategischen Unternehmensplanung und mit Ihnen soll in die Zukunft geschaut werden. Sie entwerfen mögliche Zukunftsbilder vor dem Hintergrund verschiedener Randbedingungen. Ein typisches Szenario einer Spedition kann zum Beispiel wie folgt aussehen: Was passiert mit uns, wenn in fünf Jahren der Liter Diesel 3 Euro kostet? Oder ein Unternehmen denkt darüber nach, welche Chancen die EU-Osterweiterung bietet. Visionen werden konkret umgesetzt. Es gibt also eine enge Verwandtschaft mit dem Projektmanagement. Warum also nicht diese Technik auch hier anwenden? Denn mittels Projektszenario können Krisen erkannt werden. So kann man sich frühzeitig im Projekt fragen:

- Was passiert, wenn der wichtigste Projektmitarbeiter, der Know-how-Träger des Projektes ausfällt? Was ist dann flott zu tun?
- Immer wieder aktuell: Was, wenn die EDV-Unterstützung zusammenbricht?
- Was passiert, wenn die Konkurrenz an ähnlichen Projekten arbeitet, aber schneller ist als wir?
- Und nicht zuletzt: Wie schlimm können überhaupt die Auswirkungen des Scheiterns des Projektes für das Unternehmen sein? Und was ist zu tun, wenn eben genau dieses wichtige Projekt total scheitert?

Bei Szenarien werden systematisch Ziel- und Strategiefindungsmethoden angewandt? Beispiele:

- **Brainstorming**
  Es wird frei heraus formuliert, was den Beteiligten an zukünftigen Problemen einfällt (auch wenn sie sich im ersten Ansatz manchmal unsinnig anhören). Aber hier ist „spinnen" erlaubt, ja geradezu erwünscht. So gab es zu einem Projekt über neuen Softwareeinsatz im Unternehmen eine Sitzung, bei der es um potenzielle Probleme des

Projektes ging. Jeder durfte „spinnen". Jemand sagte: „Was passiert am nächsten Morgen, wenn ein geheimnisvoller böser Mitarbeiter über Nacht alle Festplatten löscht?" Ergebnis dieses Einfalls war ein Überdenken der Datensicherung.

- **Die Delphi-Methode**
  Diese Methode ist eine Form der Expertenbefragung. Ziel ist, das Wissen der Experten zusammenzuführen. Dabei werden Experten in mehreren Durchgängen zu komplexen Themen befragt, in unserem Fall über mögliche Projektrisiken. Die Ergebnisse jedes Durchganges werden zu Beginn des nächsten Durchganges jedem Experten bekannt gegeben. Unterschiedliche Beurteilungen von Eintrittswahrscheinlichkeiten werden miteinander konfrontiert. Mit der Zeit sollen sich Annäherungen der Meinungen ergeben und das Ergebnis soll der späteren Realität möglichst nahekommen.

- **Achten auf schwache Signale**
  Wenn Sie z.B. gerade das Projekt „neue Produkte" bearbeiten, sind schwache Signale, die von der Konkurrenz kommen, interessant. Signale wie: „Warum haben wohl die an sich unbedeutenden Konkurrenten Müller und Meier fusioniert." Oder Sie benötigen qualifizierte Mitarbeiter für das Projekt, hören aber von der Personalabteilung, dass die Bewerbungen in der letzten Zeit zurückgegangen sind.

Denkmodell eines Szenarios

Je weiter man in die Zukunft denkt, umso unsicherer werden die Prognosen und so breiter die Alternativen. Und umso wahrscheinlicher wird es auch, dass irgendein Störfall eintreten kann, ein Ereignis, dass jetzt noch nicht abzusehen ist. Wer sich heute auf dem High-Tech-Markt bewegt, hat es schon schwer, das nächste halbe Jahr einigermaßen zu erfassen.

All dies kann dazu führen, dass die ursprüngliche Projektplanung modifiziert werden muss. Häufig findet man in Theorie und Praxis die Darstellung eines Denkmodells in Form eines liegenden Trichters (so etwas kann man übrigens wunderbar und eindrucksvoll auf einem Flip-Chart darstellen). Es gibt zwei Extremszenarien: Alles geht gut, alles geht schief. Zunächst plant man vielleicht den Mittelweg, für den Notfall wird aber eine mögliche Störung ins Auge gefasst.

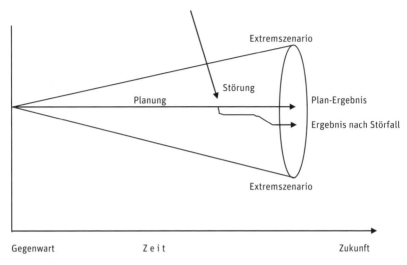

Szenariotrichter

Ein Szenario ist somit keine exakte Planung, gibt aber Rahmenbedingungen, in denen sich die Zukunft wahrscheinlich abspielen wird.

In der Folge kann man nun den Szenariotrichter „zerhacken". Man kann ihn einteilen in Zeiteinheiten. Etwa um den Erfolg im Rahmen des Projektes „Werbeaktion" in diesem Trichter unterzubringen, die Einteilung erstes Quartal, zweites Quartal ...

Beispiel: Am Ende, vielleicht nach fünf Quartalen, stehen zwei Extreme. Das Szenario sieht vor, dass der Umsatz entweder nur um 10 % oder aber um 100 % steigt. Vielleicht liegt die Wahrheit in der Mitte. Aber auch auf die lediglich 10 % muss man sich jetzt vorbereiten. Immer wieder die Frage was wäre, wenn ...

Auf das Szenario reagieren:

• Je wahrscheinlicher das negative Extremszenario, desto dringlicher die Vorbereitungen für eine eventuelle Projektsanierung. Umgekehrt: Je mehr man sich dem positiven Extrem nähert, desto mehr kann man Sanierungsgedanken zunächst vergessen.

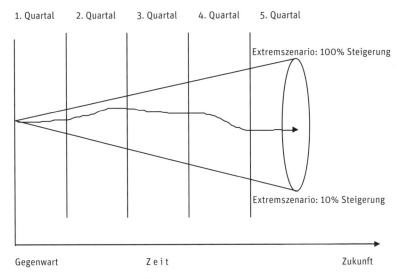

| 1. Quartal | 2. Quartal | 3. Quartal | 4. Quartal | 5. Quartal |

Extremszenario: 100% Steigerung

Extremszenario: 10% Steigerung

Gegenwart   Z e i t   Zukunft

Konkretisierung der Szenarioergebnisse

- Erfahrungen auf andere Projekte übertragen. Am Ende des Projektes schaut man kritisch auf das ursprüngliche Projektszenario und vergleicht es mit der eingetroffenen Realität. Manchmal kommt die spontane Einsicht: „Was bin ich blöd gewesen!" Aber auch das ist doch eine tolle Einsicht – oder?

Wie kann ein Szenario ablaufen?

Die Szenarioerstellungstechniken reichen von der schnell auf einem Flip-Chart entworfenen Skizze bis hin zu ausgefeilten langwierigen Abläufen. Häufig gehen aber folgende Vorgehensweisen in den Ablauf mit ein:

1. **Festlegung und Analyse der Aufgabenstellung**
   Wir wollen wissen, welche Probleme es im Projekt geben kann, wie hoch wahrscheinlich eine Projektsanierung ist.
2. **Ermittlung wichtiger Einflussfaktoren auf die Untersuchung**
   Was kann schiefgehen?

3. **Es wird untersucht, welche kritischen Einflüsse sich zum Beispiel gegenseitig ausschließen, gegenseitig verstärken oder sich aber neutral verhalten**
   Beispiel: Wir sind ein Exportunternehmen, der Dollar fällt und in den USA kriselt es bei unseren besten Kunden; das ist eine typische gegenseitige Verstärkung negativer Einflüsse

4. **Die vorläufigen Zukunftsbilder, Szenarien, werden kritisch hinterfragt und es werden mögliche Störereignisse hinzugefügt**
   Was bedeuten alle die gefundenen Fakten für unser Projekt?

5. **Aus den Szenarien werden Strategien für das Projekt abgeleitet**
   Was ist jetzt zu tun? Ziel ist, eine Projektsanierung zu verhindern.

Szenarien gehen also weit über wilde Vermutungen oder die manchmal in den Unternehmen so beliebten Katastrophenvoraussagen hinaus und sind somit um einiges solider.

Arbeiten mit Checklisten: Schnell das Risiko abschätzen können

Checklisten haben den Vorteil, dass man sich schnell einen ersten Eindruck über die Risikoanfälligkeit von Projekten verschaffen kann. Jetzt geht es gar nicht mal so sehr um das Detail, sondern um die Tendenz. Sagt man beim Abhaken einer Checkliste: „Kein Problem" oder kommt man ein wenig ins Nachdenken oder kommt man gar ins Grübeln und erkennt Handlungsbedarf?

Im Folgenden eine Auflistung von möglichen Risikokriterien. Dies ist lediglich eine Anregung, ein Angebot an typischen Fragen für Checklisten. **Freilich muss man Checklisten projekt- beziehungsweise unternehmensindividuell gestalten.**

1. **Zunächst bietet sich an, das Risiko auf einer Skala zu bewerten**
   1 = kein beziehungsweise geringes Risiko beziehungsweise Punkt trifft für uns gar nicht zu
   5 = Hohes Risiko, unter Umständen sofortiger Handlungsbedarf

2. **Wer ist verantwortlich?** Dies ist die Frage nach dem sogenannten Risk-Owner. In der Praxis stellt sich häufig heraus, dass es für gewisse Risiken gar keine Verantwortlichen gibt. Oder man stellt fest, dass es mehrere

Verantwortliche gibt, die unter Umständen aber den jeweils anderen als Verantwortlichen sehen. Für ein Risiko sollte es nur einen wirklich Verantwortlichen geben

3. **Wer hat Informationen?** Diese Spalte ist eingefügt worden, da Praxiserfahrungen gezeigt haben, dass manchmal die Risk-Owner, also die Verantwortlichen, gar keine Informationen hatten beziehungsweise diejenigen, die über die Informationen verfügten, gar nicht wussten, wer letztlich verantwortlich ist.

Interessant ist es auch, wenn man diese oder ähnliche Checklisten von verschiedenen Leuten im Unternehmen bearbeiten läßt. Dann sieht man, wie teilweise dramatisch unterschiedlich im Projekt oder im Unternehmen die Risiken eingeschätzt werden. Wer manchmal vom Thema weiter weg ist, sieht es risikobehafteter. Hat er keine Ahnung? Und umgekehrt: Wer im Thema drin ist, vermutet manchmal überall Risiken, die andere mit einem gewissen Abstand gar nicht wahrnehmen. Wer hat Recht?

Die Checklisten umfassen folgende Bereiche, in denen Projekte entweder stattfinden können oder die in Projekte eingebunden sind:

- Beschaffung/Logistik
- Leistungserstellung
- Forschung und Entwicklung
- Marketing/Vertrieb
- Personal
- Finanzen/Controlling
- Informationstechnologie
- Interne Prozesse
- Rechtliche Fragen
- Wirtschaftliche Entwicklung und politische Rahmendaten

RISIKOCHECKLISTEN: Beantworten Sie folgende Fragen für Ihr Projekt							

	Risiko						
	gering				hoch	Verantwort- lich	Wer hat Informationen
Risikobeschreibung	**1**	**2**	**3**	**4**	**5**		

Beschaffung/Logistik:

Rohstoffrisiko	1	2	3	4	5		
Besteht eine Abhängigkeit von Schlüsselrohstoffen (Öl, Erz usw.) für das Projekt?							

Beschaffungsmarktrisiko	1	2	3	4	5		
Haben wir wichtige Beschaffungsmärkte für das Projekt im Griff?							

Konditionsrisiko	1	2	3	4	5		
Besteht Gefahr der Änderung von Preisen, Konditionen, Lieferfristen u.ä. für das Projekt?							

Vertragsrisiko	1	2	3	4	5		
Laufen wichtige Beschaffungsverträge aus? Sind die Vertragslaufzeiten für das Projekt o.k. (nicht zu lang, nicht zu kurz)?							

Qualitätsrisiko	1	2	3	4	5		
Ist die Qualität der beschafften Waren o.k. bzw. sichergestellt?							

Transport- und Terminrisiko

Sind Transportsicherheit und Termintreue gewährleistet?

| 1 | 2 | 3 | 4 | 5 |

Liquiditätsrisiko

Bindet das Projekt Liquidität in den Beständen?

| 1 | 2 | 3 | 4 | 5 |

Ökologierisiko

Entsprechen die Materialien des Projektes modernen und aktuellen ökologischen Kriterien?

| 1 | 2 | 3 | 4 | 5 |

Leistungserstellung:

Verfügbarkeitsrisiko

Sind die Maschinen und Anlagen sicher für das Projekt verfügbar?

| 1 | 2 | 3 | 4 | 5 |

Ausfallrisiko

Leidet unter dem Projekt das normale Tagesgeschäft?

| 1 | 2 | 3 | 4 | 5 |

Kapazitätsrisiko

Reichen die Kapazitäten im Unternehmen für das Projekt?

| 1 | 2 | 3 | 4 | 5 |

Technologierisiko

Ist die Technologie für das Projekt auf dem aktuellen Stand?

| 1 | 2 | 3 | 4 | 5 |

Produkthaftungsrisiko

Gibt es Gefahrenpotenziale
bei unseren Produkten durch
das Projekt?

1	2	3	4	5

Lizenz-/Patentrisiko

Ist das Projekt wesentlich
abhängig von Lizenzen und
Patenten (die unter Umständen zurückgezogen werden
können)?

1	2	3	4	5

Standortrisiko

Ist der Standort grundsätzlich für das Projekt o.k., auch
im Hinblick auf Infrastruktur
und Personalbeschaffung?

1	2	3	4	5

**Forschung und Entwicklung
(F&E):**

Auslastungsrisiko

Wird die F&E durch das Projekt überlastet?

1	2	3	4	5

Amortisationsrisiko

Ist die Amortisation des F&E-
Projektes gesichert?

1	2	3	4	5

Sicherheitsrisiko

Werden die F&E-Aktivitäten
im Projekt ausreichend dokumentiert?

1	2	3	4	5

Terminrisiko

Werden F&E-Leistungen für
das Projekt termingerecht
abgeliefert?

1	2	3	4	5

Technologierisiko

Passen die verwendeten
Technologien. Befindet man
sich auf gleicher Technolo-
giehöhe wie der Branchen-
beste?

1	2	3	4	5

Investitionsrisiko

Sind absehbare neue Techno-
logieanforderungen für das
Projekt finanzierbar?

1	2	3	4	5

Marketing und Vertrieb:

Auftragsbestandsrisiko

Besteht beim Vertriebspro-
jekt ein
– Stornorisiko oder
– Insolvenzrisiko der Kunden?

1	2	3	4	5

Servicerisiko

Ist beim Projekt an den Kun-
dendienst gedacht worden?

1	2	3	4	5

Marktrisiko

Wird der Markt beobachtet?
Gibt es Indikatoren, die negative Trends signalisieren?

1	2	3	4	5

Werden Marktvolumen,
Marktwachstum u.ä. regel-
mäßig verfolgt?

Absatzkanalrisiko des
Projektes

| 1 | 2 | 3 | 4 | 5 |

Haben sich die benutzten
Absatzkanäle bewährt? Gibt
es Kanäle, die im Gegensatz
zur Konkurrenz nicht genutzt
werden?

Konkurrenzrisiko

| 1 | 2 | 3 | 4 | 5 |

Kann die Konkurrenz gefährlicher werden?

Kundenverhaltensrisiko

| 1 | 2 | 3 | 4 | 5 |

Werden Kundenverhalten,
Kundenbedürfnisse u.ä. im
Hinblick auf das Projekt
regelmäßig verfolgt?

Kundenwirtschaftlichkeits-
risiko

| 1 | 2 | 3 | 4 | 5 |

Ist die wirtschaftliche Situation des Kunden beim Projekt
berücksichtigt?

Ökologierisiko

| 1 | 2 | 3 | 4 | 5 |

Berücksichtigt das Projekt
mögliche zunehmende Kun-
denforderungen hinsichtlich
ökologischer Anforderungen?

Auftragsentwicklungsrisiko

| 1 | 2 | 3 | 4 | 5 |

Wird die Auftragsentwicklung im Rahmen des Projektes verfolgt?

Kundenprofitrisiko

| 1 | 2 | 3 | 4 | 5 |

Wissen alle relevanten Marketing- und Vertriebsleute, was durch das Projekt mit Kunden verdient wird?

Vertriebsinformationsrisiko

| 1 | 2 | 3 | 4 | 5 |

Gibt es ein schlagkräftiges Vertriebsinformationssystem (das den Projektfortschritt zeigt)?

Vertriebssystem/-wegrisiko

| 1 | 2 | 3 | 4 | 5 |

Gibt es ein (für die Zukunft) ausreichendes Vertriebssystem? Ändern sich Vertriebswege?

Personal:

Personalplanungsrisiko

| 1 | 2 | 3 | 4 | 5 |

Findet eine systematische Personalauswahl für das Projekt statt?

Personalersatzrisiko

| 1 | 2 | 3 | 4 | 5 |

Ist qualifizierter Ersatz sichergestellt, wenn wichtige Projektmitarbeiter ausfallen?

Qualifikationsrisiko

Hat man genügend qualifizierte Mitarbeiter um die Projektergebnisse umzusetzen?

1	2	3	4	5

Fremdsprachenrisiko

Sprechen die Mitarbeiter die für das Projekt notwendigen Fremdsprachen?

1	2	3	4	5

Weiterbildungsrisiko

Ist die interne Weiterbildung für das Projekt ausreichend?

1	2	3	4	5

Unternehmenskulturrisiko

Gibt es eine Unternehmenskultur, die durch das Projekt berührt wird?

1	2	3	4	5

Führungsrisiko

Sind alle Führungspositionen des Projektes gut besetzt? Gibt es evtl. Führungsersatz?

1	2	3	4	5

Kopfmonopolrisiko

Gibt es Kopfmonopole, also Mitarbeiter, die Know-how auf sich vereinigen, das sonst nirgends vorhanden ist?

1	2	3	4	5

Mitarbeiterpotenzialrisiko

Kennt man die Potenziale der Projektmitarbeiter?

1	2	3	4	5

Wettbewerbsklauselrisiko

Können ausscheidende Mitarbeiter für das Projekt gefährlich werden?

1	2	3	4	5

Betriebsratsrisiko

Können Aktivitäten des Betriebsrats für das Projekt zu einem Problem werden?

1	2	3	4	5

Fehlzeitenrisiko

Ist der Krankenstand für das Projekt ein Problem?

1	2	3	4	5

Fluktuationsrisiko

Gibt es Probleme für das Projekt durch mögliche Kündigungen?

1	2	3	4	5

Arbeitsmarktrisiko

Signalisiert der Arbeitsmarkt Engpässe, die für die Projektrealisierung wichtig sein können?

1	2	3	4	5

Finanzen und Controlling:

Kapitalbedarfsrisiko

Sind genügend Mittel für das Projekt intern zur Verfügung gestellt?

1	2	3	4	5

Finanzierungsrisiko

1	2	3	4	5

Ist die externe Finanzierung
gesichert und ist sie bezahl-
bar (Zinsaufwand)?

Liquiditätsrisiko

1	2	3	4	5

Wird das Unternehmen durch
das Projekt in seiner Liquidität gefährdet?

Verlustrisiko

1	2	3	4	5

Können evtl. (Anlauf)verluste
durch das Projekt verkraftet
werden?

Unternehmenswertrisiko

1	2	3	4	5

Wie entwickelt sich der
Gesamtwert des Unterneh-
mens durch das Projekt
(Einfluss auf den Aktienkurs)?

Reportingrisiko

1	2	3	4	5

Gibt es aussagefähige
Berichte über das Projekt?

Beteiligungsrisiko

1	2	3	4	5

Sind die wirtschaftlichen
Beziehungen zu Partnern,
Zweigniederlassungen usw.
durch das Projekt wesentlich
betroffen?

Rückstellungsrisiko

1	2	3	4	5

Müssen wegen des Projektes
Rückstellungen gebildet werden?

Methodenrisiko

| 1 | 2 | 3 | 4 | 5 |

Entsprechen Projektkostenrechnung und Controlling
den Erfordernissen? Ist das
Projekt transparent?

Kostenrisiko

| 1 | 2 | 3 | 4 | 5 |

Liegen die Kosten im Schnitt
anderer Projekte?

Artikelergebnisrisiko

| 1 | 2 | 3 | 4 | 5 |

Wird mit dem Ergebnis des
Projektes Geld verdient?

Optimierungsrisiko

| 1 | 2 | 3 | 4 | 5 |

Wird regelmäßig an eine
Reduzierung der Projektkosten gedacht?

Wechselkursrisiken

| 1 | 2 | 3 | 4 | 5 |

Hat das Projekt Wechselkursrisiken?

Zinsrisiko

| 1 | 2 | 3 | 4 | 5 |

Gibt es Zinsrisiken im Projekt?

Investitionsrisiko

| 1 | 2 | 3 | 4 | 5 |

Sind nachgelagerte Investitionen finanzierbar?

**Investitionsabhängigkeits-
risiko**

| 1 | 2 | 3 | 4 | 5 |

Ist das Projekt wesentlich
abhängig von Investitionen?

Informationstechnologie (IT):

IT-Strategierisiko

| 1 | 2 | 3 | 4 | 5 |

Gibt es eine geeignete IT-Strategie für das Projekt?

Technikrisiko

| 1 | 2 | 3 | 4 | 5 |

Ist die Projektlösung auf dem Stand der Technik?

Ausfallrisiken

| 1 | 2 | 3 | 4 | 5 |

Sind die IT-Ausfallrisiken quantifiziert bzw. eingegrenzt? Gibt es einen Notfallplan?

Kopfmonopolrisiko bei IT-Mitarbeitern

| 1 | 2 | 3 | 4 | 5 |

Gibt es wichtiges Know-how nur bei einzelnen IT-Projektmitarbeitern? Was, wenn diese Mitarbeiter ausfallen?

Dokumentationsrisiko

| 1 | 2 | 3 | 4 | 5 |

Ist alles ausreichend dokumentiert?

Berechtigungsrisiko

| 1 | 2 | 3 | 4 | 5 |

Ist die benutzte IT für das Projekt zugangssicher?

Datenschutzrisiko

| 1 | 2 | 3 | 4 | 5 |

Ist Datenschutz gewährleistet?

Interne Prozesse:

Vernetzungsrisiko

| 1 | 2 | 3 | 4 | 5 |

Sind strategische und operative Planung im Unternehmen hinsichtlich des Projektes abgestimmt? Passt das Projekt in die aktuelle Unternehmenssituation?

Übernahmerisiko

| 1 | 2 | 3 | 4 | 5 |

Kann man in genügendem Maße die unternehmensinternen Prozesse positiv in das Projekt integrieren? Kann man von anderen Erfahrungen zehren?

Berichtsrisiko/Know-how-Übertragung

| 1 | 2 | 3 | 4 | 5 |

Werden Projekterkenntnisse intern weitergegeben? Auch negative Erkenntnisse?

Organisationsrisiko

| 1 | 2 | 3 | 4 | 5 |

Gibt es eine flexible Organisationsstruktur, die den Erfolg des Projektes fördert?

Rechtliche Fragen:

Vertragsrisiko

| 1 | 2 | 3 | 4 | 5 |

Sind alle wichtigen Projektverträge geprüft? Sind Überraschungen zu erwarten?

Gesetzesrisiko

1	2	3	4	5

Werden neue Gesetze, Ver-
ordnungen usw. erwartet,
die Einfluss auf das Projekt
haben können?

Versicherungsrisiko

1	2	3	4	5

Muss das Projekt versichert
werden (ist dies überhaupt
möglich)?

Formalrisiko

1	2	3	4	5

Sind alle gesetzlichen Forma-
lien o.k., z.B aktuelle Entwicklungen im Handels-
register berücksichtigt?

Gesellschaftsvertragsrisiko

1	2	3	4	5

Gesellschaftsverträge sind
oft uralt. Sind sie noch auf
dem letzten Stand der Unter-
nehmensentwicklung, und
kann dies Einfluss auf das
Projekt haben?

**Drittrechte-/Produkthaf-
tungsrisiko**

1	2	3	4	5

Sind alle Lizenzen, Patente
u.ä. sicher? Gibt es Probleme
mit der Produkthaftung? Sind
die rechtlichen Regelungen
z.B. anderer Länder über-
haupt bekannt und berück-
sichtigt?

Wirtschaftliche Entwicklung und politische Rahmendaten:

Konjunkturrisiko

| 1 | 2 | 3 | 4 | 5 |

Welche Auswirkungen haben konjunkturelle Schwankungen auf das Projekt?

Inflationsrisiko

| 1 | 2 | 3 | 4 | 5 |

Ist eine mögliche Inflation nicht nur im eigenen Land, sondern auch im Ausland berücksichtigt?

Trendrisiko

| 1 | 2 | 3 | 4 | 5 |

Sind langfristige Trends bekannt, die Auswirkungen auf das Projekt haben?

Steuerrisiko

| 1 | 2 | 3 | 4 | 5 |

Hat das Projekt Einfluss auf die Unternehmenssteuern bzw. ist das Projekt beeinflusst von steuerlichen Rahmenbedingungen?

Risikochecklisten

Und zum Schluss der sogenannte Change Request: Ein gar nicht so seltenes Problem. Change Requests sind die lästigen Änderungswünsche, wenn das Projekt einmal definiert ist und bereits läuft. Änderungswünsche führen in der Praxis immer wieder zur Projektsanierung. Warum? Erst werden kleine Änderungen vom Auftraggeber gewünscht. So weit o.k. Dann kommt der Appetit, der Auftraggeber wird anspruchsvoller. Und irgendwann kann man die Ansprüche mit den ursprünglich vereinbarten Projektrahmendaten

(Termine, Budget usw.) nicht mehr vereinbaren. Schlimm, wenn man in diesem Zusammenhang den Zeitpunkt verpasst, mit dem Auftraggeber das berühmte „ernste Wort" zu reden. Jetzt gerät das Projekt aus dem Ruder. Der Auftraggeber wird unzufrieden, schließlich sieht er seine Anforderungen (die er *selber* zusätzlich definiert hat) nicht mehr abgedeckt. Die Krise ist da.

Was tun? Zunächst: Extrawürste kosten extra. Das sollte man selbst bei kleinen Änderungswünschen schon im Hinterkopf behalten und den Auftraggeber für die zusätzlichen Aufwendungen sensibilisieren.

Wenn aber nun das Kind in den Brunnen gefallen ist, das Projekt in der Krise ist, muss offen gesagt werden, dass der Change Request die Ursache für die Krise ist. Und jetzt kann man zum Beispiel ein Ergänzungsprojekt aufsetzen, das dann allerdings ein eigenes Budget hat. Wenn jetzt gar nichts mehr geht, kehrt man zum Ursprungsprojekt zurück und macht klar, dass man mit den vorgegebenen Rahmendaten die Änderungswünsche nicht erfüllen kann.

Übrigens: Der Change Request ist nicht nur ein Problem bei der Zusammenarbeit mit externen Unternehmensberatungen, auch wenn hier Änderungswünsche durch hohe zusätzliche Kosten schnell ans Licht kommen. Auch in internen Projekten, ja hier in noch höherem Maße (denn hier kostet es vermeintlich ja nichts), werden die internen Auftraggeber im Laufe des Projektes kreativ und wünschen sich mehr. Klar, auch der Auftraggeber wird durch Zwischenergebnisse klüger und erkennt, was eventuell noch nützlich ist.

Und auch intern gilt: Vorsicht vor dem Change Request.

8. Neue Entwicklungen im Projektmanagement

Der letzte Schrei und ein bisschen Showgeschäft

Im Berufsleben kann man manchmal eine Menge Bluff erleben. Oft mehr Schein als Sein. Ein Merkmal ist die übermäßige Verwendung von Anglizismen. Statt von Leistung redet heute jeder nur noch von *performance*. In welcher *location* essen Sie heute zu Mittag? Kann ich mal ein *local call* von Ihrem Telefon ausführen. Beispiele ohne Ende. Über die Sinnhaftigkeit soll hier nicht diskutiert werden.

Auch im Projektmanagement haben sich mittlerweile neue Ausdrucksweisen eingenistet, die teilweise auch in diesem Buch benutzt werden. Ob man diese Anglizismen nun mag oder nicht, die Praxis benutzt sie zunehmend. Wer heute in einem Beratungsunternehmen statt Kick-off-meeting noch Projekteinführungsveranstaltung sagt, „outet" sich als jemand, der wahrscheinlich noch mit der Postkutsche zur Arbeit gekommen ist. Hier eine Liste gängiger Begriffe:

- **Blueprint** = Entwurf. Ein erster Projektentwurf wird als Blueprint bezeichnet. Im technischen Bereich kennt man die Blaupause, und von dort ist es abgeleitet.
- **Change agent** = Dies ist nicht etwa ein Agent des Geheimdienstes und auch nicht der Betreiber einer Wechselstube, sondern schlicht derjenige, der den Veränderungsprozess im Unternehmen begleitet.
- **Change request** = Änderungswunsch in Projekten
- **Economic value added** = der Wert, der durch das Projekt dem Unternehmen hinzugefügt wird. So hat sich z.B. durch das Projekt „Markteroberung" der Wert des Unternehmens insgesamt erhöht.
- **Earned value** = Arbeitswert des Projektes, der schon erreichte Wert des Projektes während der Projektlaufzeit; der wertmäßige Zwischenstand
- **Kick off, kick out** = Projekteröffnungsveranstaltung beziehungsweise Projektschlussveranstaltung

- **Risk owner** = derjenige der das Projektrisiko trägt, meist der Projektverantwortliche
- **Roll out** = Übertragung der Projektergebnisse ins Unternehmen beziehugnsweise auf andere Bereiche

Ferner gibt es im Projektmanagement aktuelle Diskussionen, die im Folgenden dargestellt werden

- **Change Management:** Projekte verändern oft wesentlich das Unternehmen. Change Management ist Begleitung dieser Veränderungsprozesse
- **Projekt-Balanced-Scorecard:** das aktuelle, vieldiskutierte neue Instrument für Projekte
- **Projekt-Benchmarking:** Wie machen es andere? Sich am Können anderer orientieren

Change Management: Fit für Veränderungen

Change-Management-Projekte können sein:

- Eingliederung übernommener Unternehmen oder Unternehmensteile in das Mutterunternehmen
- Sanierung des Unternehmens
- Erhebliche organisatorische Umstrukturierungen im Unternehmen
- Hilfestellung bei der Informationsverarbeitung im Unternehmen (z.B. bei neuem übergreifenden Softwareeinsatz)
- Einführung neuer Methoden, z.B. Verstärkung der Projektarbeit

Ein wichtiger Erfolgsfaktor für den Erfolg des Change-Projektes ist die begleitende Entwicklung einer Unternehmens- beziehungsweise Organisationskultur. Im Laufe jedes Projektes werden in der Regel Barrieren des

- Nicht-Wissens
- des Nicht-Könnens und des
- Nicht-Wollens

aufgebaut, die zum Teil auf Wissensmängeln, Kompetenzdefiziten und rollenbedingten Selbsttäuschungen, aber auch auf massiven Interessengegensätzen beruhen. Insbesondere dann, wenn die Erwartung persönlicher Nachteile und individuelles Karrieredenken die konstruktive Umsetzung neuer Ideen behindern.

> So fürchtete eine Leiterin der Finanzbuchhaltung eines mittelständischen Unternehmens den Ausbau der Buchhaltung in Richtung modernes unternehmenübergreifendes Controlling mit Kennzahlen und EDV-Unterstützung, da sie zum einen in der Kostenrechnung „nicht zu Hause war", zum anderen aber nahm sie an, dass der Stellenwert ihrer Kernkompetenz sinke. Auf einmal hieß es, „die Fibu reicht doch für uns". Unnütz zu sagen, dass derselben Ansicht auch die Mitarbeiter der Buchhaltung waren. Als hier etwas radikale Maßnahme unternahm man die Trennung von der Dame (mit einer Abfindung).

Auf was ist zu achten?

- **Wichtig: Organisationskultur.** Derartige Einführungsprobleme sollen aber nicht ausschließlich personifiziert werden. Es ist vielmehr die Organisation – oder besser – die sogenannte Organisationskultur, auf die es ankommt.
  Jede Art der organisatorischen und instrumentellen Änderung – ob Prozessoptimierung, Einführung neuer Informationstechnologien usw. – wird immer nur begrenzte Wirkung haben, solange es nicht gelingt, parallel zur Entwicklung der Organisations*struktur* auch die Organisations*kultur* als treibenden Motor von Veränderungen zu nutzen. Frage: Wie werden intern Veränderungen gesehen, wie kann die Motivation zur Veränderung gefördert werden?
- **Schaffung einer Vertrauenskultur.** Organisationsentwicklungsprozesse stellen vor allem eine kulturelle Herausforderung dar. Wie heißt es so schön in einer Broschüre einer Unternehmensberatung: „Die Transformation in eine produktive, konsensorientierte und konfliktfähige Vertrauenskultur ist zugleich Ziel und Maßstab einer jeden Organisationsreform." Schöne Worte.
  Aber Vertrauenskultur ist unabdingbar, um sich schrittweise dem Leitbild einer lernenden Organisation anzunähern, ein Stichwort, dass man

zunehmend im Rahmen des Projektmanagements findet. Der Gegensatz zur Vertrauenskultur ist der Grundsatz „Jeder gegen jeden".

- **Leitbild der lernenden Organisation:** Die sogenannte lernende Organisation kann stichwortartig wie folgt beschrieben werden: ständige Verbesserung der Prozesse, auch durch betriebliches Vorschlagswesen. Wem das Stichwort „ständige Verbesserung" aus der Diskussion um das Qualitätsmanagement bekannt vorkommt, der hat recht: Dort liegt der Ursprung. Und auch das betriebliche Vorschlagswesen kommt aus dieser Richtung. Wobei anzumerken ist, dass hier nicht ausschließlich das traditionelle Vorschlagswesen gemeint ist, das mit Prämien arbeitet. Hier geht es in erste Linie darum, dass jeder an seinem Platz sich permanent Gedanken macht, was verbessert werden kann.

- **Ausgeprägte Feedbackkultur durch Kunden-, Mitarbeiter- und Führungskräftebefragungen.** Die Feedbackkultur ist in Deutschland noch nicht sehr ausgeprägt. Feedback „riecht" hier immer wieder nach Kritik.

- **Systematisches Aufbereiten von Fehlern.** Was bedeutet, dass nicht bei jedem Fehler gleich der Kopf abgeschlagen wird. Man kann es auch so ausdrücken: Fehler können auch Anlass für einen Lernprozess für alle darstellen.

- **Zielgerichtetes und effektives Projektmanagement.** Termine machen fleißig und Kostentransparenz macht sparsam! Und durch das Setzen von sogenannten Meilensteinen weiß jeder, wo er ist

- **Offene, vertrauensvolle Kommunikation.** Was zeichnet hier den guten Mitarbeiter aus? Rolf E. Breuer, Vorstandssprecher der Deutschen Bank sagte einmal, dass künftig nicht mehr derjenige belohnt werden solle, der viel wisse, sondern der viel Wissen teile; nicht der viele Menschen führen, sondern der viele Menschen motivieren könne. Schauen Sie sich einmal in Ihrem Unternehmen um, für wen dies zutrifft.

- **Selbstgesteuerte Führungskräfteentwicklung.** Dies geht in die Richtung des obigen Punktes und widerspricht der immer noch häufig anzutreffenden „Einzelkämpfermentalität". Aber hier geht es um die Entwicklung durch professionelles (gegenseitiges) Coaching von Führungskräften und beteiligten Mitarbeitern. Der EDV-Mitarbeiter macht den Controller in EDV fit. Der Techniker erklärt dem Marketing das Produkt und das Marketing dem Techniker, auf was der Markt heute achtet. Auch hier wieder: Schauen Sie sich mal in Ihrem Unternehmen um, wie mit Informationen und gegenseitiger Förderung umgegangen wird.

Phasenorientierte Organisationsentwicklung

Bei einer Organisationsentwicklung werden grundsätzlich drei Phasen des Veränderungsprozesses unterschieden:

1. **Auftauen**
   Ablösung von alten Theorien/Denken beziehungsweise Verhaltensmustern, emotionale Bindungen lösen, Akzeptanz für das Neue wecken. Schöne Worte, aber wer schon einmal versucht hat, zum Beispiel bei einem mittelständischen, alteingesessenen Familienunternehmen etwas zu verändern, weiß, was dies bedeuten kann: im Zweifel Frustrationen ohne Ende. Wer z.B. auch einmal Controlling in einer öffentlichen Verwaltung eingeführt hat, weiß dies ebenso, und auf Seminaren wird über diese Fragen abends in geselliger Runde stundenlang „Dampf abgelassen".

2. **Verändern**
   Neuformung, Umformung bestehender Konzepte und Prozesse auf neue Gegebenheiten. Ist der Auftauprozess erst einmal in Gang, macht dies die Veränderung leichter.

3. **Festigen**
   Integration der veränderten Konzepte, Verhaltensmuster und Prozesse in das Unternehmen.

Die einzelnen Phasen können dabei durchaus teilweise ineinanderübergehen.
Idealbedingungen: Folgende Rahmenbedingungen gelten dabei für die Projektlaufzeit:

- Klare und offene Kommunikation
- Querdenken und bereichsübergreifend kooperieren
- Bereitschaft, auch Tabuthemen aktiv anzupacken
- Blockaden aufspüren und beseitigen
- Förderung von Eigeninitiative, Teamgeist und Kreativität

- Führungskräfte leben Wertveränderungen vor
- Nachhaltige Veränderung erfordert hohes Durchhaltevermögen
- Führungskräfte machen Mut und geben Orientierung

Diese Rahmenbedingungen sind sogenannte „Idealbedingungen". Die Realität wird regelmäßig nicht diese so schön beschriebene mögliche Welt sein, aber daran kann die Realität zumindest von Zeit zu Zeit gemessen werden, und mögliche Fortschritte (oder auch mal Rückschritte?) werden festgestellt. **Möglichkeit Vorschlagswesen.** Empfohlen wird zudem die Einrichtung eines betrieblichen Vorschlagswesens. Hierbei sind folgende Fragen denkbar:

- Wo sehen Sie Verschwendung in Ihrem direkten Arbeitsumfeld?
- Wo wird Ihrer Meinung nach Doppelarbeit geleistet?
- Welche Aufgaben/Teilaufgaben können aus Ihrer Sicht entfallen?
- Welche Aufgaben/Teilaufgaben aus Ihrem Umfeld sollten sinnvollerweise in Ihre oder andere Abteilungen verlagert werden?
- Welche Maßnahmen könnten Sie sich für Ihr Arbeitsumfeld als produktivitätssteigernd vorstellen?
- Welche unnötigen Wege und Leerzeiten gibt es bei Ihnen?
- Was sind die häufigsten Kundenbeschwerden?
- Welche Qualitätsdefizite können Sie feststellen?
- Wo gibt es bei Ihnen Informationsdefizite?

Projektberichtswesen über Veränderungsprozesse

Jetzt wird es konkret, im Folgenden das Praxisbeispiel eines größeren Beratungsunternehmens.
Bewertung der „Soft facts":
Empfohlen wird, diese Fragen allen Projektmitarbeitern vorzulegen, und zwar sowohl zu Beginn des Projekts als auch auf Meilensteinebene. Die Wertung ist dabei von 1 bis 4 möglich.

1 Punkt = nein
2 Punkte = in geringem Maß
3 Punkte = eingeschränkt
4 Punkte = ja

Vision

Frage	Punktzahl
Existiert eine klare Vorstellung über Anlass, Notwendigkeit, Zweck des Veränderungsvorhabens?	
Haben die Verantwortlichen ein inneres Bild, was am Ende an Neuem steht?	
Wurde den betroffenen Mitarbeitern und Führungskräften das Zukunftsszenario verständlich und zielgruppenspezifisch erläutert?	
Durchschnittswert	

Ziele

Frage	Punktzahl
Ist allen Beteiligten bewusst, wann Ihr Vorhaben erfolgreich ist?	
Existieren konkrete, realistische Teilziele, was bis wann in welcher Qualität erreicht werden soll?	
Sind die Beteiligten mit den Zielen abgestimmt worden?	
Durchschnittswert	

Unternehmenskultur

Frage	Punktzahl
Wird die Veränderungskultur von den Führungskräften vorgelebt?	
Existiert eine anhaltende Unterstützung durch die Machtpromotoren?	
Bestehen genügend profilierte „Kräfte" im Unternehmen, die ihre Rolle als Multiplikatoren akzeptieren und aktiv wahrnehmen?	
Durchschnittswert	

Methoden

Frage	Punktzahl
Existiert ein Projektberichtwesen, das auch die Veränderungsprozesse einschließt?	
Existiert ein abgestimmtes, realistisches Vorgehen, was wie, in welchen Schritten, in welchen Bereichen getan werden muss (Projektplan)?	

Wird das Instrumentarium des Projektmanagements effizient und effektiv eingesetzt?	
Besteht ein definierter Rückkopplungsprozess zwischen Teilergebnissen und Vision?	
Durchschnittswert	

Kommunikationskonzept

Frage	Punktzahl
Korrespondieren Kommunikationskonzept und Strategie?	
Gibt es ein Konzept, wie Ziele, Gründe, Auswirkungen, Vorgehen im Projekt zielgruppenspezifisch bewertet werden?	
Sind Key Player, „Bremser", Multiplikatoren aktiv in den Kommunikationsprozess eingebunden und geben regelmäßig Feedback?	
Durchschnittswert	

Umgang mit Widerständen / Akzeptanz

Frage	Punktzahl
Werden notwendige Entscheidungen rechtzeitig getroffen?	
Werden getroffene Entscheidungen von den Betroffenen umgesetzt?	
Werden Widerstände als notwendige Begleiterscheinungen akzeptiert?	
Existieren definierte Eskalationsverfahren bei Interessenkonflikten?	
Werden auftretende Konflikte rechtzeitig offen angegangen und mit den professionellen Moderatoren geklärt?	
Durchschnittswert	

Kompetenzentwicklung

Frage	Punktzahl
Berücksichtigt das Veränderungsvorhaben die Qualifikation und die Entwicklungsperspektive der Mitarbeiter?	
Wird bei Bedarf Coaching für Führungskräfte und Mitarbeiter zur Unterstützung eingesetzt?	

Erfolgt eine systematische Neuausrichtung der betroffenen Bereiche, Mitarbeiter durch Anforderungs-/Kompetenzprofile, Rollenbeschreibungen, Perspektiven, Qualifizierungsmaßnahmen?	
Durchschnittswert	

Motivation

Frage	Punktzahl
Sind Beteiligte überwiegend persönlich motiviert, die Zielsetzungen des Veränderungsvorhabens zu erreichen?	
Werden die Beteiligten aktiv eingebunden und ihre Beiträge wertgeschätzt? Besteht ein offenes, fehlertolerantes Vorgehen?	
Existiert ein Anreizsystem, das mit dem zu erreichenden Erfolg korrespondiert?	
Durchschnittswert	

Auf diese Weise gelangt man zur Bewertungsspinne, die auf anschauliche Weise den Handlungsbedarf darstellt.

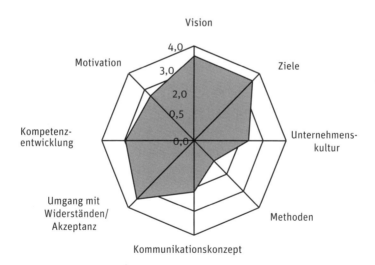

Bewertungsspinne

Auf diese Weise erkennt man Probleme bei der Bewältigung des Change-Managements-Projektes.

1 = Offensichtliche Defizite
2 = Man hat es versucht, der Erfolg ist noch mäßig
3 = Erste Erfolge, aber noch Fragezeichen
4 = o.k.

Die durchschnittliche Gesamtwertung von 1 bis 4 bedeutet dabei das Realisierungsrisiko der entsprechenden Maßnahmen zu den genannten Themen. Liegt die Wertung bei Vision und Zielen z.B. zwischen 3 und 4, so bedeutet dies, dass die Führungskräfte und Mitarbeiter über die Vision und die Ziele des Projektes gut Bescheid wissen und dort kein Handlungsbedarf besteht. Projektmaßnahmen, die die Bereiche Vision und Ziele betreffen können durchgeführt werden.

Erreicht die Methodenbewertung gerade mal 1, so bestehen hier offensichtlich Defizite. Eine Projektplanung existiert nicht oder ist zumindestens den Beteiligten nicht bekannt. Weitere Methoden des Projektmanagements sind nicht transparent oder werden nicht eingesetzt. Hier gilt es, Nachbesserungen zu leisten, zum Beispiel in Form von Informationsveranstaltungen, in denen die Projektplanung vorgestellt wird und Instrumente des Projektmanagements geschult werden.

Projekt-Balanced-Scorecard: „Weiche" Faktoren im Projekt berücksichtigen

Bevor die Projekt-Balanced-Scorecard konkret angegangen wird, zunächst erst einmal eine Beschreibung der klassischen Balanced Scorecard.

Worum geht es? Die Balanced Scorecard versucht im Grunde nur alte betriebswirtschaftliche Probleme zu lösen, an der sich bereits Generationen von Kaufleuten versucht haben: Die Umsetzung der Strategien in operatives Handeln. Dies zum einen. Zum anderen wird versucht, Faktoren zu berücksichtigen, von denen jeder weiß, dass sie wichtig sind, aber so niemand richtig sagen kann, wie man sie berücksichtigen oder messen kann. Es geht um die sogenannten „Soft Facts". Wie messen Sie Motivation?

Das Grundschema. Damit fängt alles an. Vor allen weiteren Erklärungen hier zunächst erst einmal das Grundschema, die Basis aller weiteren Überlegungen:

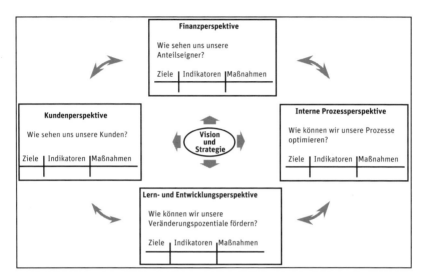

Grundschema einer Balanced Scorecard

Balanced Scorecard: Wieder einmal ein Begriff, den man nicht eins zu eins übersetzen kann. Manche versuchen sich mit folgenden Übersetzungen: ausbalancierte Berichtsfelder oder ausgeglichener beziehungsweise ausgewogener Berichtsbogen. Alles nicht sehr glücklich. Balanced heißt ausgeglichen, Score hat etwas mit Rechnung beziehungsweise mit Indikatoren zu tun.

Auf jeden Fall geht es darum, dass traditionelle Finanzkennzahlen um weitere Sichtweisen, im Wesentlichen strategischer Art, ergänzt werden.

Ist Balanced Scorecard überhaupt etwas Neues? Es streiten sich die Experten, ob die Balanced Scorecard überhaupt etwas Neues ist. Die dort untersuchten Inhalte sind bereits seit Jahren Bestandteil betriebswirtschaftlicher Untersuchungen. Auch ist nicht neu, das Unternehmen über finanzwirtschaftliche Daten hinaus aus verschiedenen Perspektiven zu untersuchen und in Folge aus strategischen Daten operative Maßnahmen abzuleiten. Vielleicht liegt die Faszination dieses Instrumentes daran, dass die Väter

Prof. R. S. Kaplan und Dr. D. P. Norton von der Harvard Business School kommen und sich dort einen Namen gemacht haben. Wie auch immer: Ziele und Grundelemente sollen im Folgenden beschrieben werden.

Ziele: Weg von Traditionen!

Die Balanced Scorecard ist in erster Linie ein strategisches Instrument. Es sollen Strategien oder Visionen in Kennzahlen und Beurteilungsgrößen umgesetzt werden. Es soll ein zukunftsorientiertes Berichtswesen geschaffen werden, während heutiges Berichtswesen vornehmlich noch in die Vergangenheit schaut.

Aus den Strategien werden Zielvereinbarungen für alle Unternehmensebenen und für die verantwortlichen Mitarbeiter abgeleitet.

Etwas plakativ gesagt, soll eine Balanced Scorecard

- traditionelle Kennzahlen, wie z.B. Gewinn, Cash Flow beziehungsweise Kostenrechnungsdaten usw., um weitere Perspektiven ergänzen.
- einen Zusammenhang zwischen Strategien und operativem Handeln herstellen.
  Häufig beobachtet man, dass zwar – meist von der Geschäftsleitung – wunderbare Strategien, Leitbilder, Visionen usw. aufgestellt werden, der nächste Schritt, nämlich die konkrete (!) Umsetzung fehlt aber.
  Beispiel: Als Strategie wird eine bessere Kundenbindung proklamiert. Es gibt aber keine Maßnahmen, um zum Beispiel den Service zu verbessern, den Vertrieb zu schulen usw.
- eine Rückkopplung beziehungsweise Erfolgskontrolle zwischen Strategie und umgesetzter Maßnahmen ermöglichen.
  Dadurch, dass nunmehr die Strategien messbar sind, kann der Zielerfüllungsgrad festgestellt werden.
- die Strategien beziehungsweise Ziele des Unternehmens für alle Mitarbeiter transparent machen.
  Dies bedeutet, dass alle Mitarbeiter „irgendwo" in die Balanced Scorecard eingebunden sind und sich damit identifizieren sollen.

Wie das obige Schaubild zeigt, soll dies mit Indikatoren, also letztlich mit Kennzahlen und daraus abgeleiteten Maßnahmen erreicht werden. Diese

Kette: Ziel, Indikator, Maßnahme ist ein Kernstück der Balanced Scorecard, denn auf diesem Wege soll eine Operationalisierung (ein Handelbarmachen, eine Umsetzung) passieren.

Die Perspektiven: Nicht mehr nur Finanzen

Wir reden ausgehend von einer Strategie, einer Vision oder einem Leitbild über vier sogenannte Perspektiven:

- Die finanzwirtschaftliche Perspektive
- Die Kundenperspektive
- Die interne Prozessperspektive
- Die Lern- und Entwicklungsperspektive

Im Einzelfall können unternehmensindividuell diese Perspektiven ergänzt oder vertieft werden, zum Beispiel um die informationstechnologische Perspektive. Die Schöpfer der Balanced Scorecard weisen ausdrücklich darauf hin, dass man unternehmensindividuell variieren kann. Wesentlich bei dieser Sichtweise ist, dass die Perspektiven nicht isoliert voneinander gesehen werden, sondern als Teil einer vernetzten Gesamtschau. So haben etwa die Kundenziele Auswirkungen auf die Finanzziele.

Mit Mittelpunkt: Die Basisstrategie

Im Mittelpunkt steht die Vision, die Strategie. Oder ein Leitbild. Dies ist Aufgabe des Top-Managements. Hier orientiert man sich an den Fragestellungen der strategischen Planung. Also beispielsweise

- Was ist unsere Kernkompetenz?
- Haben wir die richtigen Produkte?
- Was macht die Konkurrenz?
- Wohin entwickelt sich der Markt?
- Wie elastisch sind die Preise?
- Wie sind die politischen und wirtschaftlichen Rahmenbedingungen?

Dann die Frage: Wo wollen wir hin? Strategische Kernfrage: Die richtigen Dinge tun. (Die operative Frage ist: Die Dinge richtig tun.)

Darüber hinaus gibt es Visionen (die Welt kennt unser Produkt XY) oder Leitbilder (im Mittelpunkt unseres Wirkens steht ...)
An dieser Strategie orientieren sich nun die einzelnen Perspektiven:

1. Finanzwirtschaftliche Perspektive

Finanzwirtschaftliche Ziele sind Rentabilität, Ergebnis, Finanzkraft usw. Ferner Ziele wie zum Beispiel die Kostensenkung. So können alle diese Ziele in ein Shareholder-Value-Konzept eingehen. Dies bedeutet, dass eben nicht nur etwa der Gewinn betrachtet wird, sondern Shareholder-Value betrachtet den Wert des Unternehmens beziehungsweise die Wertentwicklung des Unternehmens für die Aktionäre.

Finanzwirtschaftliche Ziele drücken das langfristige Unternehmensziel in Zahlen aus, etwa des Rechnungswesens, insbesondere des Controllings, zum Beispiel das ROI-Ziel (ROI = Return on Investment).

Mögliche Zielformulierungen der finanzwirtschaftlichen Perspektive:

- Wachstum mit dem Markt bzw. schneller als der Markt (in Prozent)
- Cash-Flow-Ziele, z.B. Steigerung von 50 % innerhalb von drei Jahren
- Steigerung der Produktivität um 20 % in zwei Jahren
- ROI-Ziel: 20 % innerhalb von drei Jahren

2. Kundenperspektive

Die Kundenperspektive untersucht die Kunden- und Marktsegmente des Unternehmens, z.B.

- Marktanteile
- (Neu-)Kundenakquisition
- Kundentreue
- Kundenrentabilität
- Kundenzufriedenheit

Dies sind zum einen quantifizierbare Größen, darüber hinaus gibt es aber auch Elemente, die nur schwer mit Kennzahlen zu messen sind. Dieser sogenannte Customer-Value beinhaltet etwa nicht quantifizierbare Faktoren wie zum Beispiel:

- Besondere Produkt- und/oder Serviceeigenschaften
- Kundenbeziehungen
- Imagefaktoren von Produkten bzw. von ganzen Unternehmen
- Die oben genannten Elemente werden exakt auf die jeweilige Geschäftseinheit, zum Beispiel Produkt oder Verkaufsgebiet oder Ähnliches, ausgerichtet. Mögliche Zielformulierungen der Kundenperspektive:
- Neukunden in drei Jahren
- Erhöhung des Stammkundenanteils auf 50 %
- Verbesserung der Kundenzufriedenheit
- Kundenbindung optimieren
- Steigerung des Marktanteils um 10 % innerhalb von drei Jahren

3. Interne Prozessperspektive

Diese Perspektive untersucht die internen Kernprozesse, die für die Erreichung der Ziele der Kunden oder Anteilseigner am wichtigsten und/oder am kritischsten sind. Man unterscheidet hier den

Innovationsprozess

- Welche Innovationsprozesse sind grundsätzlich noch möglich?
- Welche sind sinnvoll und kostenmäßig noch vertretbar?
- Welche Vorteile werden Kunden von den zukünftigen Produkten haben?
- Welche Konkurrenzvorteile können durch Innovation gewonnen werden?

Betriebsprozess

- Wie kann die Herstellung der Produkte optimiert werden?
- Wie können die Produktionsprozesse unter wertanalytischer Betrachtung optimiert werden?
- Wie kommen die Produkte noch besser und pünktlicher zum Kunden?

Kundendienstprozess

- Grundsätzlich: Mit welchen Prozessen befriedigen wir am besten den Kunden?

- Speziell: Wie können z.B. Service, Lieferbereitschaft, Zahlungsverkehr usw. optimiert werden?

Hier geht es also um eine weitgehende Transparenz der betrieblichen Vorgänge. Diese Betrachtungsweise hat eine Schnittmenge mit der Prozesskostenrechnung beziehungsweise mit deren Vorgehensweise. Auch dort werden die wesentlichen internen Prozesse untersucht.
Mögliche Zielformulierungen der Prozessperspektive:

- Verkürzung der Entwicklungszeiten um 30 %
- Qualitätsverbesserung, Senkung der Reklamationsquote auf 0,3 %
- Verringerung der Durchlaufzeiten in der Produktion um 30 %
- Kaufmännische Entscheidungen forcieren, z.B. Entscheidungen über Kreditaufnahme, Tilgung, neue Software usw.

4. Lern- und Entwicklungsperspektive

Diese Sichtweise untersucht die Einbindung der Mitarbeiter in das Unternehmen, die Qualität der Organisation im Unternehmen. Eine der Fragen ist, auf welchen Gebieten die Organisation besonders leistungsfähig sein muss, beispielsweise beim Serviceniveau im Dienstleistungsbereich. Eckpunkte sind:

- Mitarbeiterzufriedenheit
- Mitarbeiterinitiative und -kreativität
- Mitarbeiterproduktivität
- Weiterbildung.
- Diese oben genannten Elemente sind nur schwer zu quantifizieren.
  Ein weiterer Untersuchungspunkt ist die Frage, wie es um die Fähigkeit des Wandels im Unternehmen bestellt ist, wie flexibel und dynamisch die Mitarbeiter beziehungsweise die Organisationen sind. Mögliche Zielformulierungen der Lern- und Entwicklungsperspektive:
- Verbesserung der Qualifikation durch Schulung
- Steigerung der Mitarbeiterzufriedenheit
- Verringerung der Fluktuation auf 3 %
- Einrichtung eines Wissensmanagements beziehungsweise eines internen Bildungscontrollings oder einer Wissensdatenbank

In der Praxis sollte man die Zielformulierungen in Grenzen halten. Vielleicht drei bis sieben Ziele sollten formuliert werden. Man kann nicht auf allen Hochzeiten tanzen.

ZIELE	MESSGRÖSSEN	MASSNAHMEN	ZEITBEZUG
FINANZWIRTSCHAFT-LICHE PERSPEKTIVE:			
Cash Flow von 30 Mio. Euro Eigenkapitalrendite von 12 %	Euro Euro/%	– Kostensenkung – Umsatzsteigerung – Aufnahme stiller Gesellschafter – Rationalisierungsinvestitionen	Ende 2007 Ende 2008
KUNDENPERSPEKTIVE:			
Erhöhung des Marktanteils auf 15 %	%	– Neukundenwerbung – Verbesserung Serviceniveau	Juni 2007
Generierung von Zusatz-nutzen beim Produkt POP	Kunden-befragungen	– Einsatz von Kreativitätsteams	Ende 2007
INTERNE PROZESS-PERSPEKTIVE:			
Optimierung der Fertigung	Durchlaufzeit Euro	– Neues Planungssystem – Wertanalysen	Ende 2007
Innovationsanalyse	Anzahl Teamsitzungen Anzahl Vor-schläge	– Einsatz von Kreativitätsteams	Ende 2007
LERN- UND ENTWICK-LUNGSPERSPEKTIVE:			
Verbesserung der Weiter-bildung	Investionen i.d. Weiterbildung Anzahl Bildungs-maßnahmen	– Servicebereich – Führungstechniken – Lern- und Arbeitstechniken	Mitte 2007
Reduzierung Fluktuation	Anzahl Kündigungen	– Erhöhung der Mitarbeiter-gespräche – Leistungsgerechtere Ent-lohnung	Ende 2007
Verbesserung des inner-betrieblichen Vorschlags-wesens	Anzahl Ver-besserungs-vorschläge	– Neues Anreizsystem – Erhöhung der Motivation durch Personalführungsmaßnahmen	Ende 2007

Umsetzung von Balanced-Scorecard-Zielen

Wie man an obigen Zielen sieht, sind die meisten Ziele typische Beispiele für Projekte. Und so gibt es schon aus diesem Zusammenhang einen starken Zusammenhang zwischen der Balanced Scorecard und der Projektarbeit. Die Details können wie folgt aufbereitet werden (auch hier wieder: **Alles im Grunde Projekte!**).

Bei den Perspektiven gibt es Ursachen- und Wirkungszusammenhänge. Plakativ gesagt: Alles hängt mit allem zusammen. So wird die Erhöhung des Marktanteils Auswirkungen auf die finanzielle Dimension haben, weniger Fluktuation wird die Produktivität steigern, und mehr Wissen wird die Entscheidungsfindung der Prozessperspektive fördern. Und diese Zusammenhänge zunächst zu erkennen und dann handelbar zu machen, das ist die Kernaufgabe der Balanced Scorecard.

Jedes Ziel, jede Maßnahme wird in der Praxis noch weiter unterteilt und detailliert beschrieben. Ferner werden Verantwortliche festgelegt.

Regelmäßig wird der Realisierungsgrad der Ziele überprüft. Bei Bedarf wird die Balanced Scorecard ergänzt beziehungsweise weiter differenziert. Auch kann es passieren, dass sich der betroffene Personenkreis vor dem Hintergrund neuer Erfordernisse erweitert.

Wie die Balanced Scorecard einführen?

- Die Einführung ist, wie könnte es anders sein, ebenfalls Projektarbeit.
- Die Einführung ist ein Top-down-Prozess.
  Der Anstoß kommt vom Management. Die Inhalte werden aber mit allen beteiligten Stellen erarbeitet.
- Ein Umsetzungsplan wird erstellt.
- Interne Verbreitung
  Diese Verbreitung bedarf einiger kommunikativer Unterstützung
- Bildung strategiekonformer Ziele aller beteiligten Mitarbeiter
  Hier müssen alle Beteiligten unterstützt werden, diese Ziele operationalisierbar und rechenbar zu machen.

Federführend wird regelmäßig das Controlling sein. Dieses ist die qualifizierteste Stelle im Unternehmen, die Ziele in Zahlen ausdrücken kann.

Dies ist bei quantifizierbaren Zielen relativ einfach, Umsatz, Renditen usw. kann man rechnen. Schwierig wird es aber, wenn es um nicht oder nur wenig quantifizierbare Ziele geht. Was bedeutet „guter" Service, „hohe" Motivation, „verbesserte" Kundenorientierung? Hier hilft nach Absprache mit den Fachabteilungen eine Differenzierung in Unterziele. Guter Service bedeutet dann zum Beispiel Reklamationsbearbeitung in x Tagen oder Reparaturanfälligkeit von x %. Stets sollte versucht werden, diese qualitativen Ziele irgendwie zu quantifizieren.

Die Einführung eines Balanced-Scorecard-Modells im Unternehmen ist niemals eine Lösung „von der Stange". Die Projektarbeit umfasst mindestens folgende Schritte:

1. **Analysephase**
   Ermittlung und Formulierung strategischer Zielsetzungen. Ableitung von Teilzielen vor dem gedanklichen Hintergrund einer Balanced Scorecard.
   Es folgt die Definition kritischer Erfolgsfaktoren zur Erreichung der strategischen Ziele.
2. **Konzeptionsphase**
   Ableitung strategiekonformer konkreter Ziele und Indikatoren für das Unternehmen. Diese Ziele und Indikatoren werden im nächsten Schritt auf die Unternehmensbereiche heruntergebrochen.
3. **Realisierungsphase**
   - Füllen der Balanced Scorecard mit den vorhandenen Daten
   - Prüfen, wie die Daten aus Vorsystemen eventuell automatisch generiert werden können
   - Entwicklung von bereichsbezogenen Scorecards
   - Festlegung der praktischen Arbeit mit der Balanced Scorecard

Ziel ist, messbare strategiekonforme Kriterien zu erhalten, damit auf dieser Basis (auf allen Ebenen) qualifiziert kommuniziert werden kann, um letztlich Maßnahmen ableiten zu können.

Die Einführung einer Balanced Scorecard ist ein Prozess, der das gesamte Unternehmen beleuchtet und mit einbezieht. So kann man im Rahmen eines Balanced-Scorecard-Prozesses, wenn man will, das gesamte Unternehmen „umdrehen". Somit ergibt sich eine Veränderung zum Change Management. Man sieht, wie die Dinge zusammenhängen.

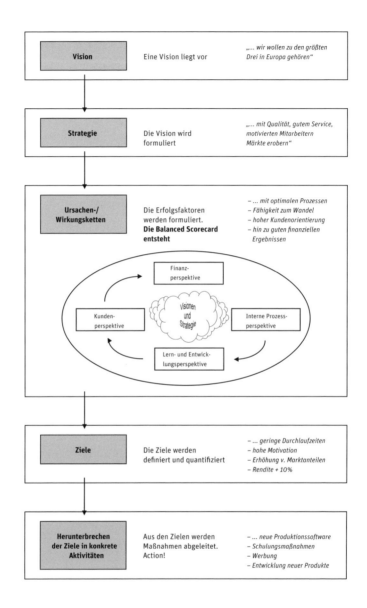

Von der Vision zu konkreten Aktivitäten

Balanced Scorecards speziell für Projekte?

Wir haben gesehen, dass die Einführung einer Balanced Scorecard ein Projekt ist und dass dann im Rahmen der Balanced Scorecard viel mit Projekten gearbeitet wird. Die Balanced Scorecard „lebt" sozusagen von der Projektarbeit.

Aber auch ein Projekt kann analog der Denkweise der Balanced Scorecard geführt werden. Denn auch ein Projekt hat mehrere Perspektiven.

- Zunächst eine Vision, eine Aufgabe, eingebunden in eine Strategie „Mit diesem Projekt wollen wir die Vision Marktführerschaft in Berlin realisieren"
- Finanzperspektive „Dabei soll die Rendite weiterhin 12 % betragen"
- Interne Prozessperspektive „Um die Vision zu erreichen, müssen unsere Serviceprozesse verbessert werden"
- Lern- und Entwicklungsperspektive „Das bedeutet Weiterbildung und höhere Motivation unserer Mitarbeiter"
- Kundenperspektive „Der Marktanteil soll auf 20 % steigen"

Aus diesen Zielen werden konkrete Aufgabenstellungen im Projekt abgeleitet, zum Beispiel die Neukundenwerbung durch gezielte Werbeaktionen. Unschwer zu erkennen, dass sich die Ziele gegenseitig ergänzen.

Wie schon erwähnt, sind die Perspektiven nicht zwingend und werden je nach Aufgabenstellung gewählt. Und so kann man einem Projekt je nach Bedarf die verschiedensten Perspektiven zuordnen. Es dürfen auch bloß mal drei Perspektiven sein oder auch mal fünf. Aber bitte nicht viel mehr, zu viele Perspektiven sind nicht beherrschbar. Auch hier gilt: nicht übertreiben. **Welche Perspektiven bieten sich für Projekte noch an?** Hier eine Auswahl (beziehungsweise Beispiele) von weiteren Projektperspektiven.

Energieperspektive

Wir leben in einer Welt sich schnell ändernder Energiepreise. Zurzeit sinken die Strompreise, es steigen die Benzin- und Dieselpreise. Auswirkung sind eine zunehmende Anzahl von Projekten im Energiebereich. Dies betrifft insbesondere etwa Speditionsunternehmen oder öffentliche Transportunternehmen.

Rohstoffperspektive

Ganz ähnliche Fragestellungen wie bei der Energieperspektive. Betrifft Projekte, bei denen ein bestimmter Rohstoff einen Engpass darstellen kann, zum Beispiel Edelhölzer in der Möbelindustrie usw.

Ökologische Perspektive

Es gibt Projekte, die eine besondere ökologische Sichtweise erfordern, beispielsweise Entsorgungsprojekte.

Forschungs- und Entwicklungsperspektive

Diese wird gar nicht so selten anzutreffen sein, da Forschungs- und Entwicklungsarbeit ausgesprochene Projektarbeit ist. Diese Perspektive ist immer für Projekte interessant, deren wesentlicher Erfolgsfaktor die Forschung und Entwicklung ist.

Informationsperspektive

Es gibt Projekte, bei denen die Information eine besonders wichtige Rolle spielt, zum Beispiel Softwareprojekte. Die Informationsperspektive berücksichtigt im Rahmen einer Balanced Scorecard hervorragend die Interessen der Informationsempfänger, denn Softwareprojekte sind häufig sehr techniklastig.

Sicherheitsperspektive

Bei EDV-Projekten ist die Aufnahme einer Sicherheitsperspektive außerordentlich sinnvoll. Desgleichen bei Forschungs- und Entwicklungsprojekten (Industriespionage).

Soziale Perspektive

Insbesondere bei Projekten, bei denen es auch um Personalabbau geht, kann die Sichtweise um eine soziale Perspektive ergänzt werden, so bei Umstrukturierungsprojekten. In diesem Zusammenhang bekommt auch der Betriebsrat „seine Perspektive".

Einführungsperspektive

Eine Perspektive für Projekte, die sich zum Beispiel mit Unternehmensgründungen befassen oder mit der Einführung neuer Produkte.

Personalrekrutierungsperspektive

Diese Perspektive kann für Personalprojekte interessant sein, aber auch für Projekte, die einen zunehmenden Personalbedarf erfordern.

Rechtliche Perspektive

Kann in bestimmten Projekten interessant sein, zum Beispiel in einer Sanierungsphase, in der es um Vergleiche, Sozialpläne usw. geht.

Finanzierungsperspektive

Nicht zu verwechseln mit der Finanzperspektive. Hier geht es speziell um die Finanzierung von Projekten, wenn diese nicht aus der Portokasse bezahlt werden können, sondern vielleicht sogar Kredite aufgenommen werden müssen, um das Projekt finanzieren zu können (etwa einen teuren Beratereinsatz). Oder wenn das Ergebnis des Projektes ein zunehmender Finanzbedarf ist, zum Beispiel die Eroberung eines Marktes durch massive Werbemaßnahmen. Diese zusätzlichen Perspektiven werden mit den klassischen Perspektiven gemixt. So hat vielleicht ein Projekt im Personalbereich die

- Klassische **Lern- und Entwicklungsperspektive**
  Weiterbildung und Motivation
- Die neue **Personalrekrutierungsperspektive**
  Aufnahme neuer Mitarbeiter
- Die neue **soziale Perspektive**
  Versetzungen von Mitarbeitern innerhalb des Unternehmens

- Die klassische **Finanzperspektive**
  Auswirkungen des Personalprojektes auf das Unternehmensergebnis

Praxistipp: Wenn Sie mit der Balanced Scorecard im Projekt arbeiten wollen, versäumen Sie nie, jeden (!) Projektmitarbeiter mit der Denk- und Vorgehensweise einer Balanced Scorecard vertraut zu machen.

Projekt-Benchmarking: Von anderen lernen

Benchmarking: nur ein Modebegriff, alter Wein in neuen Schläuchen oder tatsächlich eine neue Methode, das eigene Unternehmen zu verbessern? Oder – wie einmal ein Skeptiker spöttisch sagte: „Warum drückt man es so geschwollen aus, wenn man von anderen schlicht abguckt." Denn wir wissen alle: Auch wenn der Begriff relativ neu beziehungsweise modern ist, den Prozess Benchmarking hat es schon immer gegeben. Die Japaner sagen übrigens **dantotsu** dazu. Das heißt sinngemäß, danach zu streben, der Beste der Besten zu werden.

Überblick über das Thema Benchmarking

Häufig ist es doch so, dass jeder zwar Begriffe in den Mund nimmt, aber wer kennt schon die Herkunft? Der Begriff Benchmark stammt aus dem Bau- und Vermessungswesen. In Steinbrocken wurde eine Kerbe geschlagen, darüber wurde ein flaches Stück Eisen horizontal platziert, um als Stütze (englisch bench) für eine Nivellierlatte zu dienen. Mithilfe dieses Bezugspunktes (englisch mark) konnten Höhen und Abstände gemessen werden.

Somit sind Benchmarks Bezugsgrößen beziehungsweise messbare Standards, die als Vergleichsmaßstab dienen. Dieser Begriff wurde in den ökonomischen Bereich übernommen, somit sind Benchmarks Messgrößen für das eigene Unternehmen, die sich an Standards anderer Unternehmen orientieren.

Ein Wirtschaftslexikon definiert Benchmarking:

„Instrument der Wettbewerbsanalyse. Benchmarking ist der kontinuierliche Vergleich von Produkten, Dienstleistungen sowie Prozessen und Methoden mit (mehreren) Unternehmen, um die Leistungslücke zum sog. Klassenbesten (Unternehmen, die Prozesse, Methoden etc. hervorragend beherrschen) syste-

matisch zu schließen. Grundidee ist es, festzustellen, welche Unterschiede bestehen, warum diese Unterschiede bestehen und welche Verbesserungsmöglichkeiten bestehen."

Man spricht auch von der Orientierung an der „best practice" der Vergleichspartner. Man unterscheidet

- **Produktbenchmarking:** Vergleich von Produkten, Dienstleistungen usw. Fragestellung ist, was die Vergleichsprodukte „können" beziehungsweise was diese Produkte attraktiv für die Kunden macht.
  Ziel: Wie verbessern wir unsere eigenen Produkte?
- **Prozessbenchmarking:** Im Mittelpunkt steht: „Wie tun es andere?" Welche Fertigungsprozesse werden benutzt, wie passiert die Dienstleistung?
  Ziel: Verbesserung eigener Prozesse.
- **Organisationsbenchmarking:** Wie ist die Auf- und Ablauforganisation anderer? Wo gibt es anderswo effektivere Strukturen?
  Ziel: Verbesserung der eigenen Organisation.
- **Strategiebenchmarking:** Wo wollen andere hin? Was ist die Kernkompetenz der Vergleichspartner? Wo stehen wir am Markt, wo stehen andere am Markt?
  Ziel: Finden einer passenden Strategie für das eigene Unternehmen.

Dabei orientiert man sich entweder intern, also im oder am eigenen Unternehmen, branchenbezogen oder branchenübergreifend.

Bei sich selbst anfangen? Häufig steht am Anfang von Benchmarkprozessen das interne Benchmarking. Klar – es bietet sich an, zunächst „im eigenen Laden" zu suchen, wer es vielleicht besser kann. Die Regel ist allerdings, dass man sich an der Branche orientiert. Dies bedeutet nun nicht, dass man im Sinne einer Spionagetätigkeit vorgeht und andere Unternehmen ausspäht. Die Auswahl der Benchmarkingpartner kann einvernehmlich passieren und es können Kooperationen gebildet werden.

Aber es bleibt die Erkenntnis: Benchmarking ist ein sensibles Thema. Vom American Productivity and Quality Center (APQC) ist sogar schon ein Verhaltenskodex (Code of Conduct) entwickelt worden.

Woher Informationen? Wie finde ich „best practice"? Hier nur stichwortartig:

- Verbandsinformationen
- Branchenexperten
- Mitarbeiter-, Lieferanten-, Kundenbefragungen
- Veröffentlichungen
- Datenbanken
- Das, was man unter „Connections" versteht
- Produktanalysen

Und wer kennt nicht den bekannten Satz: Jede Branche ist ein Dorf. Man kennt die anderen, hat vielleicht schon mal woanders in der Branche gearbeitet usw.

Natürlich weiß man zum Beispiel, dass die Kostenvorteile in der Produktion beim Vergleichsunternehmen Resultat von Produktionsverlagerungen ins Ausland sind.

Schwieriger wird es freilich beim Strategiebenchmarking.

Übertragung Benchmarking auf die Projektarbeit

Projekt-Benchmarking überträgt nun die Denkweise des klassischen Benchmarkings auf einzelne Projekte. Man vergleicht also Projekte und sucht die „best practice".

Zunächst: Was hat bislang unsere internen Projekte erfolgreich gemacht?

Dies kann zum Beispiel die Analyse der Vorgehensweise sein, vielleicht hat sich auch eine Projekt-Balanced-Scorecard besonders bewährt.

Es ist allgemein ein Trauerspiel, dass im Grunde intern zu wenig Benchmarking stattfindet. Jeder „wurschtelt" für sich allein. Es passiert zu wenig Knowhow-Übertragung im Unternehmen. Das betrifft auch Projekte. Manchmal würde es ja schon genügen, intern Erfahrungen mit gewissen Beratern, Institutionen auszutauschen. Schon ein Tipp wie „der Müller von der EDV ist super in Projekten" kann da nützlich sein. Aber nein – jeder muss seine Erfahrungen selbst machen. Und manchmal lässt man auch mal gern eine andere Abteilung schadenfreudig ins Fettnäpfchen treten.

Größere Unternehmen haben teilweise genormte Vorgehensweisen. Das heißt dann vielleicht PAUL (**P**rojektausführungs- u**nd **Leistungsbeschreibung). Bei Fragen fragen Sie PAUL! Das ist aber kein Benchmarking.

Benchmarking ist ein aktiver Prozess, ein Austausch von Erfahrungen. Schade, dass fast nirgends systematisch Projekterfahrungen festgehalten werden. So könnte man ein internes Benchmarking dadurch unterstützen, indem man eine offen zugängliche Projektdokumentation mit folgenden Inhalten zur Verfügung stellt:

- Was lief gut im Projekt und warum?
- Was ging schief im Projekt und warum?
- Welche Tipps für andere Projekte können gegeben werden?

Was macht Projekte innerhalb der Branche, bei der Konkurrenz, erfolgreich?

In einem Markenartikelunternehmen der gehobenen Preisklasse sollte das Projekt Werbeaktion angegangen werden. Man machte im Vorfeld eine ganz einfache Analyse: Welche Werbeaktion der Konkurrenz war erfolgreich? Zwar kann man derartige Erkenntnisse nicht eins zu eins übertragen, ja vielleicht darf man gerade genau diese Werbeaktion der Konkurrenz nicht kopieren, die Kunden wären gelangweilt. Aber man lernt auf jeden Fall.

Nicht immer gedanklich innerhalb der Branche bleiben

Was tut sich in anderen Branchen? Das beste Beispiel für Benchmarking bietet der öffentliche Dienst. Man orientiert sich mittlerweile (über den Erfolg läßt sich noch streiten) an den Prozessen der Wirtschaft. Man denkt über Controlling nach, richtet Profit-Center ein, vergibt Leistungen nach außen beziehungsweise kauft das Projekt-Know-how teuer in Beratungsunternehmen ein. Würde der öffentliche Dienst Benchmarking nur wiederum im öffentlichen Dienst betreiben ... (die Antwort wird dem Leser überlassen).

Fazit: Projekt-Benchmarking ist weniger eine Technik beziehungsweise systematische Vorgehensweise, sondern eher ein Denkansatz. Es ist der kreative Prozess, gezielt danach zu suchen, was in anderen Projekten, wo auch immer, gut geklappt hat. Und der Tipp dazu: Ehe Sie sich intern in einer Aufgabe festbeißen, nehmen Sie sich lieber etwas Zeit zum Suchen und fragen Sie sich: Von welchen Erfahrungen kann ich profitieren?

9. Fallbeispiele

Projekte in der Praxis

Im Folgenden nun zwei konkrete Praxisfälle. So sind die Projekte gelaufen. Man sieht, dass es teilweise Abweichungen zu der hier im Buch beschriebenen Vorgehensweise gibt, aber so ist das in der Praxis. Die folgend beschriebenen Projekte haben auch nicht den Anspruch, dass in ihnen alles richtig gemacht oder idealtypisch vorgegangen wurde. Nie wird man sich an gängige Standards buchstabengetreu halten, zu unterschiedlich sind Projekte.

Einführung einer neuen Software

Vorbemerkung: Bei Softwareeinführungsprojekten macht man immer wieder die gleiche Feststellung. Sie werden oft zu spät eingeführt, nämlich dann, wenn das Kind bereits in den Brunnen gefallen ist. Dies gilt insbesondere für Softwareprojekte im Bereich Controlling. In guten Zeiten sah das Unternehmen vielleicht keine Notwendigkeit zur Einführung eines kostenrechnerischen Kontroll- und Steuerungssystems. Mit der guten alten Buchführung kam man aus, es gab nicht die Notwendigkeit einer regelmäßigen Kostenkontrolle und darüberhinaus die Notwendigkeit, mit modernen Controllinginstrumenten das Unternehmen zu steuern. In schlechten Zeiten sieht man dann zum einen vielleicht die Umsätze aus dem Ruder laufen, wobei die Kosten konstant bleiben. Oder die Kosten stiegen bei gleichbleibenden Umsätzen. Auf jeden Fall: In der Krisenzeit muss auf einmal ein Controllingsystem her. Nun bekommt man das aber nicht von heute auf morgen. Außerdem braucht es neben der reinen Einführung eine gewisse Zeit, bis die Controllinginstrumente zur Wirkung kommen. So wird dann also schnell gesagt: „Auch das Controlling mit neuester und modernster Software hat uns nicht geholfen."

Im folgenden Fall geht es um ein Unternehmen aus dem Dienstleistungsbereich, das Dienstleistungen im Bereich des gewerblichen Gebäudemanagements durchführt, neudeutsch heißt dies Facility Management. Von der Vermietung über die Hausverwaltungen einschließlich Hausmeistertätigkeiten und Pförtnerdienst bis zur Entsorgung wird alles betreut. In den letzten

Jahren ist das Unternehmen kräftig gewachsen (derartige Dienstleistungen liegen im Trend), ohne dass die interne betriebswirtschaftliche Betreuung mitgewachsen ist. Viel lief noch dezentral über nicht vernetzte Personalcomputer, es gab Kopfmonopole und interne Kommunikationsprobleme. Gravierendes Problem war ferner, dass man letztlich nicht wusste, was an den einzelnen Objekten verdient wurde. Zwar schrieb das Unternehmen schwarze Zahlen, aber wo wurde das Geld verdient? Und wo wurde womöglich sogar Geld verloren? Die Geschäftsleitung entschloss sich, durch eine Controllingsoftware mehr Transparenz in das Unternehmen zu bringen. Man ging in fünf Phasen vor:

1. Informationsphase
2. Entscheidungsphase
3. Einführungsphase
4. Durchführungsphase
5. Konsolidierungsphase.

Im Folgenden wird, da es hier um das Projektmanagement geht, auf differenzierte fachliche Controllinginhalte verzichtet, z.B. auf detaillierte Schilderungen zum Kostenrechnungssystem, das in diesem Fall eine sogenannte Prozessorientierung aufwies. Auch wenn diese Aspekte bei der Beschreibung vernachlässigt werden, sie waren freilich da und wurde von den Controllingfachleuten berücksichtigt.

1. Phase: Informationsphase

Zunächst: Das Problem „mangelnde Transparenz" wurde erkannt. Es folgte der Aufbau eines Arbeitsteams im Unternehmen, das sich primär mit Fragen des Controllings beschaffen soll. Das Arbeitsteam wurde interdisziplinär besetzt:

- Der Leiter Rechnungswesen, der gleichzeitig für das Controlling verantwortlich war
- Zwei Objektbetreuer, denn diese Gruppe musste später maßgeblich mit dem neuen System arbeiten

- Ein Mitarbeiter des Vertriebs
- Der Leiter der technischen Objektbetreuung
- Der Verantwortliche für die EDV

Teamleiter wurde der Leiter Rechnungswesen. Von der Geschäftsleitung war niemand im Team. Allerdings gab es Vorgaben: Das Projekt sollte, wie konnte es anders sein, möglichst kostengünstig durchgeführt werden, möglichst ohne viel externe Beratung. Es sollte schnell realisiert werden. Und die Lösung sollte verständlich sein, vor allem auch für Leute, die nicht fünf Jahre Betriebswirtschaft studiert haben.

Zunächst ging es darum, allen Projektbeteiligten klarzumachen, dass lediglich eine neue Software nicht die Lösung ist. Software ist das Werkzeug. Also wurden zunächst die Ziele festgelegt, die letztlich mittels der Software erreicht werden sollen. Da allerdings alle Dinge auch in der Gesamtsicht gesehen werden müssen, wurde mit strategischen Zielen begonnen, auch wenn sie nicht unmittelbar auf die eventuelle Softwareauswahl Einfluss haben.

Strategische Ziele

- Unterstützung der Unternehmenssteuerung
- Strategische Produktauswahl (um welche Objekte wollen wir uns demnächst kümmern?)
- Marktdurchdringung
- Kostenszenarien

Operative Ziele

- Monatliche Plan/Istauswertungen über alle Objekte (dazu benötigt man zunächst einmal eine Planung!)
- In der Folge Abweichungsanalysen
- Verbesserung der Kalkulation der einzelnen Dienstleistungen
- Objektergebnisse (mit welchen Objekten wird Geld verdient, mit welchen Objekten Geld verloren?)
- Kostenstelleninformationen für die Bereiche; welche Kosten sind wo angefallen?

Diskutiert wurde in diesem Zusammenhang, ob für die Zielerreichung überhaupt eine neuen Softwarelösung notwendig ist oder ob die vorhandenen Instrumente nicht ausreichen. Ergebnis: Eine neue Software ist notwendig.

Ohne jetzt ins Detail zu gehen, wurden nun folgende Punkte geklärt:

• Sind die technischen Voraussetzungen im Unternehmen vorhanden? Reicht zum Beispiel die vorhandene EDV-Basis aus. Ergebnis: Für „große" Lösungen reicht die EDV-Ausstattung sicherlich nicht, aber heutzutage gibt es für solche Probleme selbst für größere Unternehmen akzeptable PC-Lösungen (die gar nicht mal teuer sind).

• Erste Aufwandsschätzung, damit die Unternehmensleitung ein Budget genehmigt. Erste Aufwandsschätzungen stellen lediglich eine Größenordnung dar. Eine erste Größenordnung wurde bei 40.000 Euro gesehen, davon ca. 15.000 Euro für die Software und 25.000 Euro für die Beratung beziehungsweise Schulung.

• Festlegung eines Zeitrahmens. Das Projekt kann in ca. drei Monaten realisiert sein.

Diese Eckdaten wurden der Unternehmensleitung vorgelegt, und es gab grünes Licht. Die nächsten Aktivitäten:

• Nach Abstimmung mit der Geschäftsleitung Verfeinerung der Aufgabenstellungen des Projektes. Beispiel: Schaffung eines internen Berichtswesens für alle Ebenen.

• In der Folge Verfeinerung der Controllingaufgabenstellungen im Hinblick auf folgende Frage: Was muss die spätere Software können?

• Welche Software gibt es für diese Fragestellungen auf dem Markt?

• Wie soll das Projekt weitergeführt werden? Verfeinerung des Zeitplanes, Auswahl der Mitarbeiter, die geschult werden sollen usw.

Fazit: Die Informationsphase ist eine aufwendige Phase. Das ist immer so. Ergebnis kann jetzt auch sein, dass sich in dieser Phase der Projektcharakter ändert. So ist in unserem Fall aus dem reinen Softwareprojekt schon längst ein Projekt zur Verbesserung der betriebswirtschaftlichen Transparenz geworden. Die Softwarelösung ist lediglich das notwendige Werkzeug geworden.

2. Phase: Entscheidungsphase

Nun weiß man, wo man hinwill. Es ist bereits entschieden, dass das Projekt weitergeführt wird. Es ist etwas „betriebswirtschaftlicher geworden". Jetzt gilt es, die betriebswirtschaftlichen Ziele mit dem Werkzeug Software zu lösen. Dabei hat sich bewährt, und so macht man es überall in der Praxis, mit sogenannten Pflichtenheften zu arbeiten. Im Pflichtenheft werden üblicherweise die Anforderungen an Hard- und Software definiert. Verkürzt hier die Anforderungen an eine Controllingsoftware:

- Ist eine direkte Datenübernahme von Zulieferersystemen möglich?
- Ist die Dateneingabe flexibel?
  Ist neben einer zentralen Dateneingabe die Eingabe im Dialog möglich?
- Beinhaltet das Programm maschinelle Umsetzungen nicht eingabegerechter Daten?
- Wie werden Schnittstellenprobleme bewältigt? Kennt das Programm bereits wesentliche Schnittstellen?
- Ist das Programm bedienerfreundlich?
- Ist das Programm flexibel, unter anderem im Hinblick auf Feldlängen und Nummernvergabe?
- Können Kostenarten, Erlösarten, Kostenstellen, Kostenträger usw. tief gegliedert werden?
- Sind Hierarchiebildungen möglich?
- Sind Spalten, Summenzeilen usw. frei definierbar?
- Bestehen Wahlmöglichkeiten hinsichtlich der Methoden der innerbetrieblichen Leistungsverrechnung?
- Sind verschiedene Kostenrechnungsmethoden möglich (Voll-/Teilkostenverfahren)?
- Sind verschiedene Kostensatzbildungen möglich?
- Kann das System mit vielen Bezugsgrößen arbeiten?
- Sind folgende Auswertungen möglich?
  - Plan/Istvergleiche
  - Abweichungsanalysen
  - Zeitvergleiche
  - Hochrechnungen

- Gibt das Programm Hilfestellungen, zum Beispiel bei der Eingabe von Plandaten?
- Sind Berichte frei gestaltbar?

Darüber hinaus wurde darauf geachtet, ob folgender Service sichergestellt ist:

- Gibt es eine Basisberatung?
- Beratung von Hard- und Softwarekonzepten?
- Installationshilfen?
- Einweisungen und Schulungen? Was kostet dies zusätzlich?
- Wartung, technischer Service, Softwarebetreuung

Wie wurde mit dem Pflichtenheft gearbeitet?
- Es wurde natürlich mit mehreren Anbietern besprochen. (Wichtiger **Tipp am Rande**: Achten Sie auf die vollständige Beantwortung der Fragen. Fragen Sie bei ausweichenden Antworten ausdrücklich nach!)

In diesem Zusammenhang einige Hinweise unabhängig von unserem Fallbeispiel:

Es bietet sich an, die Punkte individuell zu gewichten. Falls für Sie also zum Beispiel die Kalkulation besonders wichtig ist, sollte dies in größerem Umfang berücksichtigt werden als nicht so sehr als notwendig erachtete Dinge, etwa länderspezifische Versionen. Alles wird von den Anbietern nie abgedeckt werden. Deswegen kann es wichtig sein zu fragen, wie hoch der Programmieraufwand für zusätzliche Funktionen ist. Ein Anbieter, der nur 60 % abdeckt, kann unter dem Strich mit zusätzlichem Programmieraufwand günstiger sein als ein Anbieter, der 80 % abdeckt.

Aber Vorsicht! Individualsoftware ist problematisch, der nächste Release-Wechsel kann ein Problem werden. So kann es passieren, dass zwar die Grundprogrammierung günstig ist, aber bei jedem Release-Wechsel nachprogrammiert werden muss. Auf Dauer kann dies teuer werden!

Es gibt viele Firmen, die mittlerweile grundsätzlich nur noch mit Standardsoftware ohne individuelle Anpassungen arbeiten.

Und ein ungewöhnlicher Hinweis: Besuchen Sie die Anbieterfirma persönlich an ihrem Standort. Ruhig auch mal spontan. Denken Sie sich Ihren Teil, wenn der erste Eindruck bereits chaotisch ist.

Und nie vergessen! Lassen Sie sich die Funktionalität zum Beispiel nie über Folien oder Ähnliches zeigen, **sondern immer nur am System.**

- Anschließend erfolgte die Bewertung. Es wurde ausgewertet, wie viel Prozent der Anforderungen von den einzelnen Anbietern abgedeckt wurden.
- Die Anbieter der engeren Wahl wurden zu einer Präsentation ins Haus geladen (denn die Wahrheit, die oft hinter Prospekten oder hinter Aussagen von EDV-Vertriebsleuten steckt, sieht in der Realität oft anders aus!).
- Nach der Präsentation im Hause wurde eine Neubewertung vorgenommen.

Man orientierte sich am folgenden Beurteilungsbogen. Für die Bewertung der unterschiedlichen Kriterien steht eine Skala von 0 bis 2 zur Verfügung.

2 = voll erfüllt

1 = teilweise erfüllt

0 = nicht erfüllt.

Jedes Angebot wurde nach diesem Schema analysiert.

Kriterium	Bewertung		
	2	1	0
Fachliche Kriterien:			
Stammdaten	X		
Allgemeine Anforderungen zur Erfassung und Pflege	X		
Definition der Kostenarten	X		
Definition der Kostenstellen	X		
Definition der Kostenträger		X	
Unternehmensspezifischer Leistungskatalog		X	

Leistungsrechnung:			
Leistungserfassung	x		
Systeme zur Leistungserfassung	x		
Kostenrechnung:			
Verrechnungsstufen		x	
Verrechnungsgrößen		x	
Datenübernahme und Rechnungs-abgrenzung		x	
Verrechnungsmethoden		x	
Ergebnisrechnung	x		
Planung/Budgetierung:			
Leistungsplanung	x		
Auswirkungen der Leistungs-planung	x		
Erlös- bzw. Ergebnisplanung	x		
Budgetierung	x		
Berichtswesen:			
Allgemeine Anforderungen an das Berichtswesen		x	
Kennzahlen		x	
Auswertungen		x	

Übergreifende Kriterien:			
Layout			
Gestaltung der Masken			x
Gestaltung von Listen und			
Formularen			x
Bedienbarkeit			
Unterstützung der Dateneingabe		x	
Flexible Selektion und die			
Aufbereitung zur Ausgabe		x	
Benutzerführung/Menüsteuerung			
Antwortzeitverhalten	x		
Hilfefunktionen			x
Allgemeiner Eindruck			
Übereinstimmung der Präsentation			
mit dem Angebot		x	
Beantwortung der gestellten Fragen	x		
Fachliche Kompetenz des			
Vortragenden	x		

Beurteilungsbogen nach Pflichtenheftpräsentation

Ergebnis war die Entscheidung für eine Software. Es war eine PC-Lösung. Die Standardsoftware kostete etwa 8.000 Euro. Dazu kamen noch einmal ca. 8.000 Euro für Schulung und Beratung beziehungsweise Einführungshilfe. Die nächsten Phasen sind schnell erklärt.

3. Phase: Einführungsphase

Mithilfe des Softwarehauses wurde die Softwarelösung eingeführt. Parallel erfolgte eine Schulung der betroffenen Mitarbeiter in

a) Allgemeine Controllinginhalte (ein Inhouse-Seminar)
b) Spezielle Controllinginhalte beziehungsweise Anforderungen des Unternehmens (wurden gemeinsam mit dem Projektleiter und einem Mitarbeiter des Inhouse-Seminarunternehmens erarbeitet)

Es erfolgte ein erster Testlauf der Software mit alten Echtdaten des Unternehmens. Ferner wurden Terminpläne für spätere Auswertungen festgelegt, neue Formulare entworfen usw.
Erste Auswertungen wurden geprüft, verbessert usw. Was sich hier so kurz anhört, war in der Praxis mit hohem Aufwand verbunden.

4. Phase: Durchführungsphase

Es geschieht die endgültige Installation der Software.

- Altdaten werden übernommen.
- Ein letzter Testlauf.
- Es geht los! Der Echteinsatz beginnt.

Erster Vergleich mit den Zielvorstellungen. Wurde das Ziel erreicht? Die Mitarbeiter erhalten erste Auswertungen. Nun wurde es spannend. Klappte nicht nur die EDV-Technik, sondern können die Mitarbeiter konstruktiv mit dem neuen System arbeiten? Die Auswertungen wurden in gemeinsamen Sitzungen analysiert.

5. Phase: Konsolidierungsphase

Natürlich ging nicht alles glatt. Überall gab es kleine Probleme. So stellte man Probleme mit der Altdatenübernahme fest, weniger EDV-technischer Natur. Aber da nun im Unternehmen teilweise neue Strukturen eingeführt wurden, waren die Vorjahresdaten nicht mehr mit den Istdaten vergleichbar usw. Ferner gab es Terminprobleme. Ziel waren Auswertungen so um den 10. des Folgemonats. Bis dahin konnte aber die Buchhaltung die Daten nicht vollständig liefern. Und einiges anderes.
In der Folge kam es zu Verbesserungen, aber auch zu Vereinfachungen. Man stellte zum Beispiel fest, dass mancher Detaillierungsgrad übertrieben war und keine zusätzlichen Erkenntnisse brachte (etwa die detaillierte Konten-

aufschlüsselung in den Auswertungen für die Objektbetreuer; es reichte eine Zusammenfassung, weitere Details gibt es bei Bedarf in der Buchhaltung usw.).

Die Einführung bis zum ersten Echtlauf dauerte etwa drei Monate, nach weiteren drei Monaten lief es relativ rund, nach weiteren drei Monaten war man zufrieden.

Entwicklung und Einführung eines neuen Produktes

Das Unternehmen: ein kleines Unternehmen der optischen Industrie. Einige Mitarbeiter eines ortsansässigen großen optischen Unternehmens hatten sich zusammengetan und auf Basis ihrer Erfahrungen das Unternehmen gegründet. Man „wilderte" im Revier des Großen aber mit gutem Erfolg. Zunächst fertigte man nur Korrektionsfassungen im hochwertigen Preissegment. Da man die Eigenmarke mittlerweile gut eingeführt hatte, fragte man sich, warum nicht auch Sonnenbrillen unter derselben Marke vertreiben?

Eine Auswahl der Projektmitglieder erübrigte sich fast. Das Team wurde aus den drei Inhabern (ein Techniker und zwei Marketingleute) und einem angestellten Außendienstmitarbeiter gebildet.

Die Projektgruppe geht in folgenden Schritten vor:

1. Idee, Problem
2. Entscheidung über die weitere Verfolgung des Projektes
3. Erarbeitung einer Konzeption
4. Projektplanung im engeren Sinne
5. Realisierung

1. Idee, Problem

Die nur schemenhaft skizzierte Idee wird konkretisiert und daraus eine Aufgabe formuliert: Wir wollen mit Sonnenbrillen auf den Markt. Das Problem ist, dass der Markt schon fast übersättigt ist. Ist trotzdem eine Realisierung möglich? Dies wird bejaht, da bereits einige Kunden nach Sonnenbrillen der Marke nachgefragt haben.

Gibt es Risiken? Natürlich, es gibt immer Risiken. Zum einen, dass die Markteinführung nicht klappt und man dabei eine Menge Geld in den Sand setzt, und zum anderen, dass durch einen eventuellen Flop des neuen Produktes das alte an Image verliert und der Umsatz leidet.

Erste Zeit- und Kostenvorstellungen: In neun Monaten könnten erste Sonnenbrillen zur Auslieferung gelangen. Entwicklungskosten etwa 100.000 Euro, es wird ein Werbebudget von etwa ebenfalls 100.000 Euro veranschlagt. 200.000 Euro sind für dieses Unternehmen eine Menge Geld.

Erste Analysen. Man macht Kundenbefragungen, fragt die Außendienstler usw. Die Resonanz ist positiv.

2. Entscheidung über die weitere Verfolgung des Projektes

Alle ersten Ergebnisse werden zusammengefasst, insbesondere die Risiken erörtert. Der Finanzrahmen wird nochmals überdacht. Ergebnis: Das Projekt soll realisiert werden.

3. Erarbeitung einer Konzeption

Nach dem grundsätzlichen Okay wird das Projekt weiter konkretisiert. Jetzt geht es zunächst um den Rahmen, bevor es ins Detail geht.

- Festlegung des **Mengengerüstes**. Wie viele Sonnenbrillenmodelle im ersten Ansatz?
- Festlegung des **Wertgerüstes**. Wie hoch sollen die Verkaufspreise sein, wie hoch die Herstellungskosten?
- Wie soll das Design sein?
- Welche Märkte sollen als Erstes konkret bearbeitet werden?
- Wie soll der Vertrieb geschehen?
- Welche Werbemaßnahmen?
- Ist der Service sichergestellt?

4. Projektplanung im engeren Sinne

Es werden Aufgaben verteilt. An den Techniker, an die Vertriebsleute. Zeitvorgabe: ein Monat. Danach werden die Ergebnisse zusammengefasst. Es werden folgende Pläne erstellt:

- Sachmittelplan, Investitionen
- Kostenplan, es wird ein Projektbudget erarbeitet
- Planung für Design, Werbemaßnahmen usw.
- Einsteuerung des neuen Produktes in die Fertigung, Vertrieb usw.

Und die Projektdokumentation wurde organisiert, falls man zukünftig ähnliche Projekte realisieren will.

5. Realisierung

Nun wird das Projekt laut Projektplan umgesetzt. Erst das Design, dann die darauf aufbauenden Investitionen, parallel die Werbung.

Zum Termin laufen die ersten Brillen in der gewohnten Qualität aus der Fertigung. Zwar werden erste Umsatzziele nicht ganz erreicht, man verdient noch nicht viel mit den neuen Modellen, aber man fährt auch keine Verluste ein.

Es war zumindest den Versuch wert.

Nachwort: Leiden Sie an Projektitis?

Nun haben wir auf über 200 Seiten dargelegt, wie nützlich Projektarbeit ist. Aber Vorsicht! Nicht ins Extrem fallen. Es gibt Unternehmen, bei denen ist die Projektitis ausgebrochen, die Projektkrankheit. Was sind die Symptome? Projekt nach Projekt wird ins Leben gerufen. Kein Problem, bei dem nicht gleich eine Projektgruppe gegründet wird. Wie äußert sich dieses Leiden Projektitis konkret?

- Wichtige Mitarbeiter sind zu 50 bis 80 % durch Projektarbeit gebunden und kommen zu nichts anderem mehr (dies betrifft insbesondere Mitarbeiter aus den Bereichen EDV und Controlling). Das Tagesgeschäft leidet.
Ist Ihnen vielleicht in Ihrem Unternehmen auch schon einmal aufgefallen, dass in Projekten immer dieselben Leute hocken und von einer Projektsitzung zur anderen rennen?
- Jegliche Verantwortung wird an eine Projektgruppe delegiert. Wie sagt man: „Wenn ich nicht mehr weiterweiß, bilde ich einen Arbeitskreis." Der Arbeitskreis ist die Projektgruppe. Eigeninitiative findet kaum noch statt. Ein leitender Mitarbeiter sagte einmal: „Niemand entscheidet mehr etwas bei uns, jeder sichert sich durch langwierige Projektsitzungen ab." Das kann es doch wohl auch nicht sein! In manchen Unternehmen haben Einzelentscheidungen mittlerweile fast etwas Anrüchiges. Nur Entscheidungen eines Projektteams sind o.k. Projekte sind „schick", sind „in". Das Team steht über allem. Man kann es eben wirklich übertreiben!
- Und dann gibt es noch den verhängnisvollen Trend, aktuelle, brennende Probleme immer durch Projekte lösen zu wollen. Wenn es brennt, macht die Feuerwehr vorher auch keine Projektsitzung, sondern fängt an zu löschen.
So gab es in einem Markenartikelunternehmen diverse Reklamationen eines Großkunden aus Japan (die Oberflächenqualität bei Metallteilen war mangelhaft; Japaner reagieren sehr sensibel auf mangelhafte Qualität). Anstatt sofort in jeder erdenklichen Weise zu reagieren, zum Beispiel durch Ersatzprodukte per Luftfracht, Preisnachlässe, persönliche Rege-

lungen vor Ort usw. wurde erst einmal eine Projektgruppe gebildet: Ist die Reklamation überhaupt gerechtfertigt? Wie konnte dies technisch passieren? In welcher Höhe können eventuell Preisnachlässe gewährt werden? Wer war schuld? Ergebnis: Fast hätte man den Kunden verloren (immerhin ca. 5 % des Gesamtumsatzes des Unternehmens).

Wie die Krankheit Projektitis verhindern? Man kann sich ja nicht dagegen impfen lassen. Aber man kann zumindest fragen:

- Muss dieses Problem zwingend durch ein Projekt gelöst werden?
- Lohnt sich das Projekt? Ist es gerechnet worden? Ist also letztlich der Aufwand gerechtfertigt?

Projekte also nur dort, wo sie sinnvoll sind. Aber dann bitte auch professionell. Die Praxis zeigt, dass Projektarbeit die Mitarbeiter in der Regel motiviert, wenn sie nicht übertrieben wird. Man löst sich vom Tagesgeschäft, kann Wissen einbringen, das ansonsten schläft. Schon manche Vorgesetzte haben darüber gestaunt, dass im Rahmen der Projektarbeit aus Mauerblümchen wahre Feuerstühle wurden.

Literaturverzeichnis

Weiterführende/vertiefende Literatur zum Thema Projektmanagement

Es gibt eine kaum noch überschaubare Anzahl von Büchern zum Thema. Hier eine kleine Auswahl.

Braehmer, Uwe:
Projektmanagement für kleine und mittlere Unternehmen
Für Einsteiger. Praxisorientierte Einführung mit dem Schwerpunkt auf kleine und mittlere Unternehmen.

Boy, J., Dudek, C., Kuschel, S.:
Projektmanagement
Komprimiert und anschaulich die Grundlagen des Projektmanagements. Mit Arbeitshilfen auf CD-ROM.

Klose, Burkhard:
Projektabwicklung
In diesem Werk finden Sie eine Reihe von nützlichen und praxisorientierten Formularen, Merkblättern und Checklisten. Dieses Buch hat den Charakter eines Nachschlagewerkes.

Lock, Dennis:
Projektmanagement
Auf ca. 500 Seiten etwas für den Projektprofi, vielleicht weniger für den Einsteiger. Teilweise sehr detailliert und an technischen Problemlösungen orientiert. Dieses Buch bietet einen großen Überblick mit nützlichen Tipps.

Peipe, Sabine:
Projektberichte, Statusreports, Präsentationen
Viele nützliche Arbeitshilfen für die Projektarbeit.

Probst, Hans-Jürgen:
Balanced Scorecard leicht gemacht
Auf ca. 250 Seiten eine verständliche Einführung ins Thema. Die Balanced Scorecard „lebt" von der Projektarbeit und es ist möglich, die Denk- und Vorgehensweise der klassischen Balanced Scorecard nutzbringend auf die Projektarbeit zu übertragen.

Schelle, Heinz:
Projekte zum Erfolg führen
Ausgehend von einem Fallbeispiel eine kurzweilig geschriebene Einführung in die Teilgebiete der Projektarbeit.

Stamm, Markus:
Probleme lösen im Team
Projektarbeit ist immer Teamarbeit. Hier wird in unterhaltsamer Form vorgestellt, wie die eher menschlichen Aspekte der Projektarbeit gelöst werden können.

Linktipps

www.gpm-ipma.de
Dies ist die Homepage der Deutschen Gesellschaft für Projektmanagement. Viele weiterführende Hinweise, Links usw. Auch Hinweise zur Ausbildung zum Projektmanager.

www.projektmanagementkatalog.de
Wer sich für Projektmanagementsoftware interessiert wird hier fündig.

Stichwortvezeichnis